Apostel, Propheten und Pastoren

Kenneth E. Hag

Apostel, Propheten und Pastoren
Kenneth E. Hagin

Titel der amerikanischen Originalausgabe:
He Gave Gifts unto Men

Übersetzung aus dem Englischen: Manfred Roth
Lektorat: Elisabeth Zarske, Katharina Roth
Druck: Breklumer Druckerei Manfred Siegel KG, D-Breklum

Die Bibelzitate sind, wenn nicht anders vermerkt, der
Revidierten Elberfelder Übersetzung, 1985, entnommen.

1. Auflage Juni 2003

ISBN: 3-909260-33-0

Bestellungen bei:
Zoe Evangelistische Vereinigung
Badenerstrasse 808, CH-8048 Zürich.

Mitherausgeber:
Gospel Center Brugg
Zoe Christliches Centrum, Basel
Zoe Gospel Center, Zürich
El Shaddai Gemeinde, Schaffhausen

Inhalt

Vorwort

Jesus Christus, das Haupt der Gemeinde, ist dabei, Seinen Leib für Seine baldige Wiederkunft vorzubereiten. Aus diesem Grund ist es entscheidend, dass die, welche zum Dienst im Leib Christi berufen sind, in der Position wirken, die ihnen zugedacht ist.

In den letzten Jahren ist eine Auseinandersetzung über die Rolle der Apostel und Propheten im Leib Christi entstanden. Manche Christen behaupten, dass diese Dienste heute gar nicht mehr existieren. Andere nehmen einen radikalen Standpunkt ein, was die Autorität dieser Dienste über den Pastor und die Gläubigen in der Ortsgemeinde betrifft.

Dieses Buch ist eine biblische Betrachtung des Amtes des Apostels, des Propheten und des Pastors, wie sie heute im Leib Christi funktionieren sollten. Diese Ämter sind nie aus dem Leib Christi entfernt worden, aber ich glaube, dass Gott eine biblische Ausgewogenheit geben will, was die Lehre über diese Dienstgaben angeht.

Teil I

Apostel

Kapitel 1

Verschiedene Gruppen von Aposteln

... Hinaufgestiegen in die Höhe, hat er (Jesus) Gefangene gefangen geführt und DEN MENSCHEN GABEN GEGEBEN ... Und er (Jesus) hat die einen als APOSTEL GEGEBEN und andere als Propheten, andere als Evangelisten, andere als Hirten und Lehrer.

Epheser 4:8,11

Und die EINEN HAT Gott IN DER GEMEINDE eingesetzt, erstens als APOSTEL, zweitens [andere] als Propheten, drittens als Lehrer, sodann [Wunder] Kräfte, sodann Gnadengaben der Heilungen, Hilfeleistungen, Leitungen, Arten von Sprachen.

1. Korinther 12:28

Die Dienstgaben: Eine *göttliche* Berufung

In Epheser 4:11 werden fünf Dienstgaben erwähnt. Eine Dienstgabe ist einer Person gegeben, die von Gott zum vollzeitlichen Dienst berufen ist, um in einem der fünf Ämter des Dienstes zu wirken; dem des Apostels, des Propheten, des Evangelisten, des Pastors oder dem des Lehrers.

Manche Leute sagen, dass alle Dienstgaben in der heutigen Gemeinde vorhanden sind außer dem Amt des Apostels und dem Amt des Propheten. Aber lesen wir irgendwo in der Schrift, dass Gott diese Ämter jemals aus der Gemeinde entfernt hat oder dass die Gemeinde diese Dienstgaben nicht länger braucht?

Paulus schrieb den Brief an die Epheser viele Jahre nachdem die Gemeinde entstanden war. Wenn Gott also die Ämter des Apostels und des Propheten aus der Gemeinde entfernt hätte, dann hätte Paulus gesagt: „Gott gab der Gemeinde *Evangelisten* und *Pastoren* und *Lehrer.*" Aber das hat er nicht gesagt. Gott gab der Gemeinde alle fünf Dienstgaben, und sie haben nie aufgehört, ihr Werk zu tun. Sie sind alle auch in unserer Zeit noch vorhanden und aktiv.

Die Bibel sagt uns, warum und bis wann der Gemeinde die Dienstgaben gegeben worden sind.

> **... zur Vollendung der Heiligen, für das Werk des Dienstes, für die Auferbauung des Leibes Christi, bis wir alle hingelangen zu der Einheit des Glaubens und zur Erkenntnis des Sohnes Gottes, zu dem erwachsenen**[1] [geistlich mündigen] **Manne, zu dem Maße des vollen Wuchses der Fülle des Christus.**
>
> **Epheser 4:12,13** (Unrev. Elb.)

Diese Verse nennen uns drei Gründe, warum der Gemeinde die Dienstgaben gegeben wurden:

1. Zur Ausrüstung der Heiligen.
2. Für das Werk des Dienstes.
3. Für die Erbauung des Leibes Christi.

Das Griechische zeigt hier eigentlich folgende Bedeutung an: „... die Ausrüstung der Heiligen, damit die Heiligen das Werk des Dienstes tun können, was zur Erbauung des Leibes Christi führt."

Eine andere Übersetzung sagt, dass Gott die fünf Dienstgaben gab, „um sein heiliges Volk dafür vorzubereiten, als Arbeiter zu dienen" (*The New Testament in the Language of Today,* William F. Beck). Die *Godspeed* Übersetzung sagt, Gott gab der Gemeinde Dienstgaben, damit die Heiligen „volles Mannesalter erreichen können, und das Maß der Entwicklung finden, das in Christus möglich ist".

Wie lange werden die Dienstgaben in der Gemeinde bleiben? In Epheser 4:13 lesen wir: *„Bis wir alle hingelangen zur*

Einheit des Glaubens und der Erkenntnis des Sohnes Gottes, zur vollen Mannesreife [zu geistlicher Mündigkeit], zum Vollmaß des Wuchses der Fülle Christi.“

Lass dich von den Worten „Vollendung“ und „vollkommen“ in den Versen 12 und 13 nicht verwirren. Wir werden im Fleisch niemals vollkommen sein. So lange wir in diesem sterblichen Leib sind, werden wir nicht Vollkommenheit in dem Sinne erreichen, wie die meisten Leute diesen Begriff verstehen. Eigentlich bedeutet das Wort „vollkommen“ hier Mündigkeit oder volle Mannesreife. Die Bibel spricht über geistliche Mündigkeit.

Die Gemeinde wird die Dienstgaben immer benötigen – Personen, die in das Amt des Apostels, des Propheten, des Evangelisten, des Pastors und des Lehrers berufen und eingesetzt sind – weil wir uns als eine Gruppe von Gläubigen immerfort in einem Wachstumsprozess hin zum Vollmaß des Wuchses der Fülle Christi befinden. Selbst wenn Jesus zurückkehrt, wird es solche im Leib Christi geben, die soeben errettet wurden und die noch geistliche Babys sind.

Jedes der Ämter des fünffältigen Dienstes wird von einer bestimmten Salbung begleitet. Und so wie verschiedene Diener Gottes in diesen unterschiedlichen Ämtern stehen, wird die Salbung des Heiligen Geistes in unterschiedlichem Maß ausgeteilt und wirkt in jedem dieser Ämter unterschiedlich; aber alle Dienstgaben sind zur Erbauung oder dem geistlichen Aufbau des Leibes Christi da.

Es gibt eine Salbung auf jeder Dienstgabe – ich rede von Personen, die zum vollzeitlichen Dienst berufen sind – die nicht auf einem Laien sein kann. Kein Laie kann in diesen Dienstgaben wirken, die Gott in der Gemeinde gesetzt hat. Natürlich können Laien von Gott Zeugnis geben und vieles tun, um das Wachstum des Reiches Gottes zu fördern. Und in diesem Sinn ist jeder im Dienst und arbeitet im Dienst des Leibes Christi.

Aber unter den Dienstgaben verstehen wir die Leute, die zum vollzeitlichen Dienst berufen sind, die von Gott gesalbt sind, mitzuhelfen, die Heiligen zuzurüsten und zur Reife zu führen. Solange wir nicht die Manifestation und Wirksamkeit dieser Dienstgaben in der Gemeinde[2] haben, werden die Heiligen weder mündig werden, noch so ausgerüstet werden können, wie es notwendig ist, um das Werk des Dienstes zu vollbringen.

Beachte auch Folgendes bezüglich der Dienstgaben: In Epheser 4:11 heißt es, dass Jesus diese Dienstgaben den Menschen gab. In 1. Korinther 12:28 heißt es, dass Gott die Dienstgaben in der Gemeinde gesetzt hat. Gott hat den Menschen Dienstgaben gegeben, und Gott setzte sie in der Gemeinde – Gott, nicht Menschen. Das ist ein großer Unterschied.

Du kannst in keine Phase irgendeines Dienstes eintreten, nur weil du es willst, weil jemand dir gesagt hat, dass du es tun sollst, oder weil jemand es dir geweissagt hat. Kein Mensch kann dich zum Dienst berufen; es ist eine göttliche Berufung. Gott allein setzt Männer und Frauen in ein Amt des Dienstes ein.

Diejenigen, welche Gott zum Dienst beruft, die rüstet Er für diesen Dienst aus. Gott salbt sie und gibt ihnen die geistliche Befähigung, in dem Amt zu stehen, zu dem Er sie berufen hat.

So wichtig Ausbildung und Ambition für den Erfolg im Dienst sein mögen, so brauchen wir dennoch mehr als Ausbildung oder Ambition, wenn wir im Dienst erfolgreich sein wollen. Wir brauchen einen Dienst, der mit übernatürlichen Gaben ausgestattet ist – eine übernatürliche Ausrüstung.

Der Dienst besteht nicht in einem Titel, sondern in der Kraft, die der Herr Jesus Christus, das Haupt der Gemeinde, einer Person gibt, damit sie in einem Amt des Dienstes wirken kann. Ich lächle über Leute, die nichts Besseres zu tun haben, als sich selbst bestimmte Titel zu geben. Einer Sache ein bestimmtes Etikett anzuheften, ist kein Beweis für deren Inhalt. Du kannst einer leeren Blechdose ein Etikett aufkleben, aber das gibt der Dose keinen Inhalt!

Die Bibel sagt, dass der Herr Jesus Christus selbst dem Leib Christi Dienstgaben gegeben hat. Dennoch versuchen manche Leute, anderen in anmaßender Weise die Hände aufzulegen, um sie angeblich in bestimmte Ämter des Dienstes einzusetzen. Das ist unmöglich! Ich nenne das „leere Hände auf leere Köpfe legen“! Aus dieser Art von Handeln entsteht ein Problem im Leib Christi, denn so werden Leute dazu ermutigt, in Positionen des Dienstes einzudringen, für die sie keine Salbung haben und zu denen sie nicht berufen sind.

Lieber Freund, du solltest nicht in ein Amt des Dienstes eindringen, zu dem du nicht von Gott berufen bist! Es ist gefährlich, dies zu tun. Es kann dich dein Leben kosten. Ich habe Prediger gesehen, die jung gestorben sind, weil sie nicht das taten, was Gott ihnen aufgetragen hatte, und versuchten, in ein Amt des Dienstes einzudringen, zu dem sie nicht berufen waren.

Niemand kann einen anderen in ein Amt des Dienstes „einsetzen“. Gott allein setzt Menschen in diese Ämter ein. Andere Leute mögen eine solche Berufung erkennen und anerkennen, aber es ist Gott, der die Dienstgaben in der Gemeinde einsetzt und beruft.

Manchmal hört man Leute sagen: „Ich möchte für Gott arbeiten, aber ich weiß nicht, ob ich berufen bin oder nicht.“ Wenn du nicht weißt, ob du zum Dienst berufen bist, dann bist du es wahrscheinlich nicht. Wenn das Predigen oder das Lehren in dir ist, dann wird es auch herauskommen. Du musst einem Hahn nicht das Krähen beibringen; er kräht einfach, weil es in ihm ist! Und wenn das Predigen oder das Lehren in dir ist, dann wird es auch herauskommen.

Manche Leute sagen: „Ich hatte keinen Ruf zum Dienst. Ich habe einfach eine Not gesehen, also habe ich mich um diese Not gekümmert.“ Nun, das mag wahr sein, aber dadurch gelangt niemand in ein Amt des Dienstes.

Eigentlich sollte jeder von uns in der Lage sein, anderen zu dienen. Und in einem allgemeinen Sinn ist natürlich jeder Christ ein Prediger. Jeder Laie sollte ein Prediger sein, denn Predigen bedeutet zu verkündigen oder die Gute Nachricht des Evangeliums weiterzusagen.

Aber diese Tatsache qualifiziert eine Person noch lange nicht dazu, in einem Amt des Dienstes zu stehen. Um in ein Amt des Dienstes eintreten zu können, bedarf es einer göttlichen Berufung. Gott gibt die Berufung zum Dienst; Er stellt die geistliche Ausrüstung zum Dienst zur Verfügung; und Er erwartet bestimmte Voraussetzungen von denen, welche im Dienst sind.

Die Art und Weise, wie Gott jemanden zum Dienst beruft, ist nicht so wichtig. Wichtig ist vor allem der Gehorsam der Person dem Ruf Gottes gegenüber.

Eine göttliche Erscheinung

Im Jahr 1987 erlebte ich eine besondere Begegnung mit dem Herrn. Der Herr Jesus Christus erschien mir und sprach mit mir. Die ganze Erfahrung dauerte zwei Stunden und fünfzig Minuten. Einige der Dinge, über die der Herr zu mir sprach, finden sich in dem Buch *Plans, Purposes and Pursuits.*[3]

In dieser Begegnung sprach Jesus zu mir über Seinen Plan für die neutestamentliche Gemeinde und die Unterschiede in diesem Plan bezüglich der Anbetung im Alten und im Neuen Bund.

Dann begann Er mit mir über einige Seiner Pläne für die Gemeinde bezüglich des Dienstes zu sprechen. Sein Plan für den Dienst in der Gemeinde unterscheidet sich im Neuen Bund ebenfalls von Seiner Vorgehensweise im Alten Bund. Und in dieser Unterredung sprach Er mit mir über die *Dienstgaben,* die Er in der Gemeinde gesetzt hat.

In diesem Buch werde ich euch einige der Unterschiede im Plan Jesu für den *Dienst* unter dem Neuen Bund mitteilen, vor allem bezüglich des Dienstes des Apostels, des Propheten und des Pastors.

Kurz nach der Erfahrung von 1987 entstanden auf einmal in verschiedenen Teilen des Leibes Christi Auseinandersetzungen bezüglich des Amtes des Apostels und des Propheten. Natürlich wusste Jesus um die Irrtümer in der Lehre, die gerade dabei waren, in der Gemeinde in Erscheinung zu treten. Ich glaube, dass Er diese Themen ansprach, um Ausgewogenheit zu wahren und um zu verhindern, dass manche Prediger in einen Graben geraten würden, was ihre Lehre über diese Ämter angeht.

Du musst verstehen, dass in jedem Irrtum der Lehre ein Körnchen Wahrheit zu finden ist. Für gewöhnlich taucht ein Irrtum dann auf, wenn die Leute versuchen, biblische Wahrheiten in ein Extrem zu ziehen. Eigentlich muss ein wenig Wahrheit in diesen geistlichen Auswüchsen sein, sonst würde sie niemand glauben; der Irrtum wäre sonst zu offensichtlich.

Ich bin gegen Extreme in jedem Bereich. Man kann sogar extrem sein, was Glauben anbelangt. Darum ermutige ich die Leute, in keinem Bereich in den Graben zu geraten, sprich: Sich auf Extreme und Auswüchse einzulassen. Bleib einfach in der Mitte der Straße! Viele dieser Irrtümer bezüglich des Amtes des Apostels und des Propheten sind eine Folge von Mangel an korrekter Lehre in diesem Bereich.

In der Begegnung von 1987 begann Jesus über das Amt des Apostels zu reden. Er sagte: „Es gibt vier verschiedene Gruppen oder Klassen von Aposteln. Und in diesen verschiedenen Klassen oder Gruppen können einzelne Apostel eine unterschiedliche Stufe oder ein unterschiedliches Maß an Salbung haben."

Jesus fuhr fort: „Es gibt nicht nur verschiedene Klassen von Aposteln, sondern es gibt auch verschiedene Klassen von Propheten, Evangelisten, Pastoren und Lehrern. Und es gibt unterschiedliche Stufen an Salbung innerhalb dieser verschiedenen Gruppen."

Ich meine, wir alle haben Menschen in diesen Diensten in unterschiedlichen Stufen der Salbung dienen gesehen. Selbst im pastoralen Dienst ist das so. Es gibt Pastoren, die eine andere Art oder ein anderes Maß an Salbung haben als andere. Und wir sehen, wie Evangelisten, Propheten und Lehrer mit einem unterschiedlichen Maß an Salbung dienen. Dasselbe gilt auch für das Amt des Apostels.

Die erste Klasse von Aposteln: Jesus Christus

Natürlich steht Jesus zuoberst auf der Liste in jeder der Gaben des fünffältigen Dienstes.

Die Bibel nennt Jesus einen Apostel. Das griechische Wort, das mit „Apostel" übersetzt wird, bedeutet auch *ein Botschafter, ein Gesandter* oder *ein Beauftragter.* In Hebräer 3:1 heißt es: *„... betrachtet den APOSTEL und Hohenpriester unseres Bekenntnisses, Jesus."*

Jesus war sicherlich beauftragt, nicht wahr? Jesus ist der Erste auf der Liste der Gesandten. Er wird ein Apostel genannt, weil Er in Seinem irdischen Dienst ein *Gesandter,* ein *Botschafter* und ein *Beauftragter* war, um der Welt die Gute Nachricht der Errettung zu bringen.

Jesus nannte sich selbst einen *Propheten* (Mt. 13:57). Er wirkte auch im Amt des *Evangelisten,* denn Er verkündigte die Gute Nachricht der Errettung (Lk. 19:10). Jesus war ein *Pastor;* Er nannte sich selbst den guten Hirten (Joh. 10:11-16). Und Er war ein *Lehrer;* denn es war einer der Hauptaspekte des Dienstes Jesu, Leute zu lehren (Mt. 9:35).

Jesus steht in jeder Dienstgabe in einer Klasse für sich. Niemand sonst wird jemals in dieser höchsten Klasse stehen können, denn Jesus hatte den Geist ohne Maß (Joh. 3:34). Niemand sonst war jemals *über* alle Maßen gesalbt, und niemand wird es jemals sein. Die Gläubigen haben den Geist *nach* Maß (Röm. 12:3).

Mit anderen Worten: Jesus hatte während Seines irdischen Dienstes ein Maß an Salbung auf sich, das kein anderer jemals haben wird. Die Gläubigen haben ein bestimmtes *Maß* dieser

Salbung auf sich, weil auch sie den Heiligen Geist haben. Und es ist wahrscheinlich, dass der Leib Christi *als Ganzes* dasselbe Maß an Salbung besitzt, das Jesus auf sich hatte, als Er auf der Erde war. Aber sicherlich war keine andere Person jemals im selben Maß gesalbt, wie Jesus es war, noch wird das in Zukunft möglich sein.

Dies stellt in keiner Weise die Tatsache der Göttlichkeit Jesu in Frage. Als Person war Jesus selbst der ewige Sohn Gottes, die zweite Person der Dreieinigkeit. Er war Gott, der Sohn, der im Fleisch offenbart wurde. Aber als Er auf diese Erde kam, legte Er alle göttlichen Vorrechte ab (Phil. 2:5-8) und diente als Mensch.

Indem Er menschliche Natur annahm, entschied sich Jesus, die souveräne Ausübung Seiner göttlichen Kräfte abzulegen. Jesus hatte niemals aufgehört, Gott zu sein, aber Er wirkte als Mensch, der vom Heiligen Geist gesalbt war.

Wir können dies erklären, wenn wir verstehen, dass Jesus vor Seiner Fleischwerdung gleichwertig und gleichewig mit Gott, dem Vater, und Gott, dem Heiligen Geist, zusammen existierte. Er teilte mit Ihnen alle Vorrechte der Gottheit, wie zum Beispiel Allwissenheit, Allmacht, und Allgegenwart.

Als Jesus zum Kind in der Krippe wurde, war er Immanuel, nämlich „Gott mit uns“. Er war der fleischgewordene Gott. Er hat niemals aufgehört, Gott zu sein, noch verlor Er Seine Göttlichkeit, aber Er legte bestimmte Vorrechte zur Seite und nahm für eine bestimmte Zeit menschliche Begrenzungen auf sich.

Obwohl Jesus göttlichen Ursprungs und sündlos war, wirkte Er nicht in Allwissenheit. Wir lesen vielmehr, dass *Er* an Weisheit *zunahm* (Lk. 2:52). Er wirkte nicht in Allmacht; Er sagte vielmehr, dass Er von sich aus nichts tun konnte (Joh. 5:19,30). Er wirkte nicht in Allgegenwart, sondern Er war an einen menschlichen Körper gebunden, der später ans Kreuz genagelt und in der Erfüllung des Erlösungsplans Gottes glorreich auferweckt wurde.

Jesus hörte also niemals auf, Gott zu sein, aber Er entschied sich, als Mensch auf die Erde zu kommen, und Er diente unter der Kraft und Salbung des Heiligen Geistes. Weil Er aber den Geist ohne Maß hatte (Joh. 3:34), steht Jesus in allen fünf Dienstgaben, einschließlich der des Apostels, in einer Klasse für sich.

In der Begegnung von 1987 fuhr Jesus fort, mich auch über die weiteren Klassen oder Gruppen von Aposteln zu unterweisen.

Die zweite Klasse von Aposteln: Apostel des Lammes

Die zwölf Apostel des Lammes bilden die zweite Klasse von Aposteln. Jesus sagte zu mir: „Die Apostel des Lammes bilden eine Klasse für sich. Niemand kann sich jemals in dieser Klasse befinden, denn es gibt keine weiteren Apostel des Lammes."

Im Buch der Offenbarung spricht das Wort Gottes von den zwölf Aposteln des Lammes.

> **Und die Mauer der Stadt hatte zwölf GRUNDSTEINE und auf ihnen zwölf Namen der zwölf APOSTEL DES LAMMES.**
>
> **Offenbarung 21:14**

Es gibt nur zwölf Apostel des Lammes. Und niemand außer den zwölf Aposteln, die Jesus begleiteten, wird jemals in dieser zweiten Klasse von Aposteln stehen. Niemand anders könnte in dieser zweiten Klasse stehen, denn die Apostel des Lammes waren *Gesandte* für eine bestimmte Zeit und aus einer bestimmten Absicht.

Mit welcher Absicht waren diese zwölf Apostel *ausgesandt?* Waren sie ausgesandt, um Gemeinden zu leiten? Ganz gewiss nicht! Sie waren Gesandte, um Augenzeugen des Lebens Jesu,

Seines irdischen Dienstes und Seiner Auferstehung zu werden. Wir sehen dies in der Schrift.

Voraussetzungen der Apostel des Lammes

> **Und in diesen Tagen stand Petrus in der Mitte der Brüder auf und sprach und es war eine Menge von etwa hundertzwanzig Personen beisammen: Ihr Brüder, es musste die Schrift erfüllt werden, die der Heilige Geist durch den Mund Davids vorhergesagt hat über Judas, der denen, die Jesus festnahmen, Wegweiser geworden ist. Denn er war uns zugezählt und hatte das Los dieses Dienstes empfangen. Dieser nun hat zwar von dem Lohn der Ungerechtigkeit einen Acker erworben, ist aber kopfüber gestürzt, mitten entzweigeborsten, und alle seine Eingeweide sind ausgeschüttet worden. Und es ist allen Bewohnern von Jerusalem bekannt geworden, so dass jener Acker in ihrer eigenen Mundart Hakeldamach, das ist Blutacker, genannt worden ist. Denn es steht im Buch der Psalmen geschrieben: «Seine Wohnung werde öde, und es sei niemand, der darin wohne»! und: «Sein Aufseheramt empfange ein anderer!» Es muss nun von den Männern** [beachte die Voraussetzungen], **DIE MIT UNS GEGANGEN SIND IN ALL DER ZEIT, IN WELCHER DER HERR JESUS BEI UNS EIN- UND AUSGING, ANGEFANGEN VON DER TAUFE DES JOHANNES BIS ZU DEM TAG, AN DEM ER von uns hinweg aufgenommen wurde** [die Auferstehung Jesu], **von diesen muss einer ZEUGE** [oder Augenzeuge] **SEINER AUFERSTEHUNG MIT UNS WERDEN.**
>
> **Apostelgeschichte 1:15-22**

Die erste und offensichtlichste Eigenschaft der Apostel des Lammes war die, dass sie *Diener des Evangeliums* waren. Das heißt, sie waren zuallererst Prediger und Lehrer des Wortes.

Zweitens stellen wir fest, dass sie Männer waren, *„die mit uns gegangen sind in all der Zeit, in welcher der Herr Jesus bei uns ein- und ausging"* (Vers 21). Sie mussten Augenzeugen des irdischen Dienstes Jesu sein.

Drittens mussten die zwölf Apostel des Lammes *Gesandte* sein, und zwar mit der Absicht, Augenzeugen der Auferstehung Jesu zu werden: *„... Zeuge seiner Auferstehung mit uns werden"* (Vers 22).

Mit anderen Worten, die Apostel des Lammes mussten Männer sein, die Jesus während Seines irdischen Dienstes begleiteten und Zeugen Seiner Auferstehung geworden waren. Aus diesem Grund bilden die zwölf Apostel des Lammes eine Klasse für sich.

In der Begegnung von 1987 nannte Jesus diese zweite Klasse von Aposteln – die Apostel des Lammes – *Grundlegende Apostel,* weil Gott sie dazu gebrauchte, neutestamentliche Lehre festzulegen (Eph 2:20). Und einige von ihnen haben verschiedene Bücher der Bibel geschrieben.

Du erinnerst dich: Nachdem Judas Jesus verraten und sich erhängt hatte, mussten die Apostel einen anderen Mann auswählen, der seinen Platz einnehmen sollte. Dieser Mann musste jemand sein, der mit ihnen gewesen war, und der auch ein Augenzeuge des Dienstes und der Auferstehung Jesu geworden war. Matthias wurde gewählt, um den Platz des Judas einzunehmen.

Manche Leute sagen, dass die Apostel den Willen Gottes verpassten, als sie Matthias wählten, um den Platz des Judas einzunehmen, weil Paulus eigentlich dazu gewählt und als Apostel des Lammes hätte eingesetzt werden sollen.

Aber Paulus *konnte* sich *nicht* als Apostel des Lammes qualifizieren, weil er kein Augenzeuge des Dienstes Jesu war; Paulus war nicht einmal von neuem geboren, als Jesus auf der Erde wandelte. Paulus ging nicht mit ihnen aus und ein, und er war auch während der drei Jahre des irdischen Dienstes Jesu nicht bei Ihm und Seinen Jüngern. Und Paulus war auch kein Augenzeuge der Auferstehung Jesu.

Dann gibt es solche, die sagen, dass es nur zwölf Apostel gab, und dass das apostolische Amt mit diesen Zwölfen aufhörte. Mit anderen Worten sagen sie, dass die Apostel des Lammes die einzigen Apostel waren, die es im Leib Christi jemals gab und geben wird.

Aber lass uns einen Moment innehalten und das Neue Testament studieren. Dann werden wir herausfinden, dass es ungefähr zwanzig Leute gab, die Apostel oder „Ge-sandte" genannt wurden. (Für ein weitergehendes Studium dieses Themas siehe Rev. Kenneth E. Hagin's Buch *Die Dienstgaben.*) Darum hörte Paulus predigte den ersten neutestamentlichen Heiligen die Offenbarung des Evangeliums, darum müssen wir kein weiteres Fundament legen. Wir müssen nur auf dem Fundament aufbauen, das bereits für uns im Neuen Testament gelegt worden ist.

So seid ihr nun nicht mehr Fremde und Nichtbürger, sondern ihr seid Mitbürger der Heiligen und Gottes Hausgenossen. Ihr seid AUFGEBAUT AUF DER GRUNDLAGE DER APOSTEL UND PROPHETEN, wobei Christus Jesus selbst Eckstein ist.

Epheser 2:19,20

Die Gemeinde – der Leib Christi – ist auf der Grundlage aufgebaut, welche die Apostel und Propheten bereits für uns im Neuen Testament niedergelegt haben. Nun sollen wir auf diesem Fundament weiter aufbauen.

Nach der Gnade Gottes, die mir gegeben ist, HABE ICH als ein weiser Baumeister DEN GRUND GELEGT; ein anderer aber baut darauf; jeder aber sehe zu, wie er darauf baut.

1. Korinther 3:10

Niemand empfängt heute zusätzliche Offenbarung, um dem Fundament des Evangeliums etwas *hinzuzufügen,* denn wir haben bereits die vollständige Offenbarung des Neuen Testaments.

Paulus sagte: *„Wenn aber auch wir oder ein Engel aus dem Himmel euch etwas als Evangelium entgegen dem verkündigten, was wir euch als Evangelium verkündigt haben: er sei verflucht"* (Gal 1:8). Paulus warnte, dass wir darauf achten sollen, wie wir auf der Grundlage aufbauen, die bereits gelegt worden ist (1. Kor. 3:10). Wir können ihr nichts hinzufügen oder etwas davon wegnehmen.

Es gibt heute keine Apostel mehr, die eine Grundlage neutestamentlicher Lehre legen

Dann sagte Jesus während jener Begegnung etwas sehr Interessantes zu mir. Er sagte: „Es gibt heute *keine* Apostel und *keine* Propheten mehr, die eine solche Grundlage legen können. Es gibt heute keine Apostel oder Propheten mehr, die auf der selben *Ebene* oder mit der selben *Autorität* oder im selben *Rang* oder mit dem selben *Maß an Salbung* wie die Apostel und Propheten der Urgemeinde wirken. Niemand in der heutigen Gemeinde befindet sich in der zweiten oder dritten Klasse von Aposteln und Propheten."

Als Jesus mir im Jahr 1987 erschien, wusste ich nicht genau, warum Er mir diese Dinge erklärte. Aber weil Jesus während dieser Begegnung zu mir geredet hatte, wurde ich insbesondere auf Irrtümer aufmerksam, die im Leib Christi auftauchten, was das Thema Apostel und Propheten betrifft. Dann verstand ich schnell, warum Jesus Christus, das Haupt der Gemeinde, diese wichtigen Lehrfragen in solcher Ausführlichkeit mit mir besprochen hatte.

Lasst uns einige dieser modernen Irrtümer im Licht der Bibel anschauen.

Erstens behaupten manche Leute, dass der fünffältige Dienst in jeder Ortsgemeinde vollständig vorhanden sein und die *Führung* jeder einzelnen Ortsgemeinde aus dem gesamten fünffältigen Dienst bestehen muss, damit man eine angemessene, neutestamentliche Gemeindeleitung hat.

Zweitens besagt diese falsche Lehre, dass Apostel, weil sie in Epheser 4:11 an erster Stelle genannt werden, den Vorrang vor allen anderen Dienstgaben haben. In der Annahme, dass Apostel den Vorrang haben, gehen manche Leute davon aus, dass Apostel alle anderen Dienstgaben in der Ortsgemeinde, den Pastor eingeschlossen, anführen sollten.

Drittens lehren sie, dass die heutigen Apostel und Propheten noch immer neutestamentliche Lehre und Grundlagen festlegen sollten. Und deswegen behaupten sie, dass man keine gesunde neutestamentliche Grundlage hat, wenn nicht ein Apostel und ein Prophet die Gemeinde führen und leiten.

Ich glaube, dass Jesus aus diesem Grund während der Begegnung so nachdrücklich zu mir sagte: „Es gibt heute *keine* Apostel und Propheten mehr, die solche Grundlagen legen." Jesus wusste, dass dieser Irrtum im Leib Christi auftauchen würde.

Jesus fuhr weiter und erklärte, dass Apostel und Propheten, die zum Beispiel mit Paulus auf einer Stufe oder Ebene wären, auch heute noch etwas zur Grundlehre des Neuen Testaments hinzufügen könnten.

Du musst wissen, dass manche Leute in ihrer Lehre bezüglich des apostolischen Dienstes in Extreme und leider sogar in den Bereich der Irrlehre geraten sind. Erstens ist es nicht schriftgemäß, dass heute in der Gemeinde zusätzliche Grundlagen gelegt werden müssen.

Jesus Christus ist der Eckstein. Wenn wir heute Apostel brauchen, um ein weiteres Fundament zu legen, dann brauchen wir auch einen weiteren Eckstein, denn der Eckstein ist ein Teil des Fundaments! Du siehst, wie absurd dies ist.

Nein, wir haben dasselbe Evangelium, denselben Christus und dasselbe Fundament, das für uns durch die Grundlegenden Apostel und Propheten gelegt wurde, und wir bauen einfach auf diesem sicheren Fundament auf.

Lasst es uns von einer anderen Seite betrachten. Man könnte niemals ein Haus bauen, wenn man immer wieder das Fundament neu legen müsste. Wenn man in einer Woche das Fundament legt und es in der nächsten Woche wieder entfernt, um ein neues Fundament zu legen, dann wird man das Haus niemals fertig bauen können.

Nein, man lässt das Fundament an Ort und Stelle und baut darauf auf. Darum sagte Jesus zu mir, dass es heute keine Apostel oder Propheten mehr gibt, die Grundlagen legen; das Fundament ist gelegt worden, und es ist ein festes Fundament – eines, auf dem die heutige Gemeinde ohne Gefahr aufbauen kann.

Außerdem befindet sich in der heutigen Gemeinde nicht einmal jemand in der dritten Gruppe von Aposteln. Wenn jemand in dieser Klasse wirken würde, dann könnte er dem Neuen Testament etwas hinzufügen. Aber niemand kann dies tun, denn niemand hat heute das Maß an Salbung, in diesem Dienst zu wirken, indem er der Gemeinde zusätzliche Grundlehren hinzufügt.

Zweitens befindet sich diese Lehre im Irrtum, weil es falsch ist, anzunehmen, dass Apostel in Epheser 4:11 und in 1. Korinther 12:28 an erster Stelle genannt werden, weil sie die wichtigste Dienstgabe sind. Sie werden *nicht* zuerst genannt, weil sie über alle anderen Dienstgaben bestimmen sollen. Wir müssen verstehen, wie Dienstgaben in der Urgemeinde entstanden sind, damit wir verstehen können, warum Paulus sie wahrscheinlich in dieser Reihenfolge nannte.

Das Frühstadium der Gemeinde und die Entwicklung des Dienstes

Weil sie das Wort Gottes nicht richtig auslegen, haben

manche Leute das Amt des Apostels falsch interpretiert und sind damit in Extreme geraten. Alles, was in dieser Weise überstrapaziert wird, ist letztlich falsch.

Schriftstellen müssen im Licht anderer Schriftstellen, die dasselbe Thema behandeln, ausgelegt werden. Um das Wort der Wahrheit zu einem bestimmten Thema richtig auszulegen, ist es wichtig, sämtliche Schriftstellen zu einem bestimmten Thema zu nehmen und sie im Licht all dessen zu studieren, was die Bibel zu diesem Thema zu sagen hat.

In der Annahme, dass der Apostel zuerst genannt wird, weil er über alle anderen Dienstgaben den Vorrang hat, ziehen manche Leute durch die Gemeinden und verkündigen in einer diktatorischen Art und Weise, dass sie Apostel seien und verlangen, dass die Leute und Gemeinden sich ihnen unterordnen sollen.

Es ist offensichtlich so, dass in der Errichtung der *universalen Gemeinde* nach der Auferstehung Jesu die Apostel und Propheten von vorrangiger Wichtigkeit waren, denn durch sie kam die Offenbarung des Neuen Testaments, das die Grundlage bildet, auf der die Gemeinde aller Zeiten aufgebaut werden sollte.

Wenn es allerdings um die Arbeitsweise der heutigen *Ortsgemeinde* geht, so kann 1. Korinther 12:28 schwerlich auf das Amt des Apostels und des Propheten als die wichtigsten oder die bestimmenden Ämter im Zusammenhang mit der *lokalen* Gemeinde verweisen, denn Paulus nannte „Leitungen" als eine Kategorie, die für sich steht.

Es kann nicht sein, dass Paulus die Dienstgaben in der Reihenfolge ihrer Wichtigkeit in der Ortsgemeinde aufführte, denn in diesem Abschnitt in 1. Korinther 12:28 nennt Paulus Lehrer an dritter Stelle. In Epheser 4:11 allerdings nennt er das Amt des Lehrers als letztes. Das wäre nicht folgerichtig.

Ebenso, in der Annahme, dass „Leitungen" das Amt des Pastors meint, nennt Paulus in 1. Korinther 12:28 den Dienst der Hilfeleistung vor dem pastoralen Amt. Wenn er sie aber in der Reihenfolge ihrer Wichtigkeit in der heutigen Ortsgemeinde aufführen würde, dann hätte der Lehrer und der Dienst der Hilfeleistung Autorität über den Pastor der lokalen Versammlung!

Das ist nicht schriftgemäß. Und entsprechend der Liste in Epheser 4:11 würde das heißen, dass der Evangelist ebenfalls höhere Autorität als der Pastor des lokalen Leibes hätte und darum über diesen bestimmen könnte! Das ist nicht biblisch, insbesondere weil der Dienst des Evangelisten für gewöhnlich kein stationärer Dienst *in* der Ortsgemeinde ist; es handelt sich dabei normalerweise eher um Reisedienste, die sich um die Unerretteten *außerhalb* der Gemeinde bemühen.

Also können wir leicht erkennen, dass Paulus die Dienstgaben nicht in der Reihenfolge ihrer Wichtigkeit in der heutigen Ortsgemeinde auflistet. Somit legt er mit der Reihenfolge, in der die Dienstgaben erwähnt werden, auch keine Hierarchie für die Leitung der Ortsgemeinde fest.

Nein, das Amt des Apostels wurde nicht an erster Stelle genannt, weil es das wichtigste Amt im örtlichen Leib ist und über alle anderen Dienstgaben bestimmen sollte. Wenn wir Epheser 4:11 und 1. Korinther 12:28 nehmen, erscheint es eigentlich logisch, dass Paulus diese Ämter in der Reihenfolge nannte, wie Gott die Dienstgaben in der ersten Gemeinde „setzte“ oder *entwickelte*.

Die Urgemeinde hatte nicht von Anfang an den fünffältigen Dienst, denn es braucht Zeit, bis Gott Dienste und Diener Gottes hervorbringen kann. Gott setzt keine Neulinge in Autoritätspositionen oder in Ämter des Dienstes ein, weil Er nicht gegen Sein eigenes Wort verstoßen wird (1. Tim. 3:6). Eine Zeit lang war der apostolische Dienst also der einzige in der Urgemeinde überhaupt vorhandene Dienst.

Darum war das apostolische Amt die erste Dienstgabe, die anfänglich in der Urgemeinde in Erscheinung trat. In den Anfangstagen der ersten Gemeinde waren die zwölf Apostel des Lammes die einzigen Diener Gottes. Diese Männer hatten Jesus während Seines irdischen Dienstes begleitet (Apg. 1:21). Sie waren von Gott auserwählt, und der Heilige Geist hatte sie ausgerüstet und als Diener des Evangeliums qualifiziert.

Die Apostel hatten anscheinend die Fähigkeit, bis zu einem gewissen Grad in allen fünf Dienstgaben zu wirken. Und tatsächlich brauchten sie diese Fähigkeit auch, denn die Gemeinde befand sich in ihrem Anfangsstadium, und keine andere Dienstgabe hatte sich bisher in der Gemeinde entwickelt. Man kann auch mit ziemlicher Sicherheit sagen, dass sie in einem gewissen Maß prophetisch gedient haben, genauso, wie sie auch evangelistisch gedient haben müssen. Es muss auch ein Element pastoraler Aufsicht gegeben haben, und wir wissen mit Sicherheit, dass sie das Wort lehrten.

Allerdings blieben die Apostel nicht die *einzige* Dienstgabe in der Gemeinde. Mit der Zeit erschienen auch die, welche (ausschließlich) als Propheten dienten, auf der Bildfläche. Die Propheten gaben inspirierte Rede weiter. Die Schrift teilt uns nicht viele Einzelheiten darüber mit, aber wir wissen, dass der Dienst des Propheten zum Zeitpunkt des Berichts in Apostelgeschichte 13:1 wohlgegründet war: *„Es waren aber in Antiochia, in der dortigen Gemeinde, PROPHETEN ...“*

Ebenfalls zeigt uns die Schrift auch nicht den genauen Anfangspunkt des Dienstes des Evangelisten. Allerdings sehen wir, dass das Amt des Evangelisten zum ersten Mal in Apostelgeschichte 8, bezüglich der Person des Philippus, erwähnt wird. Zu diesem Zeitpunkt gab es die Gemeinde bereits seit vielen Jahren, und der Heilige Geist hatte genug Zeit gehabt, den Dienst des Evangelisten in der Gemeinde zu entwickeln.

Pastoren oder Hirten traten in Erscheinung, während die Gemeinde wuchs und die Gläubigen geistlich mündig wurden (Apg. 14:23; 15:2; 20:28). Und der Dienst des Lehrers wurde in der ersten Gemeinde entwickelt, während die Gläubigen in der Lehre trainiert und unterwiesen wurden (Apg. 2:42; 13:1).

Ein weiterer Grund, warum es falsch ist, das Amt des Apostels über alle anderen zu erheben, ist, dass selbst in der Urgemeinde die Apostel nicht alle Gemeinden leiteten – nicht einmal alle Gemeinden, die sie selbst mitgegründet hatten.

Paulus hatte die *geistliche Aufsicht* über Gemeinden nur während der ersten Gründungs- und Aufbauphase. Aber er hatte keine Aufsicht in der Gemeinde zu Jerusalem oder in irgendeiner anderen Gemeinde. Wenn er eine Gemeinde, die er gegründet hatte, einmal verlassen hatte, delegierte er die Aufsicht an andere (Apg. 20:28).

Nachdem er gegangen war, beantwortete Paulus von der Gemeinde an ihn gerichtete Fragen und bot ihnen göttliche Anweisungen an; aber er kontrollierte oder leitete sie nicht.

Ich verwende im Hinblick auf das apostolische Amt ungern die Worte „geistliche Autorität", denn dadurch wird die Vorstellung vermittelt, dass Apostel Leute und Gemeinden anführen und leiten, und dem ist nicht so.

Der Punkt ist vielmehr, dass Paulus wahrscheinlich auf die Reihenfolge Bezug nahm, in der Gott die Dienstgaben in der ersten Gemeinde „einsetzte" oder *entwickelte,* als er in 1. Korinther 12:28 sagte: „Und die einen hat Gott in der Gemeinde eingesetzt ..."

Ein weiterer Irrtum in dieser Lehre ist die Aussage, dass alle Dienstgaben zusammen die „Leitung" der Ortsgemeinde ausmachen, und jede einzelne Gemeinde, egal wie groß sie ist, von allen fünf Dienstgaben geleitet werden muss.

Einmal mehr haben manche Leute das Wort Gottes nicht richtig ausgelegt. Sie haben es versäumt, zwischen der *Gemeinde als dem universalen Leib Christi* und der *Ortsgemeinde* zu unterscheiden. In der Gemeinde als Ganzes werden wir alle fünf Dienstgaben in Wirksamkeit finden. Aber *nicht* jede lokale Gemeinde wird alle fünf Dienstgaben in ihrer Versammlung am Wirken haben.

Statt die Gläubigen freizusetzen, bringen diese falschen Auffassungen den Leib Christi eigentlich in Gebundenheit. Die Bibel sagt, dass das Wort Gottes uns frei machen wird (Joh. 8:32), es wird uns nicht in Gebundenheit bringen.

Wie du siehst, kann man bei diesem Thema auf zwei Seiten vom Pferd fallen, wenn man nicht vorsichtig ist. Man kann auf der einen Seite herabfallen und das wirkliche Amt und die Funktion des Apostels verleugnen oder man kann auf der anderen herabfallen und dem apostolischen Amt eine unbegrenzte Vorrangstellung und Autorität geben, die es nicht hat.

Personen, die dem apostolischen Amt eine zu große Stellung geben und für sich beanspruchen, in diesem Amt zu stehen, scheinen meistens folgende Haltung zu haben: „Ich bin ein Apostel! Du musst tun, was ich sage, denn um eine korrekte neutestamentliche Leiterschaft zu haben, muss die Gemeinde von Aposteln geleitet werden."

Eigentlich finde ich nirgends im Neuen Testament die Aussage, dass es in der Ortsgemeinde ein höheres Amt als das des Pastors gibt. Ich habe keine Stelle im Neuen Testament gefunden, wo Apostel über Pastoren und andere Dienstgaben das Sagen haben.

Diese unbiblischen Lehren, die besagen, dass Apostel und Propheten Leute und Gemeinden leiten und anführen sollten, sind nicht neu. Ich bin seit mehr als siebenundfünfzig Jahren im Dienst, und ich habe diese gleichen unbiblischen Lehren im Leib Christi bereits zu früheren Zeiten auftauchen sehen. Diese Irrlehren kommen in Zyklen. Sie tauchen in jeder Generation in der Gemeinde auf und müssen entsprechend behandelt werden.

Immer, wenn eine neue Generation aufwächst, die noch nicht die Wahrheit aus dem Wort Gottes über ein bestimmtes Thema gelehrt wurde, besteht die Gefahr, dass sie in einen Graben gerät und so ihre geistliche Ausgewogenheit verliert.

In jeder Generation muss Gott jemanden in der Leiterschaft des Leibes aufrichten, der diese Themen anspricht. In den 30-er Jahren richtete Gott Donald Gee auf, der in seinem Buch *The Ministry Gifts of Christ,* das inzwischen vergriffen ist, die selben extremen Lehren bezüglich des apostolischen Dienstes behandelte. Donald Gee war einer der Pioniere und großen Lehrer der Pfingstbewegung.

In den 50-er Jahren tauchte dasselbe Problem erneut im Leib Christi auf. Diesmal war es Gordon Lindsay, der das Problem in seinem Buch *Apostles, Prophets and Governments* behandelte,[4] so dass es schließlich wieder verschwand. Lindsay war der Gründer der Bibelschule „Christ for the Nations" und gab die Zeitschrift *The Voice of Healing* heraus.[5] Fast alle führenden Heilungsevangelisten jener Zeit veröffentlichten ihre Artikel in dieser Zeitschrift.

Weil Donald Gee und Gordon Lindsay angesehene Leiter im Leib Christi und ihre Bücher biblisch ausgewogen waren, konnten sie einem Großteil der falschen Lehren, die damals auftauchten, Einhalt gebieten.

Es gab damals eine echte Erweckung, und das ist für gewöhnlich auch der Zeitpunkt, wo der Teufel versucht, diese geistlichen Randerscheinungen ins Spiel zu bringen, um so das Handeln Gottes aufzuhalten und zu schädigen. Er lenkt die Gläubigen ab, indem er sie in geistliche Irrtümer führt, und versucht so, das echte Handeln des Geistes Gottes „abzutreiben".

In unseren Tagen ist eine neue Generation in der Gemeinde herangewachsen. Wiederum tauchen dieselben Kontroversen im Leib Christi auf, also muss das Thema erneut angesprochen werden. Ich habe versucht, Gott dazu zu bringen, jemand anderen damit zu beauftragen, aber er sagte: „Nein, du wirst es tun." Aus diesem Grund ist dieses Buch entstanden.

Ich werde von Zeit zu Zeit aus dem Buch *Apostles, Prophets and Governments* von Gordon Lindsay zitieren, denn es erweitert das, was ich glaube, und seine Einsichten helfen mit, einige Dinge zu erklären, die der Herr mir in jener Begegnung mitgeteilt hat.

Ein Grund dafür, dass diese Irrtümer in unserer Zeit erneut aufgetaucht sind, ist der, dass Menschen versuchen, dem Amt des heutigen Apostels denselben Status zu geben, wie ihn die zweite oder dritte Gruppe von Aposteln in den Tagen der ersten

Gemeinde hatte; aber es hat diesen Status schlicht und einfach nicht.

Nun, es gibt keinen Zweifel daran, dass manche Personen in unserer Zeit mit Recht Apostel der vierten Klasse genannt werden können. (Wir werden die vierte Klasse von Aposteln im nächsten Kapitel behandeln.) Aber jemand, der landein landaus verkündigt, dass er ein Apostel sei, der wird es wahrscheinlich eher nicht sein.

Wenn du ein Diener Gottes bist, dann möchte ich dich ermutigen, dass andere dich zwar nennen können, wie sie wollen, allerdings sollte es auf der Grundlage geistlicher Begabung oder Ausrüstung geschehen, sowie der Frucht, die in deinem Leben und Dienst sichtbar geworden ist. Wir können uns darüber freuen, dass der Herr im Leib Christi am Wirken ist und die Dienstgaben in Funktion und Würde wiederhergestellt und gefördert werden; wir sollten uns dabei keine Gedanken um Titel machen.

Endnoten

[1] Engl.: „unto a perfect man"; das griechische Wort *teleio* kann sowohl mit *vollkommen,* als auch mit *erwachsen* übersetzt werden, die KJV verwendet das Erstere (Anm. d. Übersetzers).

[2] Beachte, dass hier von der Gemeinde im globalen Sinn die Rede ist, nicht von der Ortsgemeinde (Anm. d. Übersetzers).

[3] Dieser Titel ist bisher nur in Englisch erschienen.

[4] Die erwähnten Bücher sind nur in Englisch erschienen.

[5] Diese Bibelschule in Dallas, Texas, existiert noch heute; die Zeitschrift war das verbindende Organ der sogenannten Heilungserweckung im Amerika der 50-er und 60-er Jahre.

Kapitel 2

Die vierte Gruppe: Apostel, die kein Fundament legen

Wenn es auch heute keine Apostel oder Propheten der zweiten oder dritten Gruppe im Leib Christi gibt, so *gibt es* doch eine vierte Gruppe von Aposteln. Es gibt in der heutigen Gemeinde Personen, die bis zu einem gewissen Grad im apostolischen Dienst stehen. Sie sind *Ausgesandte,* aber sie befinden sich auf einer tieferen Ebene als die Apostel der frühen Gemeinde. Sie befinden sich in einer vierten Gruppe oder Klasse von Aposteln.

Offensichtlich wurde das Wort „Apostel" in den Tagen der frühen Gemeinde häufiger gebraucht als heute und die Leute haben damals seine Bedeutung verstanden. Aber da es ein Wort ist, das wir heute nicht sehr oft verwenden, haben es die Leute missverstanden. Auch heute ist es so, dass bestimmte Wörter manchmal in einer allgemeinen Weise und manchmal in einer spezifischen Weise gebraucht werden.

Wir können bestimmte Wahrheiten, welche die Bibel uns vermitteln möchte, falsch verstehen, wenn wir versuchen, aus diesen Dingen geistliche Luftschlösser zu bauen. Dies gilt auch für falsche Auffassungen und unbegründete Ideen über das Amt des Apostels. Dann muss der Herr kommen und unsere Luftschlösser niederreißen und uns zum Leidwesen mancher Leute, die dann sogar zornig werden, korrigieren.

Lass mich eine Sache herausstellen. Das griechische Wort für „Apostel" ist das Wort „apostolos", es bedeutet: *Ein Gesandter oder Abgesandter.* In Philipper 2:25 spricht Paulus von Epaphroditus als dem Abgesandten der Philipper. Das griechische Wort, welches hier mit *Abgesandter* übersetzt wird, ist das Wort „apostolos".

> **Ich habe es aber für nötig gehalten, Epaphroditus, meinen Bruder und Mitarbeiter und Mitstreiter, euren ABGESANDTEN und Diener meines Bedarfs, zu euch zu senden.**
>
> **Philipper 2:25**

Indem er das Wort „Abgesandter" verwendet, nannte Paulus Epaphroditus einen *Apostel.* Aber Epaphroditus stand vermutlich nicht in dem besonderen Sinn im Amt des Apostels, wie wir es heute verstehen. Das Wort „Apostel", wie es hier gebraucht wird, meint jemanden, der als *Vertreter* oder *Repräsentant ausgesandt* ist oder einen *beauftragten Repräsentanten einer bestimmten Gemeinde.*[1]

Natürlich war Epaphroditus kein Apostel in der selben Klasse mit oder auf dem selben Level wie Paulus. Er war kein Apostel der zweiten oder dritten Gruppe, obwohl er zur frühen Gemeinde gehörte, denn er verfasste keine Lehren oder Grundlagen des Neuen Testaments. Wenn Epaphroditus einen apostolischen Dienst tat, dann hätte er zur vierten Gruppe oder Klasse gehört.

So wie Paulus das Wort „Apostel" hier verwendet, gebraucht er es vermutlich im allgemeinen Sinn, mit der Bedeutung, dass die Gemeinde Epaphroditus gesandt hatte, so wie wir heute einen Vertreter zu einer Konferenz oder Versammlung schicken würden. Epaphroditus war ein *Apostel, Abgesandter* oder *Vertreter,* von den Philippern ausgesandt, vermutlich ganz einfach, um Paulus in seinem Dienst zu helfen.

Da er nur ein Abgesandter oder Vertreter war, wird Epaphroditus kaum den vollen Rahmen des apostolischen Amtes ausgefüllt haben, wie dies bei Paulus der Fall war. Paulus war nicht nur ein *Abgesandter,* sondern er hatte auch die geistliche Salbung oder *Befähigung, Gemeinden zu gründen.*

Paulus hatte auch die *geistliche Fähigkeit und Ausrüstung,* die ihn *zur Aufsicht über diese Gemeinden* befähigte; er war für sie *verantwortlich,* bis der pastorale Dienst in einer Ortsgemeinde angemessen besetzt werden konnte. Wir haben keinen Hinweis darauf, dass Epaphroditus Gemeinden gründete; darum hatte er keinen besonderen apostolischen Dienst gegenüber irgendwelchen Gemeinden.

Das Wort „Apostel" wurde auch in der weltlichen griechischen Literatur der damaligen Zeit verwendet. Mit anderen Worten wurden Menschen, die Gott nicht einmal kannten, Apostel genannt. Im klassischen Griechisch bedeutete das Wort „Apostel" als Substantiv verwendet: *Ein beauftragter Gesandter* oder *ein Botschafter.* In der Verbform bedeutet es: *Weg-* oder *aussenden.* Jemand, der gesandt war, um eine bestimmte Aufgabe auszuführen, wurde ein Apostel genannt, weil er besonders dazu ausgesandt war, eine bestimmte Aufgabe zu erledigen.

Darum gibt es heute im Leib Christi Personen, die in einem bestimmten Maß des apostolischen Dienstes stehen, denn sie sind *mit einer Botschaft ausgesandt.* Sie sind vom Heiligen Geist dazu beauftragt worden, dem Leib Christi eine bestimmte Botschaft oder einen bestimmten Aspekt des Dienstes zu vermitteln. Sie gehören zur vierten Gruppe von Aposteln.

Aber denk daran, dass alle, die im Amt des Apostels stehen, egal zu welcher Gruppe oder Klasse sie gehören, in erster Linie Prediger oder Lehrer des Wortes sind wie jeder andere, der zum Dienst berufen ist. Vielleicht sind sie auch Prediger *und* Lehrer. Aber dann werden sie auch eine bestimmte Berufung haben, eine spezielle Aufgabe zu erfüllen, die darin besteht, dem Leib Christi eine bestimmte Botschaft zu vermitteln.

Moderne Missionare

Viele unserer modernen Missionare gehören zur vierten Gruppe von Aposteln, wenn sie vom Heiligen Geist *ausgesandt* worden sind. Menschen, die von Missionsgremien ausgesandt wurden, tun vielleicht die Arbeit eines Missionars, aber das qualifiziert sie nicht notwendigerweise im geistlichen Sinn als Apostel.

Mit anderen Worten, das Wort „Apostel" in dieser Gruppe umfasst die Personen, die vom Heiligen Geist mit einer besonderen *Botschaft* für die Leute in bestimmten Ländern *ausgesandt* oder *beauftragt* sind und nicht so sehr die Personen, die einfach *gehen.* In diesen Ländern geschehen als Folge mancher dieser Dienste wunderbare Dinge.

Manche Missionare gehen nicht nur mit einer Botschaft in ein Land, sondern sie besitzen auch die Fähigkeit, Gemeinden zu gründen. Menschen, die wirklich vom Heiligen Geist berufen und von Gott gesandt sind, in anderen Ländern neue Werke zu beginnen, sind Apostel, denn eines der Hauptmerkmale des Dienstes eines Apostels ist es, dass er neue Gemeinden gründet und neue Dienste beginnt.

Paulus zum Beispiel gründete viele der Gemeinden in den Nationen, von denen wir in der Apostelgeschichte lesen. Heutige Missionare tun das Werk eines Apostels, wenn sie nicht nur die Fähigkeit haben, Leute zur Errettung zu führen, sondern auch in der Lage sind, Gemeinden zu gründen und aufzubauen.

Wenn Menschen einmal errettet wurden, hat ein Apostel auch die gottgegebene Fähigkeit und die geistlichen Qualitäten, den Leuten als Pastor zu dienen, sie im Wort zu ernähren, zu lehren und zu festigen. Er bleibt solange in einem bestimmten Werk, bis es eine gute Grundlage hat, und kann dann weiterziehen, um weitere neue Werke zu beginnen.

Über die Jahre habe ich Leute gesehen, die von Stadt zu Stadt zogen und überall, wohin sie kamen, gute Gemeinden gründeten. Das war ihre Berufung, und es ist ein Teil des apostolischen Amtes. Der Dienst des Apostels war immer im Leib Christi zu finden, aber wir nannten solche Leute Missionare oder Gemeindegründer. Eigentlich geht es nicht so sehr um den *Titel;* die Hauptsache ist die *Auswirkung.*

Ich erinnere mich an einen bestimmten Mann in den frühen Tagen der Pfingstbewegung, der mit Recht ein Apostel genannt werden könnte. In kurzer Zeit gründete er in dem Land, in das

Gott ihn gesandt hatte, fünfzig Gemeinden. Ohne Zweifel war er ein Apostel für dieses Land.

Vor Jahren hörte ich einen bestimmten Prediger des vollen Evangeliums sagen, dass er sieben Jahre in einem bestimmten Land zugebracht hatte und versuchte, eine Gemeinde zu gründen. Nach sieben Jahren war seine höchste Mitgliederzahl siebenunddreißig Leute und fünfunddreißig davon waren Kinder, die er von der Straße geholt hatte. Schließlich war er so entmutigt, dass er mit dem Entschluss nach Amerika zurückkam, nie mehr aufs Missionsfeld zurückzukehren.

Aber er begann zu beten, und Gott konnte ihn ergreifen. Gott zeigte ihm, wo sein Problem war. Er hatte seine Rechte und Privilegien in Christus nicht gekannt und wusste nicht, wie man die Verheißungen Gottes in Anspruch nimmt. Als er begann, sein Erbe in Christus zu verstehen und lernte, wie man Gott glaubt, sandte ihn Gott in jenes Land zurück. Nach einer gewissen Zeit kam er zurück, um in Amerika zu predigen. Zu dieser Zeit hörte ich ihn.

Er sagte: „Im vergangenen Jahr konnten wir 270'000 Leute zur Errettung führen, 70'000 wurden mit dem Heiligen Geist erfüllt und innerhalb eines Jahres konnte wir 80 Gemeinden gründen." All dies geschah in *einem* Jahr! Sein fruchtbarer Dienst in diesem Bereich zeigte die apostolische Berufung auf seinem Leben. Es ging ihm nicht so sehr um den Titel des „Apostels"; er erfüllte ganz einfach die *Funktion* eines Apostels.

Pastoren, die im Amt des Apostels stehen

Wie ich bereits sagte, das Wort „Apostel" scheint eine viel weitere Bedeutung zu haben, als wir bisher dachten. Ich denke, dies ist ein Grund dafür, warum wir in diesem Bereich in die Irre geraten sind; wir haben nicht das ganze Ausmaß des Amtes gesehen. Ein Apostel der vierten Gruppe kann ein *Gesandter* sein, ein *Repräsentant,* ein *Botschafter* des Evangeliums, ein

Missionar oder jemand, der mit einem besonderen *Auftrag* oder einer besonderen *Botschaft ausgesandt wurde.*

Wir haben in unserer Zeit manchmal die Vorstellung, dass es nur wenige Apostel gibt; dennoch stehen viele Leute schon eine ganze Weile in diesem Amt, aber wir haben sie nicht so genannt.

Auch ein Pastor zum Beispiel kann manchmal bis zu einem gewissen Grad im apostolischen Amt stehen, wenn er vom Heiligen Geist *gesandt* wurde, um in einer bestimmten Stadt eine Gemeinde zu gründen. In diesem Sinn ist er ein *Gesandter* mit einer *Botschaft* an diese Stadt oder dieses Gebiet.

Natürlich kann man nicht jeden Pastor, der in eine Stadt gesandt wurde, einen Apostel nennen. Dazu müssen auch die anderen geistlichen Qualitäten der apostolischen Berufung in seinem Leben und Dienst wirksam sein, die wir später noch genauer anschauen werden.

Dennoch würde ein echter Pastor, der dazu berufen ist, eine neue Arbeit für Gott zu beginnen, sich selbst nicht als Apostel ankündigen. Es kann ihm nicht um Etiketten gehen. Es kann ihm nicht darum gehen, sich selbst zu erhöhen, sondern er wird das vollenden wollen, wozu Gott ihn gesandt hat.

In Apostelgeschichte 1:20 sehen wir einen Hinweis darauf, dass ein Pastor in einem gewissen Maß im Amt des Apostels stehen kann. Wie du weißt, ist Judas in Sünde gefallen und ein anderer musste gewählt werden, um seinen Platz einzunehmen.

Denn es steht im Buch der Psalmen geschrieben: „Seine Wohnung werde öde, und es sei niemand, der darin wohne“! und: „Sein Aufseheramt empfange ein anderer!“
Apostelgeschichte 1:20

Das Wort „Aufseheramt“ weist auf das Amt eines Aufsehers (oder Bischofs) hin. In 1. Timotheus 3:1,2 nennt Paulus *Pastoren* „Aufseher“.

Das Wort ist gewiss: Wenn jemand nach einem AUFSEHERDIENST trachtet, so begehrt er ein schönes Werk. Der AUFSEHER nun muss untadelig sein, Mann einer Frau, nüchtern, besonnen, sittsam, gastfrei, lehrfähig.
1. Timotheus 3:1,2

Das Wort „Aufseher" ist das griechische Wort „episkopos", welches mit *Bischof* oder *Aufseher* übersetzt wird. Der Aufseher der Ortsgemeinde ist der *Pastor* (Apostelgeschichte 20:28).

Ein Pastor mag eine Gemeinde aufbauen und sogar mit einer Botschaft in eine bestimmte Stadt oder zu einer bestimmten Gruppe von Leuten gesandt sein. In diesem Sinn steht er in einem gewissen Maß im Amt eines Apostels, denn er wurde vom Heiligen Geist mit einer Botschaft ausgesandt. Seine Botschaft ist immer das Evangelium.

Somit kann man auch sehen, wie absurd es ist, wenn ein junger Emporkömmling zu einem Pastor kommt, der selbst in einem gewissen Maß im apostolischen Amt steht, und zu ihm sagt: „Du hast nicht die richtige Leitungsstruktur in deiner Gemeinde. Du hast keinen Apostel, der über dich gesetzt ist."

Erstens ist diese Argumentation nicht biblisch; ein Pastor braucht keinen Apostel, der über ihn gesetzt ist. Zweitens kann es gut sein, dass er selbst bis zu einem gewissen Grad ein Apostel ist! Nun, ein Pastor ist vielleicht nicht unbedingt ein Apostel für die Gemeinde als Ganzes. Aber wenn Gott ihn gesandt hat, dann kann er ein Apostel, ein Gesandter für diese Stadt und für diese Ortsgemeinde sein.

Dennoch würde ihm dies kein Recht geben, über jedermann in dieser Stadt oder über andere Gemeinden Autorität auszuüben. Aber sein Ruf wird von der göttlichen Befähigung begleitet sein, diese bestimmte Ortsgemeinde aufzubauen und zu leiten.

Dies zeigt uns eine weitere Bedeutung des Wortes „Apostel". In unserer Zeit ist es leider einigen Leuten gelungen, aus der Unwissenheit mancher Christen Profit zu schlagen und sie in die Irre zu leiten; sie nennen sich selbst Apostel, um so Autorität über andere ausüben zu können.

Das griechische Wort, das für gewöhnlich mit „Apostel" übersetzt wird, ist *apostolos*. Das entsprechende Verb wird manchmal mit der selben Bedeutung verwendet: *Jemanden als Boten mit einem Auftrag aussenden*. Es kann einen Abgeordneten meinen; insbesondere einen Botschafter des Evangeliums.

In seiner Verbform bedeutet das Wort „Apostel" *senden*. Das Wort für „Aufseheramt" in Apostelgeschichte 1:20, welches auf die Apostel des Lammes verweist, ist *Aufseher* oder *Bischof*. Also können wir eine Beziehung zwischen diesen beiden Begriffen – Apostel und Aufseher – feststellen. Wenn wir das Neue Testament studieren, sehen wir, dass es in der Zeit, als die Apostel Gemeinden gründeten und aufbauten, ein Element pastoraler Aufsicht im apostolischen Dienst gab.

Im klassischen Griechisch wurde das Wort häufig verwendet. Die klassische Literatur spricht von „Aposteln des Zeus" oder von solchen, die ausgesandt waren, um die Götter zu repräsentieren. Biblisch gesprochen waren Apostel ausgesandt, um den wahren Gott zu repräsentieren.

Die Bibel gebraucht das Wort „Apostel", um die Vorstellung zu vermitteln, dass es Personen gibt, die besonders ausgesandt sind, um ein Werk für Gott zu tun. Es können damit sogar Aufseher, also Pastoren, gemeint sein.

Haben wir in der Schrift ein Beispiel eines Aufsehers – eines Pastors – der auch im Amt des Apostels stand? Ja, das haben wir. Paulus nannte Jakobus, den Bruder des Herrn, einen Apostel. Paulus sagte: *„Keinen anderen der Apostel aber sah ich außer Jakobus, den Bruder des Herrn"* (Galater 1:19).

Jakobus war keiner der ursprünglichen Apostel. Er glaubte nicht einmal, dass Jesus der Sohn Gottes war, als Jesus auf der Erde lebte. Die Bibel deutet an, dass Jesus Jakobus in einer Vision erschien (1. Korinther 15:7).

Aber in Apostelgeschichte 15 sehen wir, dass Jakobus der Aufseher der Versammlung in Jerusalem war. Als von den Ältesten und Aposteln ein Konzil einberufen wurde, um Doktrin bezüglich der Nationen festzulegen, wird er erwähnt. Es scheint, dass Jakobus die Gemeinde in Jerusalem anführte oder ihr als Pastor vorstand, dennoch wurde er ein *Apostel* genannt.

Weitere Apostel der vierten Gruppe

Darum können wir festhalten, dass im Leib Christi eine vierte Gruppe von Aposteln wirkt; und zwar im Sinne von Gesandten, die vom Heiligen Geist ausgesandt werden, um eine bestimmte Aufgabe zu erledigen oder dem Leib Christi eine bestimmte Betonung in einem Bereich biblischer Wahrheit zu vermitteln. Es ist nicht so wichtig, dass dieser Dienst einen bestimmten *Titel* trägt, aber es ist wichtig, dass er in der *Erweisung* des Geistes und der *Kraft* geschieht (1. Korinther 2:4).

Von Zeit zu Zeit sendet Gott der Gemeinde jemanden mit einer Botschaft, um die Gläubigen bezüglich einer bestimmten Betonung der Schrift wachzurütteln. Diese Person ist *ausgesandt,* genau das zu tun. Es gibt also Apostel, die zu dieser vierten Gruppe gehören; sie sind besonders von Gott berufen, mit bestimmten Botschaften und Diensten an die ganze Gemeinde, an den gesamten Leib Christi, zu gelangen.

Es kann beispielsweise keinen Zweifel darüber geben, dass Smith Wigglesworth von Gott berufen war, ein *Gesandter* an den Leib Christi zu sein, ein „Apostel des Glaubens“. Wigglesworth wurde vom Heiligen Geist mit der Absicht aufgerichtet, den Leib Christi über Glauben zu lehren. In diesem Sinn war er ein Apostel – *ein Gesandter* – an die Gemeinde und Glaube war seine biblische *Botschaft* an den Leib Christi.

Vor einigen Jahren traf ich mich mit einem Diener Gottes aus Großbritannien, der zur Bewegung der *Assemblies of God* gehörte, und er erzählte mir, dass er Wigglesworth persönlich gekannt hatte. Wigglesworth hatte seine letzte Predigt in der Gemeinde dieses Mannes gehalten. Er berichtete mir: „Ich weiß persönlich von dreiundzwanzig Leuten, die durch den Dienst von Wigglesworth von den Toten aufgeweckt wurden.“ Dies war kein Gerücht; dieser Mann wusste persönlich von diesen Fällen.

Wigglesworth nannte sich selbst nie einen Apostel. Es war weise von ihm, dies nicht zu tun. Andere nannten ihn einen „Apostel des Glaubens“. Was bedeutet das? Bedeutet es, dass Wigglesworth Autorität über andere Dienstgaben im Leib Christi hatte? Nein. Es bedeutet ganz einfach, dass er ein Gesandter war, der dem Leib Christi eine Botschaft brachte und ein bestimmtes Werk für Gott tat.

Wigglesworth wurde von Gott aufgerichtet, damit er den Leib Christi im Bereich eines bestimmten biblischen Themas aufbaute, erbaute und ihm so den entsprechenden Nutzen vermittelte – sein Thema war es, die Kraft des *Glaubens* zu lehren und zu demonstrieren.

Schließlich entstanden aus seinen Erweckungsversammlungen stabile und biblische Werke auf jedem bewohnten Kontinent der Erde.

In diesem Sinn müssen wir heutige Apostel verstehen. Sie sind ausgesandt, eine bestimmte Botschaft an den Leib Christi zu betonen. Diese Dienste sind nicht dazu berufen, Autorität über andere auszuüben oder dem Neuen Testament neue Grundlehren hinzuzufügen.

Obwohl wir sie nicht so nannten, habe ich apostolische Dienste in Funktion gesehen, als ich ins pfingstliche Lager wechselte. Es handelte sich dabei um Leute, die nicht nur mit einer Botschaft ausgesandt waren, sondern die auch in der Lage waren, neue Gemeinden zu gründen.

Da war zum Beispiel eine Evangelistin, die überall in Nord- und Nordwesttexas neue Werke begann. Ihr Mann wurde in einer ihrer Versammlungen errettet; er war ein Bauunternehmer. Er war auch ein guter Sänger, also gab er sein Geschäft auf, leitete die Anbetungszeit in ihren Versammlungen und kümmerte sich um die Vorbereitungsarbeiten.

Dies war in den 30er- und 40er-Jahren und damals gab es an vielen Orten keine Gemeinden des vollen Evangeliums irgendwelcher Art. Aber selbst in den Tagen der großen Wirtschaftskrise gingen diese Frau und ihr Mann in die verschiedenen Städte und hielten den ganzen Sommer lang Versammlungen unter freiem Himmel ab.

Die Frau predigte zwei oder drei Wochen, und es kamen vielleicht nur ein oder zwei Leute zu den Versammlungen. Aber sie predigte einfach weiter und ihr Mann sang und schließlich kamen ein paar Leute mehr zu den Treffen.

Sie predigte über Errettung, und Menschen wurden errettet. Eigentlich kamen bei ihr mehr Leute „zufällig" zum Glauben als bei den meisten Gläubigen, die in voller Absicht Menschen zum Herrn führen wollen. Schließlich verbreitete sich die Kunde über sie, so dass immer mehr Leute zu den Versammlungen kamen und errettet wurden.

Da ihr Mann ein Bauunternehmer war, blieben sie so lange an einem Ort, bis sie ein Gebäude errichtet hatten, damit eine Gemeinde dort beginnen konnte.

Sie erzählte mir: „Wenn ich länger als zwei Jahre an einem Ort blieb, dann entstanden auf einmal Probleme, denn ich war nicht dazu berufen, als Pastorin zu dienen. Also blieb ich gerade lange genug, um eine Gemeinde zu starten, die ich dann einem Pastor übergab."

Diese Frau rief viele Gemeinden ins Leben, und einige dieser Gemeinden existieren heute, nach fünfzig oder sechzig Jahren, noch immer, weil sie auf einer stabilen, biblischen Grundlage gegründet wurden. Ich zweifle nicht darin, dass sie in einem bestimmten Maß des apostolischen Dienstes wirkte, obwohl man sie eigentlich als Evangelistin bezeichnete.

Sie wirkte bis zu *einem bestimmten Grad* im apostolischen Dienst. Nachdem sie eine Gemeinde gegründet und an einen Pastor übergeben hatte, gingen sie und ihr Mann einfach weiter, um irgendwo eine weitere Gemeinde zu gründen. Mit anderen Worten, sie war eine Gemeindegründerin. Apostel wirken häufig als Pioniere für neue Werke.

In den Jahren meines eigenen Dienstes habe ich nie jemanden gesehen, der die Bedingungen für die zweite oder dritte Gruppe von Aposteln erfüllt hätte. Und nachdem Jesus in unserer Begegnung von 1987 zu mir gesprochen hatte, verstand ich auch, warum. Wir werden diese Klassen im heutigen Leib Christi nicht mehr zu Gesicht bekommen. Aber ich habe Leute gesehen, die die Bedingungen der vierten Gruppe von Aposteln erfüllten.

Ich sah auch andere, die Gott berufen und ausgesandt hatte, um bestimmte Funktionen im Leib Christi zu erfüllen oder einen besonderen Dienst im Rahmen einer biblischen Betonung auszuüben. In diesem Sinn waren sie „Gesandte". Aber sie gingen nicht herum und nannten sich selbst Apostel. An diesem Punkt machen die Leute einen Fehler. Es ist nicht notwendig, Personen einen Titel zu geben; wir alle sollten einfach treu darin sein, das zu tun, wozu Gott uns berufen hat.

Manche dieser Leute waren keine Apostel im umfänglichen Sinn. Aber sie standen bis zu einem gewissen Grad in diesem Amt, weil sie gesandt waren, um eine besondere Botschaft zu bringen oder dem Leib Christi in einer speziellen Weise zu dienen.

Eigentlich hat Gott in der ganzen Kirchengeschichte immer wieder Leute aufgerichtet und ausgesandt, um Erweckungen auszulösen, anzuführen und andere vollmächtige Werke für Ihn zu tun. Und in diesem Sinn können wir solche Leute mit Recht „Apostel" nennen, Apostel einer niedrigeren Ebene.

Ich erinnere mich insbesondere an einen Mann in den frühen Tagen der Pfingstbewegung. Er hatte einen Dienst, der scheinbar hauptsächlich darin bestand, dass Menschen mit dem Heiligen Geist erfüllt wurden. Aus diesem Grund bekam er Einladungen von Pastoren aus der ganzen Region. Viele Pastoren berichteten mir: „Er hat anscheinend die übernatürliche Befähigung, Leute durch seinen Dienst zur Taufe mit dem Heiligen

Geist zu führen. Überall, wo er hinkommt, werden Menschen mit dem Heiligen Geist erfüllt."

Mit anderen Worten war er ein *Botschafter* für den Leib Christi, der besonders über die Taufe des Heiligen Geistes lehrte. Es gibt andere, die spezielle Botschafter bezüglich anderer biblischer Wahrheiten sind. Sie alle haben ihren Platz im Leib Christi.

Ich glaube, es gibt Diener Gottes, die in einem bestimmten Maß einer Facette des apostolischen Amtes gewirkt haben, aber die Leute waren so religiös verbildet, dass sie es nicht erkannten. Der Leib Christi sollte sich dieses geistlichen Amtes und seiner Funktion bewusst sein, so dass kostbare Diener Gottes im Vollmaß dessen wirken können, wozu sie von Gott berufen sind.

Endnoten

[1] Kittel, *Theological Dictionary of the New Testament* (Paternoster Press: Eerdmans Publishing Company, 1985), p. 70.

Kapitel 3

Merkmale der apostolischen Berufung

Die Bibel gibt uns bestimmte allgemeine Merkmale, die für jeden gelten, der zum apostolischen Dienst berufen ist, egal auf welcher Ebene oder in welcher Gruppe dieses Dienstes er sich bewegt. Wenn das Leben und der Dienst einer Person diese allgemeinen Merkmale nicht aufweisen, bezweifle ich die apostolische Berufung in ihrem Leben ernstlich. *Berufen* und *ausgesondert* von Gott; *bestätigt* von Menschen

Wenn wir den Dienst von Paulus als ein biblisches Beispiel eines Apostels heranziehen, können wir sehen, dass eine Person *von Gott berufen* sein muss, bevor ihr apostolischer Dienst überhaupt *von Menschen bestätigt* werden kann. Wir sehen die Wahrheit dieses Prinzips in Apostelgeschichte, Kapitel 13, wo Paulus vom Heiligen Geist zum apostolischen Dienst ausgesondert wurde.

> **Es waren aber in Antiochia, in der dortigen Gemeinde, PROPHETEN und LEHRER: Barnabas und Simeon, genannt Niger, und Luzius von Kyrene und Manaën, der mit Herodes, dem Vierfürsten, auferzogen worden war, und Saulus** (oder Paulus). **Während sie aber dem Herrn dienten und fasteten, sprach der HEILIG GEIST: SONDERT MIR nun Barnabas und Saulus ZU DEM WERK AUS, ZU DEM ICH SIE BERUFEN HABE! Da fasteten und beteten sie; und als sie ihnen die Hände aufgelegt hatten, entließen sie sie. Sie nun, AUSGESANDT von dem HEILIGEN GEIST** (ein Apostel ist ein Gesandter), **gingen hinab nach Seleuzia, und von dort segelten sie nach Zypern.**
>
> **Apostelgeschichte 13:1-4**

Ich möchte, dass du den Verlauf des Dienstes von Paulus, wie er hier beschrieben ist, siehst. Dieser Abschnitt enthält eine

Liste von fünf Männern. Diese Männer waren jeder entweder ein Prophet *oder* ein Lehrer oder ein Prophet *und* ein Lehrer. Wir sehen in der Schrift, dass Barnabas ein Lehrer und kein Prophet war, denn ein Prophet ist jemand, der Visionen und Offenbarungen hat. Wir sehen nirgends in der Schrift, dass Barnabas Visionen oder Offenbarungen hatte.

Auf der anderen Seite war Paulus ein Prophet *und* ein Lehrer. Wir wissen, dass Paulus ein Prophet war, denn er schrieb fast die Hälfte des Neuen Testaments, und er empfing es durch Offenbarung. Beachte, dass Paulus sagt: *„Denn mir ist DURCH OFFENBARUNG das Geheimnis zu erkennen gegeben worden ...*" (Epheser 3:3).

Bis zu diesem Zeitpunkt war dies also der Rahmen des Dienstes von Paulus und Barnabas – Barnabas war ein Lehrer und Paulus war Prophet und Lehrer. Zu diesem Zeitpunkt waren beide, Paulus und Barnabas, bereits seit einiger Zeit im Dienst. Aber weder Paulus noch Barnabas waren in das Amt des Apostels eingetreten, bis sie vom Heiligen Geist zu dem Werk, das Gott für sie hatte, ausgesondert und ausgesandt wurden. Dieses Werk war der apostolische Dienst.

Wir wissen, dass es der apostolische Dienst war, zu dem Paulus und Barnabas berufen wurden, denn die Bibel sagt, dass sie vom Heiligen Geist zu dem *Werk ausgesandt* wurden, zu dem er sie berufen hatte: *„Sie nun, AUSGESANDT von dem HEILIGEN GEIST ...*" (Apg. 13:4). Dann fährt die Schrift fort und berichtet uns über die erste Missionsreise der Apostel. Später auf dieser ersten Missionsreise werden beide, Paulus und Barnabas, „Apostel" genannt (Apg. 14:14).

Aber ich möchte dir in Apostelgeschichte 13:2 etwas zeigen. Paulus und Barnabas wurden von Gott schon vor Grundlegung der Welt zum apostolischen Dienst *berufen* (Epheser 1:4). Aber in diesem Abschnitt wurde diese Berufung von Menschen durch Weissagung und Handauflegung *bestätigt.*

Mit anderen Worten, Paulus und Barnabas empfingen ihre *Berufung* zum apostolischen Dienst nicht an jenem Tag *von*

Menschen, als ihnen die Hände aufgelegt wurden. Paulus und Barnabas empfingen nur die *Bestätigung* der apostolischen Berufung durch Menschen, die ihnen die Hände auflegten und über ihnen weissagten. Der Heilige Geist sonderte sie zu dem Werk aus, zu dem Gott sie *bereits vorher* berufen hatte.

Woher wissen wir das? Beachte, dass der Heilige Geist nicht gesagt hatte: „Sondert mir nun Barnabas und Saulus zu dem Werk aus, zu dem ich sie *berufe.*" Nein! Er sagte: *„Sondert mir nun Barnabas und Saulus zu dem Werk aus, zu dem ich sie BERUFEN HABE"* (Apg. 13:2). Es steht in der Vergangenheitsform.

Es steht hier in der Vergangenheitsform, weil der Heilige Geist bereits zu Paulus und Barnabas über ihre Berufung zum apostolischen Dienst gesprochen hatte. Diese Weissagung war nur eine Bestätigung der apostolischen Berufung, die Gott bereits auf ihr Leben gelegt hatte.

Du wirst keine Stelle im Neuen Testament finden, wo Gläubige von *Menschen* in ein Amt des Dienstes berufen und dazu ausgesondert werden. Manchmal wird Gott Menschen gebrauchen, um die Berufung zu bestätigen, die eine Person bereits in ihrem eigenen Geist wahrgenommen hat, aber Menschen können niemanden in den Dienst berufen oder *einsetzen.*

Manchmal hört man Leute sagen: „Aber Gott hat mich dazu gebraucht, über jemanden zu weissagen, dass Gott ihn in diesen und jenen Dienst bringen würde." Gott kann manchmal jemandem eine Weissagung geben, dass eine Person schließlich in einer bestimmten Art und Weise vom Heiligen Geist gebraucht werden wird.

Aber niemand kann Geistesgaben weitergeben oder durch Weissagung Leute in Dienstgaben einsetzen. Einige Leute versuchen heute, Menschen durch Weissagung und Handauflegung in den Dienst einzusetzen! Das ist unmöglich und unbiblisch.

Wir hatten im Jahr 1949 einen Ausbruch dieser Art von Handeln. Die Leute, die zu dieser Bewegung gehörten, hatten in vielen Bereichen schriftgemäße Lehre, aber es gab auch Bereiche, wo ihre Lehre falsch war.

Oftmals ist es so, dass neunzig Prozent von dem, was jemand lehrt, schriftgemäß ist. Aber die restlichen zehn Prozent können Gift sein und das reicht aus, um dir, geistlich gesehen, großen Schaden zuzufügen. Darum musst du genug biblisches Verständnis haben, dass du das Wort der Wahrheit richtig auslegen kannst.

Du musst lernen, die neunzig Prozent, die schriftgemäß sind, von den zehn Prozent, die nicht schriftgemäß sind, zu unterscheiden und abzutrennen. Aber manchmal wäre es hilfreicher, keine Gemeinschaft mit denen zu haben, die falsche Lehre vermitteln, weil ihr Irrtum dir letztlich doch schaden könnte.

Diese Lehre, die in den 40er-Jahren populär war, führte dazu, dass sogenannte Apostel und Propheten scheinbar Dienstgaben und Geistesgaben weitergaben, indem sie Leuten die Hände auflegten und über ihnen weissagten. So meinten sie, Leute in Ämter des Dienstes „einsetzen“ zu können. Ein solches Vorgehen ist unbiblisch.

Obwohl es schriftgemäß ist, Leuten die Hände aufzulegen, damit sie geheilt oder mit dem Heiligen Geist erfüllt werden, kann man niemandem eine geistliche Gabe weitergeben oder jemanden in den Dienst berufen, indem man ihm die Hände auflegt. Wie ich bereits sagte, manchmal wird Gott die Berufung einer Person durch Weissagung *bestätigen;* aber Gott allein kann jemanden zum Dienst *berufen* oder eine geistliche Gabe *austeilen.*

Dann hatten wir einen weiteren Ausbruch derselben Irrlehre zu Beginn der charismatischen Bewegung. Und heute erleben wir einen weiteren Ausbruch dieser falschen Lehre.

Manche dieser Diener Gottes, die in jüngerer Zeit in diesem Bereich in die Irre gegangen sind, waren noch nicht da, als diese Irrtümer vor Jahren schon einmal im Leib Christi aufgetaucht sind. Darum wissen sie auch nicht, welchen Schaden diese Lehre in der Vergangenheit angerichtet hat.

Manche jungen Diener Gottes würden, wenn sie genug Verstand hätten, gut daran tun, auf die unter uns zu hören, die, geistlich gesprochen, schon länger unterwegs sind als sie selbst. Es würde ihnen viel Kummer ersparen. Manche könnten aufgrund dieser falschen Lehren sogar ihre Gemeinden verlieren. Andere wiederum werden schließlich beschämt werden, weil diese Lehren unschriftgemäß sind und letztlich auch als solche offenbar werden.

Zuerst ein Prediger oder Lehrer

Ein weiteres allgemeines Merkmal der apostolischen Berufung ist, dass ein Apostel zuerst und vor allem ein Prediger *oder* Lehrer oder ein Prediger *und* Lehrer des Wortes ist.

> **Für welches ich EINGESETZT wurde als PREDIGER und APOSTEL (ich sage die Wahrheit und lüge nicht), als LEHRER DER HEIDEN im Glauben und in der Wahrheit.**
> **1. Timotheus 2:7** (Schlachter)

> **... für welches ich als PREDIGER und APOSTEL und LEHRER der Heiden EINGESETZT worden bin.**
> **2. Timotheus 1:11** (Schlachter)

Beachte, dass Paulus nicht gesagt hat: „Ich bin zuerst als *Apostel* eingesetzt worden." Nein, Paulus sagte zuerst: „Für welches ich eingesetzt wurde als *Prediger"*, denn er war zuerst und vor allem ein Prediger des Evangeliums. Er war mit der Absicht *ausgesandt* worden, das *Evangelium* zu predigen und zu lehren.

Jede Person, die in einer Dienstgabe wirkt, ist zuallererst ein Prediger oder Lehrer des Wortes. Mit anderen Worten: Diejenigen, welche in den fünffältigen Dienst berufen sind, *verkündigen* oder *erklären* die Bibel.

Wir können anhand dieses Abschnitts sehen, dass der Hauptdienst eines Apostels darin besteht, das Wort zu predigen oder zu lehren. Die apostolische Berufung hat nichts damit zu tun, dass man über Gemeinden oder Personen bestimmt. In den beiden oben zitierten Schriftstellen erwähnt Paulus seinen Dienst als Prediger zuerst und betont damit den vorrangigen Dienst eines Apostels.

Was hat Paulus gepredigt? Das *Evangelium.* Was hat er gelehrt? *Gottes Wort.* Dies wird uns helfen, die wahre Natur der apostolischen Berufung zu verstehen, wenn wir Leute hören, die sich selbst Apostel nennen und eine Lehre verkündigen, die nicht mit der Bibel übereinstimmt.

Die Zeichen eines echten Apostels

Die Zeichen eines Apostels werden von Paulus in 2. Korinther 12 aufgeführt.

> **Die ZEICHEN DES APOSTELS sind ja unter euch vollbracht worden in allem Ausharren, in ZEICHEN und WUNDERN und MACHTTATEN.**
>
> **2. Korinther 12:12**

Welches sind die Zeichen eines Apostels? *Zeichen, Wunder* und *Machttaten.* Wenn die Leute, die sich heutzutage als Apostel bezeichnen, nicht ebenfalls einige dieser apostolischen Zeichen in ihrem Leben und Dienst vorweisen können, dann stehen sie nicht wirklich in diesem Amt.

Um in diesem Amt zu stehen, muss jemand eine sehr tiefe, persönliche Erfahrung mit dem Herrn haben – er muss mit dem Herrn etwas sehr Reales erlebt haben, das über das Gewöhnliche hinausgeht.

Paulus, zum Beispiel, konnte eine solche Erfahrung mit dem Herrn bei seiner Bekehrung und auch durch seinen ganzen Dienst hindurch vorweisen. Obwohl Paulus Jesus nicht leibhaftig gesehen hat, während er auf der Erde lebte, sah er Ihn doch in einer Vision (Apg. 9:3-6). Seine Bekehrung ging über das Gewöhnliche hinaus und war von einer tiefen Geistlichkeit geprägt (Apg. 26:13-19).

Paulus hatte eine derart tiefe geistliche Erfahrung mit dem Herrn, dass er seine Erkenntnis über das Abendmahl – ein Sakrament der neutestamentlichen Gemeinde – direkt von Jesus empfing: *„Denn ich habe von dem Herrn empfangen, was ich auch euch überliefert habe ...“* (1. Korinther 11:23).

Als ein Apostel und Prophet, der mithalf, Grundlagen des Neuen Testaments zu legen, empfing Paulus Einsicht und Anweisung bezüglich dieses Rituals der Gemeinde direkt vom Herrn – nicht von den anderen Aposteln und auch nicht durch die Überlieferung der Kirche. Und selbstverständlich hat Paulus auch die Offenbarung des Evangeliums vom Herrn selbst empfangen (Gal. 2:1,2).

Personen, die zur vierten Gruppe von Aposteln gehören, werden keine grundlegende Offenbarung empfangen, auf der die Gemeinde aufgebaut wird. Aber ihre persönliche Erfahrung mit dem Herrn sollte dennoch übernatürlich und das Gewöhnliche übersteigend sein. Allerdings wird ein Apostel dadurch anderen Gläubigen oder anderen Dienstgaben nicht als Person überlegen.

Wir haben die Zeichen eines *echten* Apostels betrachtet, welches sind nun die Zeichen eines *falschen* Apostels?

Falsche Apostel

Wenn es in der Urgemeinde falsche Apostel und Propheten gab, dann können wir davon ausgehen, dass es solche Personen auch bei uns geben wird, denn wir sind nicht vollkommener als die Urgemeinde. Das echte Amt des Apostels wird dadurch allerdings in keiner Weise geschmälert. Ja, wenn das Vorhandensein falscher Apostel überhaupt etwas beweist, dann nur, dass es ein echtes Amt des Apostels geben muss, denn Satan kann nur das nachahmen und fälschen, was grundsätzlich real und echt ist.

> **Denn solche sind FALSCHE APOSTEL, BETRÜGERISCHE ARBEITER, die die Gestalt von Aposteln Christi annehmen. Und kein Wunder, denn der Satan selbst nimmt die Gestalt eines Engels des Lichts an; es ist daher nichts Großes, wenn auch seine Diener die Gestalt von Dienern der Gerechtigkeit annehmen; und ihr Ende wird IHREN WERKEN ENTSPRECHEN.**
>
> **2. Korinther 11:13-15**

Es gibt einen sehr einfachen Weg, wie man einen falschen Apostel von einem echten unterscheiden kann. Ein echter Apostel *gründet* und *befestigt* neue Werke im Herrn auf einer gesunden biblischen Grundlage – dem Wort Gottes.

Ein falscher Apostel *zerstört* Werke durch Spaltung, Streit und falsche Lehre. Manche sogenannte Apostel tun dies in unserer Zeit und sie sind damit *falsche* Apostel.

> **Einige zwar predigen Christus auch aus NEID und STREIT, einige aber auch aus gutem Willen. Die einen aus Liebe, weil sie wissen, dass ich zur Verteidigung des Evangeliums eingesetzt bin; die anderen aus EIGENNUTZ verkündigen Christus NICHT LAUTER [nicht ehrlich], weil sie *mir in* meinen Fesseln Bedrängnis zu erwecken gedenken.**
>
> **Philipper 1:15-17**

Hast du jemals einen falschen 30-Euro-Schein gesehen? Natürlich nicht. Und zwar weil es keine 30-Euro-Scheine gibt.

Ein falscher Apostel ist eine Nachahmung eines echten Apostels und er versucht, sich so zu verhalten wie ein echter.

Die Bibel sagt, dass ein falscher Apostel ein betrügerischer Arbeiter ist. Er verfälscht für gewöhnlich das echte Amt aus unsauberen Motiven, aus Gründen des persönlichen Vorteils.

Das ist ein Grund dafür, dass ich Leute, die den Anspruch erheben, Apostel zu sein, frage: „Wie viele Gemeinden hast du gegründet?“ Oder: „Welche Qualifikationen kannst du vorweisen, die bestätigen, dass du in diesem Amt stehst?“

Es kann sein, dass sie eine Gemeinde gegründet haben. Aber ein einziges Werk begründet zu haben, macht noch niemanden zu einem Apostel, denn es gibt weitere Eigenschaften und geistliche Qualitäten, die das apostolische Amt begleiten. Und vielleicht haben diese Leute gerade diese Eigenschaften und Qualitäten nicht. Es kann sein, dass die Gründung und Aufsicht über dieses eine Werk der Hauptdienst ist, den der Herr für sie hat.

Gordon Lindsay sagte bereits in seinem Buch *Apostel, Propheten und Leiterschaft* etwas über falsche Apostel:

> Ein falscher Apostel ist in erster Linie daran zu erkennen, dass er sich das Amt eines Apostels nur anmaßt und in zweiter Linie daran, dass die Werke eines Apostels nicht in seinem Dienst zu finden sind. Die Urgemeinde berichtet über Personen, die das Apostelamt für sich beanspruchten, aber eigentlich falsche Apostel waren. Sie wurden geprüft, als Lügner befunden und bloßgestellt, damit sie nicht in der Lage sein würden, die Schafe der Gemeinde Jesu Christi in die Irre zu leiten.
>
> Es ist offensichtlich, dass wir das Amt des Apostels in der heutigen Gemeinde brauchen. Aber die Geschichte zeigt die Gefahr auf, die darin besteht, dass sich jemand selbst Apostel nennt. Gruppen, die versucht haben, apostolische Funktionen wiederherzustellen, indem sie Apostel wählten, haben damit vor allem ihre eigene Torheit bloßgestellt. Manche von denen, die behaupten, Apostel zu sein, hatten zwar anfangs

eine großmütige Haltung, wurden aber bald einmal eigenmächtig und sektiererisch. Ihr Erfolg bestand meistens darin, dass sie Menschen in Gebundenheit brachten.[1]

Ein Pastor ging an einen bestimmten Ort, wo er jemanden predigen hörte, der behauptete, ein Apostel zu sein. Man konnte sicherlich keine *Werke* oder *Früchte* des Amtes eines Apostels im Dienst dieses Menschen sehen. Er hatte weder Gemeinden gegründet, noch besaß er andere Eigenschaften, die ihn als einen Apostel ausgezeichnet hätten.

Aber sobald dieser sogenannte Apostel andere davon überzeugt hatte, dass er ein „Apostel" sei, verkündigte er: „Wenn man eine angemessene, neutestamentliche Leitungsstruktur in der Gemeinde haben will, sollte in der Ortsgemeinde ein Apostel und ein Prophet über den Pastor gesetzt sein. Ich bin ein Apostel. Die Gemeinden in dieser Region sollten sich mir unterordnen. Ihr alle solltet mindestens 20 Prozent eurer Einkünfte an mich abgeben."

Dieser sogenannte Apostel versuchte seine „Autorität" auszuüben, um Menschen in Gebundenheit zu bringen und ihnen Geld abzupressen! Ich würde ihn einen falschen Apostel nennen. Seine Motive waren ebenso falsch wie seine Methoden.

Einer der Pastoren, die diese Aussage gehört hatten, schluckte allerdings diesen Köder von falscher Lehre samt der Angelschnur und unterordnete seine Gemeinde der „Autorität" dieses sogenannten Apostels. Dieser Pastor hatte zweihundert Mitglieder in seiner Gemeinde. Aber nachdem er seinen Dienst diesem sogenannten Apostel untergeordnet hatte, schrumpfte seine Mitgliederzahl auf fünfzig Leute. Erst dann merkte er, dass diese Lehre nicht schriftgemäß war.

Die Leute in seiner Gemeinde hatten mehr Verstand als der Pastor. Sie verließen die Gemeinde, weil sie wussten, dass diese Lehre nicht richtig war.

Dann sagte dieser sogenannte Apostel: „Jede Gemeinde, die keinen Apostel über sich hat, ist eine unrechtmäßige Gemeinde."

Ich höre lieber mitten in der Nacht einen Esel in einer Blechscheune wiehern! Ja, ich hätte mehr Respekt vor dem Esel als vor einem solchen Prediger, denn der Esel *kann* nichts anderes als wiehern.

Das Werk eines echten Apostels wird nicht nur die Frucht des Geistes umfassen, sondern es wird auch in seiner Fürsorge um den Aufbau des Leibes Christi sichtbar; ein echter Apostel wird den Leib nicht mit unbiblischen Lehren niederreißen.

Gordon Lindsay spricht in seinem Buch *Apostel, Propheten und Leiterschaft* auch über das Werk echter Apostel:

> Echte Apostel werden ihren Dienst durch Demut bezeugen. Sie werden den Dienst, den Gott ihnen gegeben hat, vielmehr durch ihre Werke sichtbar machen als durch eine öffentliche Proklamation ihres Amtes. Man kann das Werk eines Apostels tun, ohne sich Apostel zu nennen. Das Amt des Apostels wird in einem hohen Maß missverstanden. Viele denken, es sei eine Erhöhung in eine Position von Autorität, durch die jemand über das Volk Gottes herrschen kann ... Wenn jemand die Werke eines Apostels tut, wird er auch erfahren, dass sein Dienst anerkannt wird ...
>
> Ein Apostel wird eine Last für den ganzen Leib Christi haben und sein Anliegen wird das Wohlergehen der ganzen Gemeinde sein. Das bedeutet nicht, dass er allen Gliedern des Leibes – sie gehen in die Millionen – in Person dienen wird. Aber seine Last wird der gesamten Gemeinde Christi gelten ...
>
> Ein echter Apostel wird ein Interesse am ganzen Leib zeigen und für die Auferbauung des gesamten Leibes arbeiten, bis sämtliche Glieder „zur Einheit des Glaubens" gelangen.
>
> Er wird keinen habgierigen Geist haben oder nach finanziellem Gewinn trachten.[2]

Bruder Lindsay schrieb dies in den 50er-Jahren, aber man sollte meinen, dass er es für uns heute geschrieben hat, nicht wahr?

Ein Dienst, der sich unterordnet

Ich möchte dir nun eine weitere biblische Eigenschaft des apostolischen Dienstes zeigen.

> **Darauf, nach vierzehn Jahren, zog ich wieder nach Jerusalem hinauf mit Barnabas und nahm auch Titus mit. Ich zog aber einer Offenbarung zufolge hinauf und legte ihnen das Evangelium vor, das ich unter den Nationen predige, den Angesehenen aber besonders, damit ich nicht etwa vergeblich laufe oder gelaufen wäre.**
>
> **Galater 2:1,2**

Es gibt mehrere beachtenswerte Dinge in diesem Abschnitt. Ein Apostel steht nicht über anderen Dienstgaben. Tatsächlich ist es sogar so, dass ein echter Apostel seinen Dienst anderen bewährten Dienern des Evangeliums unterordnen wird, wie es Paulus hier tat.

Niemand weiß, wie lange Paulus in Arabien war (Gal. 1:17), aber wir wissen, dass Paulus mindestens siebzehn Jahre im Dienst war (Gal. 1:18; 2:1), als er nach Jerusalem hinaufging, um sich mit den dortigen Aposteln zu besprechen. Mit anderen Worten war er kein Neuling mehr im Dienst, dennoch besprach er sich mit anderen angesehenen Männern über das, was er predigte.

Ja, es wurde Paulus vom Heiligen Geist offenbart, dass er nach Jerusalem gehen und das Evangelium „den Angesehenen" – den herausragenden Aposteln in Jerusalem – mitteilen sollte, das er den Heiden predigte. Die Apostel in Jerusalem predigten nicht den Heiden; sie predigten immer noch den Juden.

Paulus sagte, dass er den Aposteln die Offenbarung, die Gott ihm gegeben hatte, vorlegte, „damit (er) nicht etwa vergeblich laufe oder gelaufen wäre" (Gal. 2:2). Paulus legte seine Offenbarung des Evangeliums des Herrn Jesus Christus den geistlichen Leitern seiner Zeit zur Begutachtung vor und war bereit, sich ihnen unterzuordnen.

Wenn es möglich gewesen wäre, dass dieser große Mann Gottes hätte vergeblich laufen können, dann besteht diese Möglichkeit sicherlich auch bei uns. Aus diesem Grund wollte Paulus seine Offenbarung den Aposteln des Lammes unterbreiten. Sie waren bewährte und wohlgegründete Diener des Evangeliums und hatten Jesus während Seines irdischen Lebens begleitet.

Wenn Paulus es für nötig hielt, seine Offenbarung von bewährten Dienern Gottes beurteilen zu lassen, wie viel mehr sollten wir dies tun? Dennoch wollen manche Leute sich heutzutage lieber mit Leuten besprechen, die gerade erst geistliche Leiter geworden sind oder die noch sehr jung im Dienst sind, oder sie sind womöglich gar nicht bereit, ihre Offenbarungen oder ihren Dienst von irgend jemandem beurteilen zu lassen.

Es kam einmal ein Diener Gottes mit seiner großen „Offenbarung" zu mir. Ich antwortete ihm: „Ich kann diese Lehre nicht annehmen, denn sie ist nicht schriftgemäß." Ich wusste, dass sie dem Leib Christi Schaden zufügen, den Plan Gottes hindern und schließlich den Dienst dieses Mannes zum Schiffbruch führen würde.

„Ja, aber *ich* habe diese Offenbarung von Gott bekommen", beharrte er.

Du bist in argen Schwierigkeiten, wenn du anfängst, so zu reden. Wenn Gott dir etwas gezeigt hat, dann werden es auch andere im Leib Christi wissen, vor allem auch Leute, die Leiter im Leib Christi sind. Du solltest dich vor jeglicher Offenbarung hüten, die dich stolz macht und die dich erhebt, statt den Herrn Jesus Christus.

Ich sagte zu diesem Prediger: „Selbst bezüglich prophetischer Äußerungen hat Paulus gesagt: *Propheten aber sollen zwei oder drei reden und die anderen sollen urteilen* (1. Kor. 14:29). Wenn der Dienst des Propheten beurteilt werden sollte, dann müssen auch der Dienst des Lehrers und jeglicher andere Dienst beurteilt werden. Man beurteilt dabei nicht die Person, sondern das, was jemand lehrt oder predigt. Man beurteilt den *Dienst* einer Person."

Aber dieser Mann wollte nicht hören; er ging hin und fing an, seine sogenannte Offenbarung im Leib Christi zu verbreiten. Aber sein Dienst hatte keinen Bestand, denn seine Lehre war nicht schriftgemäß; es ging dabei nur um „ich" und „mein". Er überhob sich in seinem Stolz und mixte sich eine Offenbarung zusammen, die nicht biblisch war. Schließlich verschwand er von der Bildfläche und ward nie wieder gesehen.

Wenn du eine Offenbarung aus dem Wort hast, dann beweise sie zuerst durch die Schrift, bevor du sie öffentlich lehrst oder predigst. Danach lege sie anderen im Leib Christi vor, die einen bewährten Ruf haben, und lass sie von ihnen beurteilen. Du solltest sie weder predigen noch danach handeln, bevor sie nicht von angesehenen Männern, die seit langem im Dienst sind, beurteilt wurde.

Die Frucht eines echten Apostels ist die, dass er eine Haltung der Unterordnung gegenüber anderen Brüdern hat, auch gegenüber Pastoren von Ortsgemeinden, wo er gerade dienen mag. Es geht ihm darum, Werke zu segnen und aufzubauen und zu festigen, nicht ihnen mit fragwürdigen Lehren und Offenbarungen Schaden zuzufügen.

Ich habe es in meinem eigenen Dienst praktiziert, Offenbarungen, die ich vom Herrn empfangen hatte, angesehenen Leuten vorzulegen. Und als ich im Reisedienst war, tat ich, obwohl ich kein Apostel war, das, was jeder Reisedienst, einschließlich der des Apostels, immer tun sollte. Ich unterordnete meinen Dienst immer dem Pastor oder Aufseher der lokalen Gemeinde, in der ich diente.

Ich habe den Pastoren der Ortsgemeinden, in denen ich diente, immer gesagt: „Wenn es etwas gibt, das ich lieber nicht predigen soll, dann sagt es mir einfach."

Das ist echte Unterordnung, und jeder Lehrer, der im Reisedienst ist, sollte seinen Dienst dem Pastor der Ortsgemeinde, in der er dient, unterordnen.

Meistens sagte der Pastor mir, dass ich mir alle Freiheit nehmen und so dienen sollte, wie der Herr mich leitete. Aber weißt du, ich hatte meinen Dienst als echt unter Beweis gestellt und das Vertrauen des Pastors gewonnen. Ich habe dieses Vorgehen auch beibehalten, wenn es um Offenbarungen aus dem Wort ging. Ich habe größere Offenbarungen, die ich vom Heiligen Geist empfing, wie auch Paulus in Galater 2:2, immer Brüdern vorgelegt, die ich kannte und denen ich vertraute, weil sie im Dienst angesehen und bewährt waren.

Diese Männer Gottes waren keine Neulinge und auch keine Sternschnuppen. Sie waren Diener Gottes, die geistlich gesund waren und sich über Jahre im Dienst bewährt hatten.

Im Dienst von Paulus können wir die allgemeinen Merkmale der apostolischen Berufung sehen. Obwohl er Teil einer lokalen Gruppe war, wurde er vom Heiligen Geist ausgesandt. Er war zuerst und vor allem ein *Prediger* wie jeder andere Diener Gottes auch. Und seine Botschaft war das Evangelium des Herrn Jesus Christus.

Er war von Gott damit beauftragt, diese Botschaft einer bestimmten Gruppe von Leuten zu bringen – den Nationen. Sein apostolischer Dienst erstreckte sich nicht auf jedermann. Er hatte nicht unbegrenzte apostolische Autorität. Paulus hatte außerdem auch die *Frucht* eines biblischen apostolischen Dienstes vorzuweisen; und er unterordnete seinen Dienst solchen, die einen bewährten Ruf in der Verkündigung des Wortes hatten.

Endnoten

[1] Gordon Lindsay, Apostles, Prophets and Governments (Dallas, Texas: Christ For The Nations, Inc. reprint 1988), Seiten 12 und 13.

[2] Lindsay, Seite 14

Kapitel 4

Voraussetzungen für den apostolischen Dienst

Was sagt die Schrift über die Voraussetzungen für Leute, die in das Amt eines Apostels berufen sind? Im ersten Brief an Timotheus ist in Kapitel 3 von den Voraussetzungen für das Amt eines Aufsehers die Rede; ich denke, dass damit das Amt des Pastors gemeint ist.

Wir finden keine spezifischen Voraussetzungen für das Amt des Apostels, des Propheten, Evangelisten oder Lehrers. Aber Gott wird nicht von einer Dienstgabe mehr erwarten als von den anderen, denn bei Ihm ist kein Ansehen der Person (Apg. 10:34).

Darum befinden wir uns auf sicherem Boden, wenn wir sagen, dass die Voraussetzungen, die in 1. Timotheus 3:1-13 aufgeführt werden, die Voraussetzungen für den Dienst schlechthin sind und sich auf jede Dienstgabe im Leib Christi anwenden lassen, also auch auf das Amt des Apostels.

Das Wort ist gewiss: Wenn jemand nach einem AUFSEHERDIENST [oder dem pastoralen Dienst] trachtet, so begehrt er ein schönes Werk. Der AUFSEHER nun MUSS UNTADELIG SEIN, Mann *einer* Frau, nüchtern, besonnen, sittsam, gastfrei, LEHRFÄHIG, kein Trinker, kein Schläger, sondern milde, nicht streitsüchtig, NICHT GELDLIEBEND, der dem eigenen Haus gut vorsteht und die Kinder mit aller Ehrbarkeit in Unterordnung hält; wenn aber jemand dem eigenen Haus nicht vorzustehen weiß, wie wird er für die Gemeinde Gottes sorgen? NICHT EIN NEUBEKEHRTER, damit er nicht, aufgebläht, dem Gericht des Teufels verfalle. ER MUSS ABER AUCH EIN GUTES ZEUGNIS HABEN von denen, die draußen sind,

damit er nicht in übles Gerede und in den Fallstrick des Teufels gerät.

1. Timotheus 3:1-7

Ich habe gesagt, dass jemand, der im Amt des Apostels steht, den *Ruf* Gottes auf seinem Leben haben muss und die schriftgemäße *Ausrüstung,* die ihn dazu befähigt, in diesem Amt zu stehen. Diese beiden Elemente gehören zu *Gottes* Verantwortungsbereich.

Allerdings muss jemand, der zum apostolischen Dienst berufen ist, auch die *Voraussetzungen* mitbringen, um in diesem Amt stehen zu können. Das ist die Verantwortung des Dieners Gottes. Nur er selbst kann sich qualifizieren, in einem Amt von solcher Vertrauenswürdigkeit und Verantwortung stehen zu können.

Ich habe Männer gesehen, die von Gott *berufen* waren, die mit der übernatürlichen Fähigkeit *ausgerüstet* waren, in einem Amt des Dienstes zu stehen, aber dennoch im Dienst scheiterten, weil es ihnen an den *Voraussetzungen* mangelte, die notwendig sind, in einem solchen Dienst zu stehen. Sie hatten sich nicht darauf vorbereitet, in dem Dienst zu stehen, zu dem Gott sie berufen hatte.

Charakter und Lebenswandel

Lasst uns einige der Voraussetzungen anschauen, die für einen Diener Gottes notwendig sind, der zum apostolischen oder einem anderen Dienst berufen ist. 1. Timotheus 3:2 sagt, dass er „untadelig" sein muss.

Ich möchte einige andere Übersetzungen dieses selben Verses anführen, um dir zu helfen, diese Voraussetzung besser verstehen zu können.

... ein Mann von untadeligem Charakter ...

1. Timotheus 3:2 (Twentieth Century)

... ein Mann von einwandfreiem Charakter ...

(Weymouth)

... er darf keinen Anlass zu Anschuldigungen geben, sondern muss über jeden Zweifel erhaben sein ...

(Amplified Bible)

... er muss ein guter Mann sein, gegen dessen Lebenswandel nichts einzuwenden ist.

(Taylor)

In 1. Timotheus 3:2 heißt es weiter: „ ... nüchtern, besonnen, sittsam ...“

Das *Twentieth Century New Testament* sagt: „Er sollte ein nüchternes, taktvolles und wohlgeordnetes Leben führen.“

Die *Weymouth* Übersetzung sagt: „Ein Diener Gottes nun muss ein Mann von einwandfreiem Charakter sein, seiner eigenen Frau treu, gemäßigt, nüchtern, von guten Manieren ...“

Die *Amplified Bible* sagt, er muss „umsichtig und gemäßigt und selbstbeherrscht sein; [er muss] verständig und besonnen und würdevoll sein und ein anständiges (diszipliniertes) Leben führen.“

Ich habe mir diese Voraussetzungen für den Dienst nicht ausgedacht. Der Heilige Geist hat Paulus dazu inspiriert, sie niederzuschreiben. In den Dienst einzutreten ist eine ernste Verantwortung. Darum muss jeder Diener Gottes, einschließlich des Apostels, würdevoll sein und ein anständiges, diszipliniertes Leben führen. Schon allein diese Feststellung schließt manche Diener Gottes aus!

Mit anderen Worten sollte das Leben eines Dieners Gottes die Berufung Gottes widerspiegeln; und zwar nicht nur in der geistlichen Ausrüstung, sondern auch im Lebenswandel und im Charakter. Sein Charakter muss seiner Berufung würdig sein.

Ein Apostel oder ein Diener Gottes muss in seinem Wandel und seinem Verhalten untadelig sein. Wenn Diener Gottes nicht nach dem Standard dieser Voraussetzungen leben, werden sie nie ihr volles Potential im Dienst ausschöpfen können. Manche Diener Gottes müssen die notwendigen Berichtigungen vornehmen, damit sie den Dienst erfüllen können, den Gott für sie hat.

Manche Diener Gottes mögen eine Berufung zu einer apostolischen Art von Dienst empfinden. Wenn sie treu darin sind, Gott in ihrer gegenwärtigen Position zu dienen und sich Zeit nehmen, in der Gegenwart Gottes, im Gebet und im Wort zu verharren, dann wird die Zeit kommen, wo eine Regung Seines Geistes sich in ihrem Geist bemerkbar machen wird. Dann werden sie in der Lage sein, in der Fähigkeit Gottes zu wandeln, um ihre Berufung erfüllen zu können.

Ihre Absicht wird nicht darauf ausgerichtet sein, Menschen anzuziehen, die ihnen nachfolgen sollen, sondern Männer und Frauen dazu zu bringen, Jesus nachzufolgen. Ein wahrer Apostel, der das Wesen Christi hat, demütigt sich vor dem Herrn und wird nie versuchen, die Aufmerksamkeit auf sich zu ziehen.

Jesus sagte: *„... wenn ich von der Erde erhöht bin, werde ich alle zu mir ziehen“* (Johannes 12:32). Jemand, der zum Amt eines Apostels berufen ist und sich die Zeit genommen hat, seinen Charakter zu entwickeln, wird sich selbst erniedrigen und Jesus erheben.

Wir alle sollten uns selbst prüfen und daran arbeiten, unseren Charakter und Lebenswandel zu verbessern, so dass wir sicher gehen können, dass sie die hohe Berufung Christi widerspiegeln. Wenn alle Gläubigen sich selbst prüfen sollten, wie viel mehr müssen dann die, welche von Gott zum Amt eines Apostels berufen sind, jedes Gewicht ablegen, das sie an der Ausübung ihrer hohen Berufung in Christus hindern könnte.

Fähig zur Vermittlung gesunder Lehre

Der Aufseher nun muss untadelig sein ... nüchtern, besonnen, sittsam, gastfrei, LEHRFÄHIG.

1. Timotheus 3:2

Ein echter Apostel sollte sich auch darin qualifizieren, dass er in der Lage ist, gesunde biblische Lehre zu vermitteln. Er sollte sich dabei nicht in Randzonen aufhalten oder extreme Lehren propagieren. Und er wird darauf achten, dass er seinen Dienst fest auf das Wort gründet, nicht auf geistliche Gaben oder Zeichen und Wunder.

Leute, die meinen, sie könnten der *Lehre* eines sogenannten Apostels folgen, weil sie Zeichen und Wunder durch seinen Dienst geschehen sehen, liegen falsch. Nein, die Lehre jedes Predigers muss mit der Bibel übereinstimmen, auch wenn Zeichen und Wunder seinen Dienst begleiten.

Rev. P. C. Nelson war ein führender Griechisch- und Hebräischgelehrter und ein hervorragender Bibellehrer. Er sagte etwas bezüglich des Dienstes von John Alexander Dowie, das mir über die Jahre unermesslich geholfen hat.

Dowie war ein großer Pionier bezüglich der Lehre der göttlichen Heilung in Amerika. Viele herausragende Wunder und Heilungen geschahen in seinem Dienst. Dennoch geriet Dowie lehrmäßig in die Irre, indem er verkündigte, er sei der dritte Elia, der kommen sollte. Papa Nelson, wie wir ihn nannten, sagte über Dowie: „Man kann Dowie's *Glauben* folgen, aber nicht seiner *Lehre.*"

Wir sehen dies auch, wenn wir uns die Geschichte von Simson im Alten Testament anschauen. Man kann sehen, wie im Leben Simsons Zeichen und Wunder geschahen, aber das heißt nicht, dass er einen göttlichen Charakter *oder* gesunde Lehre hatte.

In seinem Leben geschahen viele Wunderwirkungen. Selbst als er mit einer Frau im Ehebruch lebte und log, wirkte die Gabe der Wunderwirkung noch immer eine gewisse Zeit lang in seinem Leben (siehe Richter, Kapitel 16). Bitte verstehe mich nicht falsch; die Zeit kam, da Gott die Sünde Simsons richtete. Simson erhob sich und wollte sich freischütteln ... *„Er wusste aber nicht, dass der Herr von ihm gewichen war"* (Richter 16:20).

Dank sei dem Herrn für die Wunder, die in Simsons Leben geschehen sind, aber sein Leben entsprach keinem moralischen Standard, dem man nachfolgen sollte.

Unschuldige Menschen werden fehlgeleitet, wenn sie versuchen der Lehre einer Person nachzufolgen, nur weil sie übernatürliche Zeichen und Wunder in ihrem Dienst gesehen haben. Paulus sagt: *„Seid meine Nachahmer, WIE AUCH ICH CHRISTI NACHAHMER BIN"* (1. Korinther 11:1)!

Du kannst einer Person in der Lehre nachfolgen, wenn sie dem *Wort* folgt. Aber lass dich nicht von irgendeinem sogenannten Apostel oder einem anderen Prediger beeindrucken, wenn das, was er sagt, nicht vom Wort abgedeckt ist.

Nur weil jemand in einem Amt des Dienstes steht, heißt das nicht, dass man auf ihn hören sollte, wenn das, was er sagt, nicht schriftgemäß ist – selbst wenn sich die Wunderkraft Gottes eine Zeit lang in seinem Leben erweist. Die Zeit wird kommen, wo Gott auch Irrtümer in der Lehre richten wird.

Du kannst vielleicht dem Glauben einer Person folgen, aber nicht ihrer Lehre. Manchmal wollen die Leute der Lehrmeinung einer Person folgen, *weil* sie ihren Glauben gesehen haben. Aber das entspricht nicht dem biblischen Vorbild.

Ein kleiner Irrtum in der Lehre, der unbeachtet bleibt, wird letztlich in offenkundigen Irrtum ausarten. Wenn du beispielsweise von Tulsa nach Los Angeles fliegen würdest und der Pilot kommt ein wenig vom Kurs ab, dann wirst du, wenn der Pilot keine entsprechende Korrektur vornimmt, soweit vom

Ziel abkommen, dass du niemals deinen Bestimmungsort erreichen wirst.

Dasselbe gilt auch in geistlicher Hinsicht. Wenn du geistlich gesehen ein wenig vom Kurs abkommst, dann musst du dich selbst sofort korrigieren und sofort wieder mit dem Wort in Übereinstimmung kommen. Anderenfalls wird der Irrtum in der Lehre sich verschlimmern, je weiter du gehst.

Ein echter Apostel muss gesunde, biblische Lehre vermitteln. Und er muss das, was er sagt, anhand des Wortes beweisen können.

Nicht geldliebend ...

Die Bibel nennt als eine weitere Voraussetzung für jemanden, der im Dienst steht, dass er „nicht geldliebend" sein soll (1. Tim. 3:3). Die Bibel hat viel darüber zu sagen, wie Diener Gottes mit Geld umgehen und wie sie ihr Geld verdienen sollten. In der Fußnote zu 1. Timotheus 3:2 schreibt *The Worrell New Testament,* dass ein Diener des Evangeliums sein Amt nicht dazu missbrauchen soll, den Leuten Geld abzupressen.

Über die Jahre habe ich manchmal beobachtet, wie Leute ihren Dienst und die Salbung, die auf ihnen war, dazu missbraucht haben, von anderen Geld zu bekommen. Ich besuchte einmal die Versammlungen eines bestimmten Predigers, der einen wunderbaren Heilungsdienst hatte. In dieser Veranstaltung wurden fünf Taubstumme aus einer staatlichen Institution gebracht, damit sie geheilt würden. Der Prediger diente jedem dieser fünf Männer und sie wurden alle sogleich geheilt und konnten wieder hören und sprechen.

Sofort unterbrach der Prediger die Versammlung, um ein Opfer zu erheben. Er wusste, dass er wegen der machtvollen Erweisung der Kraft Gottes ein großes Opfer einnehmen würde. Überall standen aus der Versammlung Leute auf, die zu ihm liefen und ihm Geld gaben, weil sie diese wunderbaren Heilungen gesehen hatten.

Manche Leute würden große Summen dafür bezahlen, geheilt zu werden. Aber Heilung kann nicht erkauft werden; Jesus hat bereits auf Golgatha dafür bezahlt. Dieser Mann gebrauchte seinen Dienst und eigentlich auch die Heilungskraft Gottes, um in falscher Weise zu Geld zu kommen. Was geschah mit diesem Diener Gottes? Diese Charakterschwäche sowie andere Fehlhaltungen kosteten ihn schließlich nicht nur seinen Dienst, sondern auch sein Leben.

Als Jesus mir zum ersten Mal in Rockwall, Texas, in einer Vision erschien, sagte Er unter anderem zu mir: „In zwei Bereichen sollte man besonders vorsichtig sein. Erstens, achte darauf, dass du immer alle Ehre und Herrlichkeit für alles, was geschieht, mir und meinem Namen gibst.

Zweitens, sei sehr vorsichtig, was Geld angeht. Viele, auf die ich meinen Geist gelegt habe und die ich in einen solchen Dienst berufen und dazu gesalbt habe, sind geldgierig geworden und haben die Salbung verloren."

Kein Diener Gottes sollte seine Position um des persönlichen Vorteils willen gebrauchen. Die *Amplified Bible* macht das Thema „Diener Gottes und Geld" noch deutlicher:

> **... nicht jemand, der das Geld liebt – unersättlich ist nach Wohlstand und bereit dazu, diesen durch FRAGWÜRDIGE MITTEL zu erlangen ... nicht jemand, der gierig ist nach niedrigem Gewinn – der nach Wohlstand begehrt und dabei nicht vor UNEDLEN und UNEHRLICHEN METHODEN, ihn zu erlangen, zurückschreckt.**
>
> **1. Timotheus 3:3,8**

Aus diesem Grund sage ich: „Sei auf der Hut vor Leuten, die dir das Geld aus der Tasche prophezeien, um es in ihre eigene zu stecken. Wende dich ab von ihnen!" Natürlich darf ein Prediger ein Opfer einsammeln und den Leuten sagen, was er braucht, aber man sollte niemals das Schwergewicht aufs Geld legen. Kein Prediger sollte jemals seine hohe Berufung in Christus Jesus um persönlicher, finanzieller Vorteile willen missbrauchen.

Ich habe in meinem Dienst versucht, so wenig wie möglich über Geld zu sagen. Ich glaube nicht, dass wir Geld betonen sollten. Ich glaube ganz einfach, dass die Leute mich „ernähren" werden, wenn ich sie geistlich ernähre; Gott wird mich versorgen. Eigentlich sollte ein Diener Gottes daran interessiert sein, das Königreich Gottes aufzubauen, nicht daran, Geld für seinen eigenen Vorteil anzusammeln.

Gordon Lindsay spricht über Diener Gottes und Geld in seinem Buch *Apostel, Propheten und Leiterschaft:*

> Judas, einer der ursprünglichen zwölf Apostel, der am Dienst der Jünger teilhatte, disqualifizierte sich und verdarb sogar seine eigene Seele, indem er seine Position für seinen eigenen finanziellen Vorteil missbrauchte ...
>
> Ein echter Apostel muss über jeden Zweifel erhaben sein, was die Geisteshaltung der Geldgier angeht. Es mag sein, dass er, im Interesse des Reiches Gottes, die Verantwortung für große Summen trägt, wie es auch bei den Aposteln der Fall war, als die Leute ihren Besitz verkauften und den Erlös den Aposteln zu Füssen legten (Apg. 4:34-37). Aber er wird ein treuer Verwalter sein und wird nicht Geld für sich verschwenden, das ihm um Christi willen für die Arbeit im Reich Gottes gegeben wurde. Die Geschichte von Judas, der in der Schrift eine nicht unwichtige Rolle zukommt, ist von tiefer Bedeutung.[9]

Diener des Evangeliums, Apostel eingeschlossen, müssen in jedem Bereich untadelig sein, dies schließt auch den Umgang mit Geld und die Art und Weise des Gelderwerbs mit ein.

Kein Neubekehrter

Eine weitere Voraussetzung sowohl für das Amt des Apostels als auch für den Dienst im Allgemeinen ist die, dass ein Diener Gottes *kein* Neubekehrter sein sollte. In 1. Timotheus 3:6 sagt Paulus, dass man einen Neubekehrten nicht in Autorität einsetzen sollte: *„... nicht ein Neubekehrter, damit er nicht, aufgebläht, dem Gericht des Teufels verfalle“* (1. Timotheus 3:6).

Ein Neubekehrter ist jemand, der gerade erst Christ geworden ist, oder jemand, der in geistlichen Dingen jung und unerfahren ist. Manche sind zwar seit Jahren errettet, aber sie fallen immer noch in diese Kategorie, weil sie geistlich nicht gewachsen sind.

Warum sollte ein Neubekehrter nicht in eine Autoritätsposition wie das Amt eines Apostels eingesetzt werden? Ein Diener Gottes und sein Dienst müssen zuerst erprobt und bewährt werden, erst dann können sie von Gott im großen Rahmen gebraucht werden.

Paulus spricht vom Dienst eines Diakons, wenn er sagt: *„Auch sie aber sollen zuerst erprobt werden, dann sollen sie dienen, wenn sie untadelig sind“* (1. Timotheus 3:10). Ein Diakon ist ein Helfer. Wenn ein Helfer erprobt werden muss, dann ist es nur vernünftig, dass ein Apostel, der in größerer Verantwortung steht, ebenfalls erprobt werden muss.

Darum muss ich ein wenig über diese jungen Kerle lächeln, die herumposaunen: „Ich bin ein Apostel“, oder: „Ich bin ein Prophet“! Sie sind genauso wenig Apostel und Propheten wie ich St. Nikolaus bin! Gott wird Sein eigenes Wort nicht in den Wind schlagen und sich selbst zum Lügner machen, indem Er Neulinge in ein Amt von geistlicher Autorität und Aufsicht einsetzt.

Ich habe eine Erfahrung mit einem sogenannten Apostel gemacht, als ich einmal in Texas predigte. Ich war damals etwa dreißig Jahre alt, aber bereits seit vielen Jahren im Dienst, ich predigte, lehrte und legte Kranken die Hände auf.

Da traf ich also diesen zwanzigjährigen Kerl, der sich selbst einen Apostel nannte, weil ein sogenannter Prophet ihm die Hände aufgelegt und ihn damit angeblich zum Apostel *gemacht* hatte. Der Prophet hatte ihn angeblich in den apostolischen Dienst *eingesetzt!*

Dieser junge Kerl lehrte, dass er als Apostel Autorität über alle anderen Dienstgaben im Leib Christi hatte. Also kam er zu mir und sagte: „Weil ich ein Apostel bin, habe ich Autorität über dich. Ich sage dir, wo du hingehen und predigen und wo du deine Versammlungen abhalten sollst. Ich stelle dir einen Einsatzplan zusammen."

Dieser Knabe war noch nicht einmal ein Prediger, wie viel weniger ein Apostel! Er konnte nicht einmal die Schweine in den Stall rufen, geschweige denn predigen!

Ich sagte zu ihm: „Oh? Wie viele Gemeinden hast du denn gegründet?"

Dieser sogenannte Apostel antwortete: „Ich habe keine Gemeinden gegründet."

Er wusste nicht einmal, wie man einen Hühnerstall baut, wie viel weniger, wie man eine Gemeinde gründet! Ist dir schon aufgefallen, dass manche dieser sogenannten Apostel auf der Bildfläche erscheinen und einfach die Arbeit eines anderen übernehmen wollen? Aber sie sind nicht bereit, den Preis zu bezahlen und selbst ein Werk zu beginnen! Sie sind keine Apostel, sie sind falsche Apostel – sie sind gewiss keine Apostel im neutestamentlichen Sinn!

„Wie bitte", sagte ich zu ihm: „Du bist genauso wenig ein Apostel, wie ich ein Astronaut bin!"

Darauf sagte er zu mir: „Du befindest dich in Rebellion, weil du dich meiner Autorität nicht beugen willst! Ich werde dir diesen Geist der Rebellion austreiben."

Aus mir muss gar nichts ausgetrieben werden. Jemand, der

solche Dinge sagt, hat es nötig, dass etwas aus ihm entfernt wird, nämlich seine Unwissenheit; eine Belehrung durch das Wort Gottes wird dies zustande bringen.

Als jener sogenannte Prophet seine Hände auf ihn gelegt und ihn damit angeblich zu einem Apostel gemacht hatte, wurde der „Apostel" aufgebläht und überheblich und verstrickte sich in geistlichen Stolz. Weil er ein Neuling war, hatte er nicht die geistliche Weisheit und Reife, um gesunde Lehre zu unterscheiden, darum fiel er unter die Verurteilung und geriet in eine Falle des Teufels.

Die *Weymouth* Übersetzung sagt, dass ein Diener Gottes „... nicht ein Neubekehrter sein sollte, dass er nicht etwa von Stolz geblendet werde und so unter dasselbe Urteil gerate wie der Teufel." Für gewöhnlich ist es so, dass Leute, die vor sich herposaunen, sie seien Apostel oder Propheten, stolz und überheblich geworden sind. Sie wollen Apostel sein, weil sie meinen, dass ihnen dadurch Autorität über die anderen Dienstgaben verliehen wird.

Aus diesem Grund sollte man ein bestimmtes Alter und das entsprechende Verantwortungsbewusstsein erlangt haben, bevor man in den Dienst eingesetzt wird. Jeder Prediger kann sich bei einer von vielen obskuren Vereinigungen eine Ordination kaufen. Aber damit ist er noch lange nicht im biblischen Sinn ordiniert worden.

Ein Diener des Evangeliums sollte das Bedürfnis haben, mit einer Vereinigung von Dienern Gottes verbunden zu sein, die nicht nur Würde besitzt, sondern die ehrbar und schriftgemäß handelt, was die Ordinierung ihrer Mitglieder angeht, und die gewisse Voraussetzungen für die Ordination stellt.

Ein gutes Zeugnis

Er muss aber auch ein gutes Zeugnis haben von denen, die draußen sind, damit er nicht in übles Gerede und in den

Fallstrick des Teufels gerät.

1. Timotheus 3:7

In einem Amt des Dienstes zu stehen, ist eine ernsthafte Angelegenheit. Man muss ein gutes Zeugnis haben, das von einem tadellosen Charakter und Wandel spricht.

Ich möchte dich auf etwas aufmerksam machen, das die Bibel im Jakobusbrief sagt: *„Werdet nicht viele Lehrer* (im Engl. Meister)*, meine Brüder, da ihr wisst, dass wir ein schwereres Urteil empfangen werden"* (Jakobus 3:1)!

Das Wort „Meister" könnte auch mit *Lehrer* übersetzt werden. Die *Amplified Bible* verdeutlicht dies:

Nicht viele [von euch] sollten Lehrer werden [selbsternannte Kritiker und Ermahner anderer], meine Brüder, denn ihr wisst, dass wir [Lehrer] nach EINEM HÖHEREN STANDARD UND MIT GRÖSSERER HÄRTE GERICHTET WERDEN [als andere Leute]. Folglich tragen wir größere Verantwortung und empfangen ein schwereres Gericht.

Jakobus 3:1 *(Amplified Bible)*

Ich glaube nicht, dass diese Worte nur für Lehrer gelten. Sie bewahrheiten sich für jede Dienstgabe, auch für das Amt des Apostels. Dienstgaben werden nach einem höheren Standard beurteilt werden. Und weil wir nach einem höheren Standard *beurteilt* werden, sollten wir einen höheren Standard für unseren Charakter und unseren Wandel *setzen.* Jeder Prediger sollte ein gutes Zeugnis haben, sogar von denen, die nicht errettet sind.

Darum bedeutet es eine enorme Verantwortung, dazu berufen zu sein, im Amt des Apostels oder in irgendeinem anderen Amt zu stehen. Wir können unseren Dienst nur mit Hilfe des Heiligen Geistes erfüllen. Die *Berufung* und die geistliche *Ausrüstung* haben mit dem inneren Menschen zu tun. Aber wir sehen, dass die *Qualifikation* für den Dienst etwas mit dem äußeren Menschen zu tun hat.

Gott hat etwas am inneren Menschen bewirkt. Er hat Seinen Teil erfüllt, indem Er die Berufung in den Geist des Menschen gelegt und ihm die geistliche Ausrüstung, diesen Ruf zu erfüllen, gegeben hat. Aber der Diener Gottes muss seinen Leib – den äußeren Menschen – als lebendiges Opfer darbringen, damit er sich selbst einer so hohen Berufung in Christus Jesus als würdig erweist.

Denn wir alle straucheln und fallen oft und geben in vielen Dingen Anstoß. Und wenn jemand in der Rede nicht anstößt – niemals das Falsche sagt – dann ist er ein voll und ganz entwickelter Charakter und ein vollkommener Mann, der fähig ist, auch den ganzen Leib zu beherrschen und seine ganze Natur zu bändigen.

Jakobus 3:2 *(Amplified Bible)*

Die *Moffatt* Übersetzung lautet: „Wir alle straucheln in vielen Dingen." Die Fußnote der *Moffatt* Übersetzung sagt: „Unvollkommenheiten sind für den Menschen typisch." Keiner von uns ist bereits vollkommen geworden, aber wir sollten uns alle auf dem Weg zur Reife in Christus befinden.

Wenn irgendein Diener Gottes in einem dieser Bereiche das Ziel verfehlt hat, dann sollte er umkehren und Gott um Vergebung bitten. Dann sollte er daran arbeiten, sich in diesen Bereichen zu vervollkommnen. Jeder Mensch, der in einem Amt des Dienstes steht, sollte ein Vorbild und Anführer in christlichem Wandel und Charakter sein.

Sei fleißig und bereite dich vor

Wenn Gott dich als Apostel beruft, dann wird Er dich übernatürlich ausrüsten. Aber du wirst sowieso nicht mit diesem

Dienst beginnen. Gott hat Seine eigene Art und Weise, Dinge zu tun. Du solltest dich vorbereiten, so dass Gott dich in jeder Art und Weise, die Er wünscht, gebrauchen kann. Die Bibel sagt: *„Strebe danach, dich Gott bewährt zur Verfügung zu stellen als einen Arbeiter, der sich nicht zu schämen hat, der das Wort der Wahrheit in gerader Richtung schneidet"* (2. Timotheus 2:15).

Obwohl du nicht sofort in den Dienst eintreten wirst, den Gott für dich hat, kannst du dich vorbereiten, indem du das Wort studierst und dein Herz zubereitest. Du kannst deinen Teil tun. Vorbereitungszeit ist niemals Zeitverschwendung.

Wenn du während deiner Vorbereitungszeit darin treu bist, das Wort zu studieren und dich so Gott als bewährt darstellst, dann wird Er dich zu Seiner Zeit Schritt für Schritt in den Dienst hineinführen, den Er letztendlich für dich hat. Wenn du darin treu bist, dich vorzubereiten, dann wird Er treu sein, dir Türen in den Dienst zu öffnen.

Du musst dich auch für deine hohe Berufung in Christus vorbereiten, indem du dich von den Dingen der Welt absonderst, die dich von den Dingen Gottes abhalten. Manchmal musst du Dinge ablegen, die nicht unbedingt Sünde sind, jedoch wertvolle Zeit in Anspruch nehmen. Der Herr hält nach solchen Ausschau, die sich Ihm und Seinen Absichten völlig weihen und hingeben.

Wenn wir unseren Leib als lebendiges Opfer darbringen und unseren Sinn durch das Wort Gottes erneuern, kann Gott uns so gebrauchen, wie Er möchte. Die Bibel sagt: *„Wandelt im Geist, und ihr werdet die Begierde des Fleisches nicht erfüllen"* (Gal. 5:16). Und: *„Denn wer auf sein Fleisch sät, wird vom Fleisch Verderben ernten; wer aber auf den Geist sät, wird vom Geist ewiges Leben ernten"* (Gal. 6:8).

Wenn du darin treu bist, Gottes Wort zu studieren und Ihm dort zu dienen, wo du gerade bist, wird Gott dich im Leib Christi einsetzen und dich befördern, wie *Er* es will. Aber denk daran: *Lass dich nicht von Namen und Titeln beeindrucken!* Wenn du den Leuten sagen musst, dass du ein Apostel oder Prophet bist, dann bist du es wahrscheinlich nicht. Du läufst schließlich auch nicht herum und erzählst jedermann, dass du ein Mann oder eine Frau bist, nicht wahr? Du bist als Mann oder Frau geboren und es ist für jedermann offensichtlich.

Dasselbe Prinzip gilt auch für den geistlichen Bereich. Wenn du in den Dienst berufen bist, dann sollte klar und deutlich sichtbar sein, was du bist und was deine Berufung ist. Es sollte nicht nötig sein, dass du allen Leuten mitteilen musst, was deine Berufung ist, indem du dir selbst Titel und Bezeichnungen zulegst. Die Leute werden sehen, was du bist, und zwar an deiner geistlichen Ausrüstung und Befähigung.

Und wenn du nicht weißt, zu was Gott dich berufen hat, dann sei einfach treu, Ihm zu dienen, wo du gerade bist! Sei treu in deiner Ortsgemeinde, studiere Sein Wort und überlass Ihm das Übrige!

Behalte auch Folgendes im Sinn: *Gott belohnt Treue; nicht ein Amt.* Ein Apostel oder Prophet wird nicht mehr Lohn empfangen, als irgendjemand sonst, der treu ist, das zu tun, wozu Gott ihn berufen hat. Höhere Ämter werden keinen größeren Lohn empfangen; es ist nur größere Verantwortung mit einem höheren Amt verbunden.

Darum ist es wichtig für dich, die Verantwortung treu wahrzunehmen, die Gott *dir* gegeben hat, *denn Gott belohnt Treue!*

Endnoten

[9] Lindsay, Seiten 18 u. 19

Teil II

Propheten

Kapitel 5

Das Amt des Propheten im Alten und Neuen Testament

„Hinaufgestiegen in die Höhe, hat er [Jesus] *Gefangene gefangen geführt und den Menschen Gaben gegeben."*

Und er hat die einen als APOSTEL gegeben und andere als PROPHETEN, andere als EVANGELISTEN, andere als HIRTEN und LEHRER.

Epheser 4:8,11

Jesus ist mir im Laufe der Jahre mehrmals erschienen und jedes Mal gab Er mir Anweisungen bezüglich des Dienstes in der Gemeinde. In diesen Begegnungen erklärte Er mir, dass Seine Pläne für die Gemeinde unter dem Neuen Bund anders sind als Sein Handeln mit Israel unter dem Alten Bund.

Die Menschen, die unter dem Alten Bund lebten, waren nicht von neuem geboren. Gott konnte mit ihnen nicht *auf einer geistlichen Ebene* umgehen, weil ihr Geist nicht neugeschaffen und wiedergeboren war. Aber unter dem Neuen Bund wurde unser Geist im Ebenbild und in der Gleichheit Gottes neugeschaffen, darum kann Gott mit uns *auf einer geistlichen Ebene* umgehen, wir sind wiedergeborene *Kinder* Gottes.

Darum sieht der Plan Gottes für die Gemeinde – den Leib Christi – unter dem Neuen Bund in mancherlei Hinsicht anders aus als für die Menschen, die unter dem Alten Bund gelebt haben.

So ist zum Beispiel auch Sein Plan für die Gemeinde, was den geistlichen Dienst betrifft, im Neuen Bund ein anderer als im Alten Bund. Gott handelt mit der Gemeinde – dem Leib Christi – anders, was den geistlichen Dienst betrifft, als mit den Israeliten, die nicht von neuem geboren waren.

Der Prophet im Alten Bund

In diesem Kapitel möchte ich euch mitteilen, was Jesus mir über die Unterschiede zwischen dem Dienst des Propheten im Alten und im Neuen Bund sagte.

Im Jahr 1959 sprach Jesus zum ersten Mal mit mir über das Amt des Propheten. In dieser Vision sprach der Herr eineinhalb Stunden mit mir über den Dienst des Propheten. (Einen vollständigen Bericht über diese Vision findest du in Rev. Kenneth E. Hagin's Buch: *Ich glaube an Visionen.*) Jesus erschien mir auch im Jahr 1987 und sprach mit mir über das Amt des Apostels und das Amt des Propheten sowie über die Funktion der Ortsgemeinde.

In der Vision von 1959 sagte Jesus zu mir: „Es gibt einen Unterschied zwischen dem alttestamentlichen Propheten und dem Propheten des Neuen Testaments. Viele gehen heutzutage an diesem Punkt in die Irre. Sie versuchen dem neutestamentlichen Propheten den selben Status zu geben, den der alttestamentliche Prophet hatte, aber er hat im Neuen Bund nicht mehr den selben Status."

„Erstens", sagte Jesus, „war der Prophet des Alten Testaments der einzige damals wirksame *Dienst,* durch welchen den Leuten das Wort gepredigt wurde, durch den sie belehrt wurden und inspirierte Aussprüche empfingen. Das kann so im Neuen Testament nicht mehr gesagt werden. Im Neuen Bund habe ich den *fünffältigen* Dienst zur Vervollkommnung der Heiligen eingesetzt" (Epheser 4:11,12).

„Und nicht allein das, sondern unter dem Neuen Bund sollte jeder Gläubige selbst dem Heiligen Geist folgen [Römer 8:14]. Im Alten Bund gab es ein System von stellvertretenden Opfern, durch welches Gott angebetet wurde, weil Gott es mit geistlich toten Menschen zu tun hatte; sie konnten Gott nicht im *Geist* und in der Wahrheit anbeten.

Aber im Neuen Bund gibt es für die Gläubigen kein bestimmtes System, um Gott anzubeten oder mit Ihm in Kontakt zu treten. Die Gläubigen sollen Gott in Geist und Wahrheit anbeten und sie sollen durch ihren Geist geleitet werden."

„Im Alten Bund", fuhr Jesus fort, „waren die einzigen Personen, die gesalbt waren, der Prophet, der Priester und der König. Der König wurde vom Heiligen Geist gesalbt, um dieses Amt ausüben zu können, aber er war nicht dazu gesalbt zu *predigen.* Der Priester war vom Heiligen Geist gesalbt, um dieses Amt auszuüben, aber auch er war kein Prediger. Er lehrte das Volk über das Gesetz, damit sie Gottes Gebote und Satzungen befolgen konnten. Aber er war kein Prediger."

„Natürlich", fuhr Jesus weiter, „hatten die Priester im Alten Bund einen wichtigen Dienst. Aber es war nicht ein Dienst der *Predigt* und der *Lehre.* Sie ermahnten und unterwiesen die Leute über die Wege des Herrn und über den Vollzug des Opfersystems. Aber eigentlich waren die Propheten im Alten Bund die einzigen *Prediger,* die das Volk hatte. Der Prophet war der Einzige, der für Gott sprechen konnte, wenn er vom Heiligen Geist inspiriert wurde."

„Beachte, wie die Propheten Israel verkündigten und versuchten, das Volk dazu zu bewegen, zu Gott umzukehren. Sogar im Alten Testament war der Prophet ein Prediger, und er predigte in Form inspirierter Aussprüche."

Jesus fuhr fort: „Im Alten Testament hatte die Gruppe, die man heute Laien nennt, den Heiligen Geist nicht. Der Heilige Geist kam auf Propheten, Priester und Könige und salbte sie, damit sie ihren Dienst erfüllen könnten. Aber kein Laie hatte den Heiligen Geist auf sich."

„Erinnerst du dich? David war Prophet, Priester und König [Apg. 2:25,30; 2. Sam. 5:12; 24:25]. Niemand sonst, außer dem Propheten, dem Priester und dem Könige hatte den Heiligen Geist auch nur im geringsten Maß *auf* sich. Die einzige diesbezügliche Ausnahme geschah, wenn Gott von Zeit zu Zeit Leute berief, um bestimmte Aufgaben zu erledigen oder Funktionen für Ihn auszuüben. Dann salbte Er sie mit dem Heiligen Geist, damit sie diese Aufgaben erfüllen konnten."

Wenn wir die Schrift lesen, dann heißt es häufig, dass Gott jemanden mit dem Geist *salbte* oder durch den Geist *befähigte;* und zwar, um eine bestimmte Aufgabe für Ihn tun zu können. Als Gott wollte, dass Gideon das Volk aus der Hand der Midianiter rettete, da salbte Er Gideon, damit er genau das tun konnte (*siehe* Richter Kapitel 6).

Aber Gideon hatte den Heiligen Geist nicht *in* sich und wurde nicht durch Ihn geleitet, darum konnte er Gott nur folgen, wenn Er durch natürliche Mittel zu ihm sprach. Deshalb war er sich zuerst nicht sicher, ob es Gott war, der ihn angesprochen hatte. Er legte ein Vlies aus, um sicher zu gehen, dass es wirklich Gott war, der ihn leitete (Richter 6:36-40). Gott war nicht *in* Gideons Geist, denn Gideon war nicht von neuem geboren, also musste Gott ihn im Bereich des Fleisches, das heißt im Bereich des Natürlichen, leiten.

Dies alles erklärte Jesus mir. Und dann sagte Er in der Vision zu mir: „Im Neuen Bund leitet Gott sehr selten jemanden durch natürliche Mittel. Wenn Er es tut, dann nur deshalb, weil die Leute geistlich so unsensibel und stumpf sind, dass sie Seine Führung nicht anders verstehen würden."

Jesus wies darauf hin, dass es im Neuen Testament heißt: *„Denn so viele durch den Geist Gottes geleitet werden, die sind Söhne Gottes"* (Römer 8:14). Es heißt nicht, dass die, welche durch das Auslegen eines Vlieses oder durch andere natürliche Mittel geleitet werden, Söhne Gottes sind.

Unter dem Alten Bund konnten die Menschen nicht durch ihren Geist geleitet werden und sie konnten sich auch nicht selbst an Gott wenden. Sie mussten sich über den Priester an Gott wenden. Sie mussten ein Opfer und eine Gabe bringen und niemand konnte in das Allerheiligste eintreten, wo die Gegenwart Gottes wohnte, außer dem Hohepriester. Und der Hohepriester tat dies nur mit enormer Vorsicht. Wenn ein Unbefugter in das Allerheiligste eindrang, fiel er sofort tot um.

Jesus sagte zu mir: „Im Alten Bund wurde das Volk durch das Wort des Propheten geführt, weil sie den Heiligen Geist nicht selbst hatten. Darum mussten die Leute zum Propheten gehen, um herauszufinden, was der Herr ihnen zu sagen hatte."

Der Prophet im Neuen Bund

„Aber im Neuen Bund", fuhr Jesus fort, „habe ich nicht Propheten dazu eingesetzt, die Gläubigen zu führen und zu leiten. Jeder Gläubige hat den Heiligen Geist *in sich,* ihn zu führen und zu leiten; jeder Gläubige kann die Stimme Gottes selbst hören. Darum ist es im Neuen Bund unschriftgemäß, Führung durch einen Propheten zu suchen."

Jesus sagte: „Manchmal kann es sein, dass Gott in Seiner göttlichen Souveränität einer Person durch einen Propheten ein Wort gibt, um etwas zu bestätigen, das der Gläubige bereits in seinem eigenen Geist weiß. Aber der Prophet ist nicht dazu da, Leute durch Ausübung seines Amtes zu führen und zu leiten; normalerweise wird jeder Gläubige durch den Heiligen Geist in seinem *eigenen* Geist geleitet."

„Kinder Gottes können damit rechnen, durch den Geist Gottes geleitet zu werden [Röm. 8:14]. Darum leitet der Heilige Geist alle Christen, auch die Propheten, in erster Linie durch das innere Zeugnis."

„Zweitens leitet der Heilige Geist die Gläubigen durch eine leise innere Stimme. Und drittens werden die Gläubigen durch die vollmächtige Stimme des Heiligen Geistes in ihrem eigenen Geist geleitet."

„Und viertens", sagte Jesus, „sehr selten zwar, aber immer wieder einmal, wenn Er es will, kann der Heilige Geist Menschen durch eine Vision oder Offenbarung leiten. Natürlich geschieht dies bei denen häufiger, die zum Amt des Propheten berufen sind."

Wir haben im Neuen Testament einen besseren Bund, der auf Grund besserer Verheißungen gestiftet wurde (Heb. 8:6), und wir haben es nicht nötig, bei jemandem Wegweisung für unser Leben zu suchen, außer bei Gott. Jesus ist unser Hohepriester. Der Hebräerbrief sagt uns, dass Jesus ein für allemal mit Seinem eigenen Blut in das Heiligtum eingetreten ist, um eine ewige Erlösung für uns zu erlangen (Heb. 9:12). Und weil die Gläubigen von neuem geboren sind, können sie durch das Reden des Heiligen Geistes in ihrem eigenen Geist geleitet werden (Röm. 8:14).

Jesus erklärte auch, dass unter dem Neuen Bund alle Gläubigen zu Königen und Priestern Gottes geworden sind (1. Petr. 2:9; Off. 5:9,10). Mit anderen Worten: Alle Gläubigen haben selbst Zugang zu Gott; sie müssen nicht über einen Priester oder durch ein Opfersystem kommen, um zu Gott gelangen zu können. Sie brauchen keinerlei Vermittler – auch nicht jemanden, der im fünffältigen Dienst steht – um vor Gott zu kommen oder Seinen Rat und Seine Führung zu empfangen.

Natürlich hat der Pastor die Aufsicht über die Herde (Apg. 20:28). Aber die Gläubigen müssen nicht durch ihren Pastor (zu Gott) kommen, damit ihre Gebete erhört werden oder damit sie mit Gott reden können. Der Pastor ist nur ein geistlicher Aufseher, der den Gläubigen einer Ortsgemeinde hilft, und er ist vom Heiligen Geist dazu gesalbt, in diesem Amt zu stehen. Aber die Gläubigen müssen ihre Anliegen nicht durch ihn vor Gott bringen.

Jesus sagte: „Natürlich gibt es eine Ähnlichkeit zwischen den Propheten des Alten und des Neuen Testaments. Ein Merkmal des Propheten im Alten Bund war es zum Beispiel, dass man ihn einen Seher nannte, weil er in den Bereich des Geistes sehen und Dinge auf übernatürliche Weise sehen und erkennen konnte."

„Dies gilt auch für Propheten des Neuen Bundes; sie sehen und erkennen Dinge auf übernatürliche Art und Weise. Die Offenbarungsgaben, wie das Wort der Erkenntnis oder das Wort der Weisheit, wirken oft mit der Gabe der Unterscheidung der Geister zusammen."

Das Wort der Erkenntnis ist eine übernatürliche Offenbarung des Geistes über bestimmte Tatsachen, die aus dem Wissen Gottes kommen – Fakten über Leute, Orte oder Dinge, die in der *Vergangenheit* oder der *Gegenwart* angesiedelt sind.

Das Wort der Weisheit ist eine übernatürliche Offenbarung von Ereignissen, die in der *Zukunft* geschehen werden oder bezüglich der Pläne und Absichten Gottes. Die Unterscheidung der Geister befähigt den Propheten, im Bereich des Geistes zu sehen und zu hören.

Prophetenschulen

In einer Vision im Jahr 1959 teilte mir Jesus einen weiteren großen Unterschied zwischen dem Propheten im Alten Bund und dem Propheten im Neuen Bund mit.

Jesus erklärte: „Im Alten Bund war es schriftgemäß, Schulen zu haben, wo Propheten ausgebildet wurden, denn sie waren die einzigen Diener Gottes, die das Volk hatte.“

„Aber im Neuen Bund“, erklärte Er, „sieht mein Plan für *den Dienst* in der neutestamentlichen Gemeinde anders aus als zu alttestamentlichen Zeiten. Darum habe ich den fünffältigen Dienst in der Gemeinde gesetzt. Alle diese Dienste brauchen dieselbe Grundausbildung.“

Jesus sagte: „Ein Grund dafür, dass es im Neuen Bund nicht schriftgemäß ist, Prophetenschulen zu haben, ist der, dass dadurch der Eindruck entsteht, dass das Amt des Propheten die einzige oder die wichtigste Dienstgabe im Neuen Bund ist – und dem ist nicht so.“

„Im Neuen Bund ist es schriftgemäß, Schulen für *Diener Gottes* zu haben, weil alle Dienstgaben dieselbe Grundausbildung brauchen. Der Prophet braucht keine andere *Grund*ausbildung als die anderen Dienstgaben. Dann, nachdem alle Dienstgaben dieselbe Grundausbildung absolviert haben, werde ich jede einzelne solche Person für den Dienst aussondern, zu der ich sie berufen habe“ (*siehe* Apg. 13:2).

Jesus fuhr fort: „Es gibt spezifische Dinge, die ein Prophet lernen muss, wie es auch spezifische Dinge gibt, die der Apostel, der Evangelist, der Pastor und der Lehrer lernen müssen. Aber im Wesentlichen gelten dieselben *Prinzipien, dieselbe Ausbildung und dieselben Voraussetzungen,* die man auf den Dienst des Propheten anwenden könnte, auch für alle anderen Dienstgaben. Es geht um eine Ausbildung *zum Dienst.*"

Bevor der Herr mir dies erklärte, hatte ich auch darüber nachgedacht, eine Prophetenschule anzufangen. Aber dann erklärte Er mir diese Zusammenhänge, und das ist der Grund dafür, dass wir das RHEMA Bibel *Trainings* Zentrum angefangen haben und keine Prophetenschule.

Es geschieht sehr oft, dass die Leute versuchen, alttestamentliche Praktiken auf den Neun Bund zu übertragen, obwohl wir doch unter einem völlig anderen Bund sind. Wir befinden uns in einem *besseren* Bund, der aufgrund *besserer* Verheißungen gestiftet wurde (Hebräer 8:6).

Stufen oder Ordnungen von Propheten

In der Begegnung von 1987 sprach Jesus zu mir über die verschiedenen Stufen, Ränge oder Ordnungen, die es in jedem Bereich der Dienstgaben gibt. Er erklärte mir diese Dinge anhand der Schrift.

Jesus sagte, dass es verschiedene Stufen oder Ordnungen im Amt des Propheten gibt, wie es sie auch bei jeder anderen Dienstgabe gibt. Es gab Propheten, die einen Grund legten, wie z.B. Paulus, der neutestamentliche Lehre mitbegründete. Heute gibt es keine Propheten dieser Stufe oder Ordnung mehr.

Viele sind der Meinung, dass das Amt des Propheten mit den Propheten der Urgemeinde verschwand. Sie verstehen nicht, dass dieses Amt noch immer in Wirksamkeit ist. Allerdings gehören heutige Propheten zu einer anderen Stufe oder Ordnung als Propheten des Alten Testaments oder Propheten, die zu Zeiten der ersten Gemeinde mithalfen, das Fundament zu legen.

Der Prophet, wie wir ihn in der heutigen Gemeinde haben, fügt den Schriften keine grundlegenden Lehren hinzu. Als jemand, der in einem Amt des Dienstes steht, ist es natürlich seine Aufgabe, den Leib Christi zu *erbauen* und *aufzubauen.* Ein Prophet kann dem Leib Christi das Wort verdeutlichen, indem er Einsichten vermittelt, die es für die heutige Zeit relevant machen. Aber er ist nicht dazu da, dem Fundament des Neuen Testaments neue *Grundlehren* hinzuzufügen.

Die Propheten, die zur Zeit der Urgemeinde ein Fundament legten, brachten die Offenbarung des Geheimnisses des Christus hervor – das Evangelium. Paulus ist ein Beispiel für einen solchen Propheten. Dann gab es im Neuen Testament auch Propheten einer niedrigeren Stufe oder Ordnung, wie Agabus, der keine Fundamente der Lehre legte.

Durch Agabus, zum Beispiel, geschah die Offenbarung einer Hungersnot, die kommen würde (Apg. 11:28). Der Heilige Geist warnte durch Agabus die Gemeinde vor den kommenden Ereignissen, aber dies war keine Offenbarung von Grundlehren, die dem Fundament des Evangeliums hinzugefügt wurde.

Maßgaben der Salbung

Jesus erklärte mir in der Begegnung von 1987 auch, dass es bei denen, die im fünffältigen Dienst stehen, verschiedene *Stufen* oder *Ebenen der Salbung* gibt. Die Salbung *zum* Dienst, die auf einer Person ist, bezieht sich auf die *Bevollmächtigung* und *Ausrüstung* dieser Person durch den Heiligen Geist; dadurch wird sie befähigt, in einem Amt des Dienstes zu stehen.

Jesus sagte, dass es möglich ist, dass diejenigen, die in diese Ämter des Dienstes berufen sind, auf verschiedenen Ebenen der Salbung wirken; manche wirken unter einer größeren Salbung in einem bestimmten Amt und andere in einer kleineren.

Wir alle kennen zum Beispiel Evangelisten, die gesalbter sind als andere, oder Pastoren oder Lehrer, die ein größeres Maß an Salbung haben als andere. Oft ist es auch so, dass Personen auf einer niedrigeren Stufe der Salbung wirken, wenn sie mit dem Dienst beginnen. Wenn sie sich aber in dem als treu erweisen, zu dem der Herr sie berufen hat, befördert Gott sie auf eine höhere Ebene der Salbung.

Jesus sagte, dass dasselbe auch für den Propheten gilt. Es gibt nicht nur unterschiedliche Ordnungen von Propheten, sondern in einer bestimmten Klasse oder Ordnung von prophetischem Dienst gibt es auch verschiedene Maßgaben der Salbung bei denen, die in diesem Amt stehen. Mit anderen Worten: Jemand, der dazu berufen ist Prophet zu sein, kann diesen Dienst mit mehr oder weniger Salbung tun.

Die Bibel spricht von Maßgaben der Salbung.

> **Denn der, den Gott gesandt hat** [Jesus], **redet die Worte Gottes; denn Gott gibt *ihm* den Geist nicht NACH MASS.**
> **Johannes 3:34** (Schlachter)

Jesus war der Geist *ohne* Maß gegeben worden. Die Übrigen von uns, die wir zum Leib Christi gehören, haben den Heiligen Geist *nach* Maß oder *in* einem bestimmten Maß empfangen (Römer 12:3).

Jesus wies mich auch auf Hebräer 2:4 hin und sprach zu mir über „Gaben“ oder *Austeilungen* des Heiligen Geistes.[1]

> **Wobei Gott zugleich Zeugnis gab durch Zeichen und Wunder und mancherlei Machttaten und AUSTEILUNGEN DES HEILIGEN GEISTES nach seinem Willen.**
> **Hebräer 2:4**

Ich dachte jahrelang, dass sich „*Gaben* des Heiligen Geistes“ in diesem Vers auf die neun Geistesgaben bezieht, die in 1. Korinther 12 erwähnt werden.

Es gibt aber Verschiedenheiten von GNADENGABEN, aber *es ist* derselbe Geist ... Jedem aber wird die OFFENBARUNG [oder Gabe] **des Geistes zum Nutzen gegeben.**
1. Korinther 12:4,7

Aber in Hebräer 2:4 kann nicht von Geistesgaben die Rede sein. Gott hatte ihnen bereits durch Zeichen, Wunder und verschiedene Machttaten Zeugnis gegeben – hier (in 1. Korinther) ist die Rede von Geistesgaben.

Beachte aber das Wort „und" in Hebräer 2:4. Es ist eine Konjunktion und das bedeutet, dass den geistlichen Gaben etwas Weiteres hinzugefügt wird. Mit anderen Worten: Gott gab ihnen Zeugnis mit geistlichen Gaben *sowie* etwas Zusätzlichem.

In der Randbemerkung meiner Bibel heißt es im Verweis auf das Wort „Gaben" in Hebräer 2:4: „Austeilungen" des Heiligen Geistes.

Das Wort für Gaben, das in 1. Korinther 12:4 und 7 mit Gnadengaben übersetzt wird, ist *charisma,* damit ist eine *geistliche Gabe* gemeint.

Gaben oder *Austeilungen* in Hebräer 2:4 bezieht sich auf die Gaben des fünffältigen Dienstes, die in Epheser 4:8-11 aufgelistet werden: Apostel, Propheten, Evangelisten, Pastoren und Lehrer.

Darum könnten wir diesen Vers auch wie folgt lesen: „Wobei Gott zugleich Zeugnis gab durch Zeichen und Wunder und mancherlei Machttaten UND *Austeilungen* des Heiligen Geistes nach seinem Willen."

Die Gabe oder *Austeilung* des Heiligen Geistes ist die göttliche Ausstattung oder Ausrüstung einer Person, die sie dazu befähigt, in einem Amt des Dienstes zu stehen. Gott teilt den Heiligen Geist an die aus, die dazu berufen sind, in einem Amt des Dienstes zu stehen. So befähigt Er sie und rüstet sie aus, diese Funktion im Leib Christi auszuüben.

Austeilungen des Geistes sind nicht für Laien gedacht, denn Laien stehen nicht in einem Amt oder einer Dienstgabe. Der Laie hat weder die Austeilung, die Salbung, noch die Ausrüstung des Heiligen Geistes, um in einem Amt des fünffältigen Dienstes zu stehen.

Beachte, dass in Hebräer 2:4 von „Austeilungen“ die Rede ist. Das Wort steht im Plural, weil es verschiedene Maßgaben der Salbung auch in diesen verschiedenen Ämtern gibt. Das ist es, was Jesus mir sagte. Eine Person kann in der Ausübung eines bestimmten Dienstes *mehr* oder *weniger* gesalbt sein.

Lasst uns auch das Alte Testament hinzuziehen, um durch weitere Beispiele aufzuzeigen, dass es Maßgaben der Salbung gibt, denn die Bibel sagt: *„... damit aus zweier oder dreier Zeugen Mund jede Sache bestätigt werde“* (Matthäus 18:16).

Selbst im Alten Testament gab es Propheten, die eine größere Salbung in ihrem Dienst hatten als andere. Infolge einer größeren Salbung war der Dienst mancher Propheten des Alten Testaments bekannter und weitreichender als der Dienst anderer.

Wir finden einen Hinweis auf *Maßgaben der Salbung* in 2. Könige, Kapitel 2. Gott hatte Elia beauftragt, Elisa zu salben, damit er Prophet an seiner statt sein sollte, das heißt, seinen Platz einnehmen würde.

> **Und es geschah, als sie hinübergegangen waren, da sagte Elia zu Elisa: Bitte, was ich für dich tun soll, bevor ich von dir weggenommen werde! Elisa sagte: Dass mir doch ein ZWEIFACHER ANTEIL von deinem Geist gegeben werde!**
>
> **2. Könige 2:9**

Elisa empfing einen doppelten Anteil oder ein zweifaches *Maß der Salbung* für das Amt des Propheten, als es Elia in seinem Dienst hatte. Und wenn du die Schrift studierst, dann wirst du sehen, dass in Elisas Dienst ungefähr doppelt so viele Zeichen und Wunder geschahen, wie im Dienst von Elia. Du kannst also mit Leichtigkeit sehen, dass eine Person in der Ausübung ihres Amtes mehr oder weniger gesalbt sein kann.

Wenn du zum vollzeitlichen Dienst berufen bist, dann wirst du nach dem Maß des Heiligen Geistes, das dir gegeben wurde, nach Seiner Austeilung, in deinem Amt stehen und dienen. Die Salbung im Leben einer Person kann allerdings wachsen, und zwar geschieht dies durch Treue, Hingabe und Fleiß im Studium des Wortes Gottes und im Gebet.

Endnoten

[1] In der KJV wird das Wort, das der Autor meint, mit „Gaben" übersetzt, in allen deutschen Übersetzungen mit „Austeilungen"; die Bemerkungen zum Wortlaut der Übersetzung, die nun folgen, erübrigen sich also für den deutschen Sprachgebrauch.

Kapitel 6

Was ist ein neutestamentlicher Prophet?

Ein Prophet ist eine *Dienstgabe,* die der Gemeinde von Gott gegeben wird. Niemand kann sich selbst zu einem Propheten *machen* oder sich selbst zu diesem Dienst *berufen. Gott* allein beruft Propheten und setzt sie in der Gemeinde ein. Es gibt eine Salbung auf diesem Amt und die Ausrüstung des Heiligen Geistes, die eine Person dazu befähigt, diese Funktion im Leib Christi auszuüben.

Manche Leute allerdings geraten lehrmäßig in den Graben, weil sie denken, dass der Dienst des Propheten einzig darin besteht, persönliche Prophetien über Leute auszusprechen. Dies ist jedoch nur ein kleiner Teil seines Dienstes.

Zuallererst: Ein Prediger oder Lehrer des Wortes

Eigentlich ist es die vorrangige Aufgabe und der Hauptdienst eines Propheten, das Wort zu predigen oder zu lehren oder in diesen *beiden* Diensten zu wirken, nämlich ein Lehrer und ein Prediger des Wortes zu sein. Zu weissagen ist *nicht* die Hauptstoßrichtung des Dienstes des Propheten.

Sogar die Propheten des Alten Testaments waren zuallererst Prediger. Sie predigten dem Volk und riefen es zur Buße, denn die Israeliten befanden sich häufig in einem Zustand des Abgefallenseins und waren demzufolge außerhalb des Willens Gottes. Also sprach der Prophet an Gottes Stelle durch prophetische Inspiration.

Natürlich ist es nicht so, dass Propheten im Neuen Bund die einzigen Prediger oder Lehrer des Wortes sind. Der vorrangige Dienst einer *jeden* Dienstgabe ist zu predigen oder zu lehren.

Wir sehen dies im Dienst Jesu, der in allen fünf Ämtern des Dienstes stand. Beachte, was Jesus sagte, wozu Ihm der Heilige Geist gegeben war: *„Der Geist des Herrn ist auf mir, weil er MICH GESALBT HAT, Armen GUTE BOTSCHAFT ZU VERKÜNDIGEN ... “* (Lukas 4:18). Ein Grund für die Salbung auf Jesus war, dass er die Gute Botschaft verkündigte.

Und Jesus zog umher durch alle Städte und Dörfer und LEHRTE in ihren Synagogen und PREDIGTE das Evangelium des Reiches und HEILTE jede Krankheit und jedes Gebrechen.

Matthäus 9:35

Selbst in Seiner Funktion als Prophet bestand der Dienst Jesu zuerst im *Lehren.* An zweiter Stelle im *Predigen.* Und an dritter Stelle im Heilen. Jeder, der zum fünffältigen Dienst berufen ist – Apostel, Prophet, Evangelist, Pastor oder Lehrer – ist zuerst dazu berufen, das Evangelium zu predigen oder zu lehren.

Zu „predigen“ bedeutet zu *verkündigen* oder *weiterzusagen.* Darum sind die Dienstgaben Prediger oder Lehrer, weil sie das Evangelium auf die eine oder andere Weise entweder verkündigen oder erklären. Ihre Hauptaufgabe besteht darin, das Wort Gottes zu predigen oder zu lehren, denn das bringt die Heiligen zur Reife und rüstet sie zum Dienst aus.

Sollte der Prophet weissagen? Ja, aber das ist nicht sein hauptsächlicher Dienst. Studiere den prophetischen Dienst Jesu in den Evangelien! Wir sehen natürlich, dass auch geistliche Gaben durch Ihn wirksam sind.

Zum Bespiel hatte Er ein Wort der Erkenntnis für die Frau am Brunnen (Johannes 4:18). Jesus gebrauchte das Wort der Erkenntnis, um eine Sünderin davon zu überzeugen, dass sie einen Erretter brauchte. Und wir sehen die Gabe, Wunder zu wirken (Johannes 2:3-11) und Gaben der Heilungen in Seinem Dienst in Wirksamkeit (Markus 5:25-34).

Als Prophet sah und erkannte Jesus Dinge übernatürlich (Lukas 5:22; Johannes 1:47). Dennoch ging Jesus in Seiner Funktion als Prophet nicht durchs Land und gab jedem eine Weissagung, der ihm begegnete.

Aber die Bibel sagt uns, was Jesus getan hat. Er *„zog umher durch alle Städte und Dörfer und LEHRTE in ihren Synagogen und PREDIGTE DAS EVANGELIUM des Reiches ...“* (Matthäus 9:35).

Auch Paulus war ein Prophet. Studiere seinen prophetischen Dienst. Paulus war ein Prophet, der mit dazu beitrug, das Fundament zu legen, denn er schrieb einen großen Teil des Neuen Testaments und empfing seine Offenbarung vom Heiligen Geist (Epheser 3:3). Aber sogar als Prophet auf dieser Stufe ging Paulus nicht umher und weissagte über jedermann.

Obwohl Paulus ein Apostel und Prophet war, bezeichnete er sich selbst in erster Linie als Prediger des Evangeliums.

> **... für welches ich eingesetzt wurde als PREDIGER und APOSTEL (ich sage die Wahrheit und lüge nicht), als LEHRER der Heiden im Glauben und in der Wahrheit.**
> **1. Timotheus 2:7** (Schlachter)

> **... für welches ich als PREDIGER und APOSTEL und LEHRER der Heiden eingesetzt worden bin.**
> **2. Timotheus 1:11** (Schlachter)

In diesen Beispielen, wo Paulus seinen Dienst erwähnt, setzt er seinen Dienst als Prediger an die erste Stelle.

Also kann ein Prophet entweder ein Prediger oder ein Lehrer sein oder beides, ein Prediger und Lehrer des Evangeliums. Manche Leute wirken nur im *Predigtdienst* des Propheten; andere wirken nur im *Lehrdienst* des Propheten. Und manche Leute wirken in beiden, dem Predigt- und dem Lehrdienst des Propheten.

Paulus wirkte in beiden Diensten; er war ein Prophet, der predigte und lehrte (1.Timotheus 2:7; 2. Timotheus 1:11).

Auf der anderen Seite wirkte zum Beispiel Johannes der Täufer, der ebenfalls ein Prophet war, nur im Predigtdienst des Propheten (Matthäus 3:1). Wir wissen, dass Johannes ein Prophet war, weil Jesus ihn einen Propheten nannte: *„... unter denen, die von Frauen geboren sind, ist kein größerer PROPHET denn Johannes der Täufer ...“* (Lukas 7:28, Luther).

In seiner Funktion als Prophet predigte Johannes Buße, er sprach durch Inspiration des Heiligen Geistes. Überall, wo er hinkam, verkündigte er den Leuten die Botschaft Gottes, Buße zu tun und sich wieder Gott zuzuwenden (Matthäus 3:2). Buße war seine prophetische Botschaft an die Leute.

Der Prophet *predigt* das Wort nicht nur unter der Inspiration des Heiligen Geistes, sondern er kann das Wort auch durch Inspiration *lehren.*

Oftmals sagen die Leute zu mir: „Wenn du lehrst, dann scheint da eine zusätzliche Salbung zu sein, nicht nur die Salbung zu lehren.“ Dies ist so, weil ich häufig unter der Inspiration der prophetischen Salbung lehre. Jemand, der ausschließlich ein Lehrer ist, lehrt unter der Lehrsalbung und vermittelt den Leuten so die Bedeutung des Wortes nach klaren Richtlinien und entsprechenden Beispielen, und das ist die einzige Art von Salbung, die ihm zur Verfügung steht.

Ein Prophet unterscheidet sich von einem Lehrer in dem Sinne, dass der Lehrer von einem logischen Standpunkt aus spricht, um das Wort zu erklären, zu lehren und auszulegen. Manchmal ist der Prophet, auch vom geistigen Standpunkt aus gesehen, nicht so logisch.

Da er unter der Eingebung des Augenblicks redet, spricht die Äußerung des Propheten mehr den *Geist* des Menschen an. Und manchmal scheinen die Botschaften, die er impulsiv durch Inspiration weitergibt, nicht so recht zum Rest seiner Botschaft zu passen.

Natürlich hat der Prophet auch Gaben des Geistes, die durch ihn wirken und ihn dazu ausrüsten, in diesem Amt zu stehen.

Und wir wissen vom Dienst des Paulus, dass jemand in mehr als einem Amt dienen kann, so wie er von Gott berufen und ausgerüstet wird. Paulus stand im Amt des Apostels, Propheten und Lehrers.

Aber der Punkt, den ich hier betonen möchte, ist der, dass der Hauptteil des Dienstes eines Propheten darin besteht, das Wort zu lehren und zu predigen, nicht darin, persönliche Weissagungen weiterzugeben.

Hier kannst du leicht erkennen, an welchen Punkten manche Leute heutzutage den geraden Weg verlassen haben. Manche Leute haben eine seltsame Vorstellung davon, was ein neutestamentlicher Prophet ist. Sie bauen sich geistliche Luftschlösser auf und pflegen falsche Ideen über das, was ein Prophet sein *sollte,* die keinerlei Grundlage in der Schrift haben.

Viele denken, der Prophet sollte andauernd persönliche Weissagungen zum Besten geben, und so durch dieses Amt die Leute führen und leiten. Viele, die sich selbst Propheten nennen, tun dies. Immer wieder einmal erleben wir ein Ausbrechen dieser Unsitte im Leib Christi; es ist nichts Neues.

Vor vielen Jahren zum Beispiel kannte ich einige Ehepaare, die geheiratet hatten, weil ein sogenannter Prophet ihnen geweissagt hatte, dass sie heiraten sollten. Jede einzelne dieser Ehen ging in die Brüche, weil sich die Leute an einen sogenannten Propheten hielten, der sie führen sollte, statt an den Heiligen Geist, der in ihnen wohnte. Heirate nie jemanden, nur weil ein sogenannter Prophet es dir weissagt.

Zum Beispiel vor vierzig Jahren heiratete ein Bekannter von mir aufgrund einer entsprechenden Weissagung. Es war jedoch nicht der Wille Gottes und so wurde er vom geraden Weg Gottes weggeführt. Er war all diese Jahre nicht im Dienst für Gott und kehrte erst kürzlich in den Dienst zurück, den Gott all die Jahre für ihn gedacht hatte. Menschen, die versuchen, das Leben anderer Leute durch ihren prophetischen Dienst zu leiten, sind in Gefahr.

Ich erinnere mich an einen Mann, den ich vor Jahren kannte, der zum Amt des Propheten berufen war. Aber er ging in die Irre, weil er dachte, dass er dauernd weissagen sollte; er stellte das Weissagen über die Verkündigung des Wortes! Er hatte fast für jeden, den er traf, eine Botschaft. Er hielt sogar Leute auf der Strasse an, um ihnen ein „Wort“ von Gott zu geben.

Er hatte nicht wirklich ein Wort von Gott für all diese Leute! Ich versuchte, ihm zu helfen und ihm etwas über die schriftgemäße Ausübung des prophetischen Amtes zu vermitteln, aber er wollte nichts davon wissen.

Gott hatte ihn einst, als er noch im Licht des Wortes wandelte, mächtig gebraucht. Ein Mann, der Vorstandsmitglied meines eigenen Dienstes ist, berichtete mir, wie Gott diesen Propheten in seinem Leben gebraucht hatte.

Das Vorstandsmitglied ging in eine Versammlung dieses Propheten. Er erzählte mir: „Dieser Mann wusste nichts von mir. Aber plötzlich hielt er mitten im Gottesdienst inne, zeigte auf mich und sagte: ‚Komm hier herauf.‘ Dann sagte er mir genauestens, was mit meiner Gesundheit nicht in Ordnung war, legte mir die Hände auf und ich wurde sofort geheilt.“

Gott hatte diesen Propheten mächtig in diesem Bereich gebraucht. Später hatte ich eine Gelegenheit, ihn kennen zu lernen, weil wir beide bei diesem Vorstandsmitglied zu Hause untergebracht waren. Alle paar Minuten fing der „Prophet“ an, über mir zu weissagen. Er war vielleicht seit zwanzig Minuten im Haus und hatte mir bereits neunzehn Prophetien gegeben! Ich achtete überhaupt nicht darauf. Nicht ein Wort von dem, was er sagte, war richtig.

Ich sagte ihm: „Du verdrehst das Amt des Propheten. Es ist nicht das, wofür du es hältst. Ein Prophet geht nicht durchs Land und gibt dauernd jedermann persönliche Weissagungen. Er ist in erster Linie ein Prediger oder ein Lehrer des Wortes Gottes.“

Aber er wollte nicht auf mich hören. Er versuchte sogar in jeder Gemeinde, wo er predigte, persönliche Botschaften für jedes Gemeindemitglied zu haben! Er tat dies auch dann, wenn der Heilige Geist sich gar nicht durch Weissagung manifestierte. Mit anderen Worten, er tat es im Fleisch und böse Geister fingen an, ihn mit Informationen zu versorgen und durch ihn zu sprechen.

Während der Dienst dieses Mannes sich weiter und weiter von Gott entfernte, fing er damit an, den Leuten das Geld aus der Brieftasche zu weissagen. Sei vorsichtig mit Dienern Gottes, die immer nur über Geld reden.

Wenn irgendein sogenannter Prophet anfängt, den Leuten das Geld aus der Brieftasche zu weissagen – dann sei vorsichtig! So etwas tut man nicht durch den Geist Gottes. Früher oder später werden solche Leute Probleme bekommen, denn ein solches Vorgehen ist nicht schriftgemäß. So etwas ist in der Bibel nicht zu finden.

Dieser Mann war fehlgeleitet, was die wahre Funktion des prophetischen Dienstes anging. Weil er das Amt des Propheten falsch interpretierte und missbrauchte, erlitt er geistlichen Bankrott. Schließlich starb er in jungen Jahren. Es ist eine Schande, denn er hätte ein großer Segen für den Leib Christi sein können.

Verstehst du, warum es so wichtig ist, das zu beachten, was Jesus mir in der Vision mitteilte: „Der Prophet ist in erster Linie ein Prediger oder ein Lehrer. Sein Hauptdienst besteht darin, das Wort zu predigen oder zu lehren. Zu weissagen ist nicht sein *hauptsächlicher* Dienst"?

Ein Prophet, der seinen Dienst darauf aufbaut, Leuten persönliche Weissagungen zu geben, statt auf das Predigen oder Lehren des Wortes, wird in die Irre gehen und im Leib Christi Schiffbruch bewirken.

Propheten sprechen aus der Eingebung des Augenblicks

Eines der Elemente des prophetischen Dienstes ist *göttlich inspirierte Rede* oder das Reden unter der Salbung und Kraft des Heiligen Geistes in der Eingebung des Augenblicks. Dies gilt sowohl für die Propheten des Alten als auch für die des Neuen Testaments.

Auch das Predigen schlechthin kann ein prophetisches Element haben, wenn es durch die Inspiration des Heiligen Geistes geschieht. *Weissagung* ist inspirierte Rede in einer *bekannten Sprache. Predigen* kann ebenfalls inspirierte Rede in einer *bekannten Sprache* sein. Dennoch ist nicht jede Predigt mit Weissagung gleichzusetzen.

Der Prophet spricht häufig durch Inspiration. In diesem Sinn kann seine Predigt mit Weissagung in ihrer einfachsten Form verglichen werden – inspirierte Rede zur Auferbauung, Ermahnung und Tröstung (1. Korinther 14:3).

Der Prophet bereitet sich vor, allerdings nicht in der selben Art und Weise, wie es die anderen Dienstgaben tun. Ja, er bereitet sich selbst im Wort vor. Aber er bereitet sich vor allem darin vor, dass er betet und Gott sucht.

Eigentlich ist es eine Vorbereitung des *Herzens,* weil der Prophet entsprechend der Maßgabe des Glaubens weissagt (Römer 12:6). Darum muss sein Glaube stark sein. Dies erreicht er, indem er viel Zeit mit dem Herrn und mit Seinem Wort verbringt. Dann spricht er vor allem aus Inspiration und unter der prophetischen Salbung, nicht sosehr aus dem, was er in seinem Verstand trägt und weiß.

Manche Evangelisten wirken ebenfalls in einem gewissen Maß des prophetischen Amtes, wenn ihre Predigt von Inspiration geprägt ist und sehr spontan gehalten wird. Zu „weissagen" bedeutet *für einen anderen zu sprechen* und Evangelisten sprechen häufig, durch die Inspiration des Heiligen Geistes, für Gott.

Andererseits sind viele Leute, die wir Evangelisten nennen,

eigentlich *Ermahner.* Ermahner sind darin begabt, Leute zu ermahnen, die Errettung anzunehmen und mit Gott zu wandeln. Römer 12:8 erwähnt Ermahnung als einen Dienst, der aber keine Dienstgabe im eigentlichen Sinn darstellt.

Echte neutestamentliche Evangelisten werden in ihrem Dienst Wunderwirkungen und Gaben der Heilungen haben (1. Korinther 12:28). Wir können unser Grundmuster eines neutestamentlichen Evangelisten von Philippus, dem Evangelisten, herleiten. In seinem Dienst geschahen Wunder und Heilungen (Apg. 8:5-13).

Aber auch wenn der Evangelist in einem gewissen Maß des prophetischen Amtes wirken mag, wenn er durch die Inspiration des Heiligen Geistes predigt, so unterscheidet sich der Dienst des Propheten dennoch deutlich vom Dienst des Evangelisten.

Zum einen weiß der Evangelist, was er predigen wird. Er predigt Christus, und zwar als gekreuzigt. Der Evangelist bringt die Botschaft der Errettung und er bleibt bei dieser Botschaft. Auch der Lehrer weiß für gewöhnlich, worüber er lehren wird, und bleibt bei seiner Botschaft.

Aber der Prophet weiß unter Umständen nicht, *was* sein Thema ist, bis er sich erhebt, um zu reden. Der Prophet wird auch andere Offenbarungsgaben mit großer Regelmäßigkeit in seinem Dienst in Wirksamkeit haben, was beim Evangelisten und beim Lehrer nicht der Fall ist.

Auch die anderen Dienstgaben, wie der Pastor oder der Lehrer, können in einem plötzlichen Impuls des Augenblicks aus Offenbarung sprechen. Aber das Sprechen unter Offenbarung des Augenblicks mit wenig oder ohne Vorplanung erscheint bei einem Propheten beständiger und mit größerer Regelmäßigkeit. Er spricht im Licht einer plötzlichen Eingebung des Augenblicks. Allerdings ist auch seine Grundlage immer das Wort Gottes.

Natürlich kann auch ein Laie unter der Inspiration des Heiligen Geistes reden, denn Paulus sagte: „*... ihr könnt einer nach dem anderen alle weissagen ...*“ (1. Korinther 14:31). Paulus bezieht sich an dieser Stelle offensichtlich auf eine Versammlung von Gläubigen, wo alle Gläubigen ihren Teil beitrugen, einen Psalm, ein Loblied oder ein geistliches Lied hatten (Epheser 5:19; Kolosser 3:16) und das durch die einfache Gabe der Weissagung, wie sie jeder Gläubige haben kann.

Laien können inspiriert sprechen, wenn sie die einfache Gabe der Weissagung haben, nämlich inspirierte Rede zur Erbauung, Ermahnung und Tröstung (1. Korinther 14:3). Aber das Wirken in der einfachen Gabe der Weissagung macht noch niemanden zu einem Propheten. Paulus stellt die Frage: „... *sind etwa alle Propheten?*" (1. Korinther 12:29). Natürlich sind nicht alle Leute Propheten.

Ich habe in den Gemeinden, denen ich als Pastor diente, wunderbare Dinge geschehen sehen, als Gläubige in der einfachen Gabe der Weissagung dienten. Manche dieser Leute waren ungebildet; einige konnten nicht einmal Lesen und Schreiben, geschweige denn gefeilt reden.

Aber wenn der Heilige Geist auf sie kam, flossen inspirierte Worte nur so aus ihrem Mund. Wir saßen alle da und weinten, während wir hörten, wie der Heilige Geist durch sie sprach. Es war ein großer Segen für die ganze Versammlung.

Ihre inspirierte Rede allerdings entsprach der einfachen Gabe der Weissagung. Der Prophet andererseits kann ebenfalls inspiriert sprechen und dies in der einfachen Gabe der Weissagung tun, es können aber auch Offenbarungsgaben des Geistes in seiner inspirierten Rede wirksam sein.

Ich kannte Diener Gottes, die in den Anfangszeiten der Pfingstbewegung das Wort durch inspirierte Rede predigten und lehrten. Mit anderen Worten: Sie predigten und lehrten mehr in einem prophetischen Stil durch inspirierte Rede und stützten sich nicht so sehr auf ausführliche Notizen. Sie studierten das Wort und verharrten vor dem Herrn im Gebet, aber sie bereiteten selten im eigentlichen Sinn eine Botschaft vor.

Sie predigten und lehrten das Wort hauptsächlich durch Inspiration. Manchmal wussten sie nicht, was sie sagen würden, wenn sie aufstanden, um zu sprechen, aber der Heilige Geist gab es ihnen spontan ein.

Der Dienst von Smith Wigglesworth war ein dramatisches Beispiel für jemanden, der durch göttlich inspirierte Rede sprach. Ich habe Smith Wigglesworth nie persönlich kennen gelernt, aber ich hatte die Gelegenheit, Donald Gee über den Dienst von Smith Wigglesworth reden zu hören, während ich an einer Konferenz für Diener Gottes teilnahm.

Donald Gee sagte: „Jedes Jahr sprach Wigglesworth an unserer Hauptkonferenz, denn wir wollten, dass unsere jungen Prediger die Wirksamkeit seines prophetischen Dienstes sahen."

„Wigglesworth hatte keinerlei Schulbildung, wenn er also anfing zu predigen, dann stotterte er manchmal und war häufig schwer zu verstehen. Aber wenn der Geist Gottes auf ihn kam, wurde er ein anderer Mensch. Er fing an, prophetisch zu predigen – inspirierte Worte strömten nur so aus seinem Mund."

Die „Assemblies of God"[2] wollten, dass ihre jungen Prediger diesen prophetischen Dienst in Aktion sahen. Es ist interessant, dass Wigglesworth sich selbst nie einen Propheten oder Apostel nannte. Und dennoch gibt es keinen Zweifel daran, dass er in beiden Diensten wirkte, denn die Eigenschaften beider Ämter waren in seinem Dienst offenkundig.

Als ich anfing zu predigen gehörte ich zu den Baptisten, und ich predigte immer mit Notizen. Als ich dann ins pfingstliche Lager wechselte, predigten die wenigsten Pastoren zu jener Zeit mit Notizen. Viele von ihnen waren Inspirationsprediger. Es war erstaunlich, wie Gott sie unter der Inspiration des Heiligen Geistes gebrauchte.

Diese Pfingstprediger wirkten bis zu einem gewissen Grad im Amt eines Propheten. Natürlich bereiteten sie sich vor. Sie studierten das Wort und verharrten vor Gott im Gebet, aber manchmal wussten sie nicht, was sie predigen würden, bis sie aufstanden, um zu reden. Gott gab es ihnen spontan unter der Inspiration des Heiligen Geistes ein.

Vor einigen Jahren sprach der Heilige Geist zu mir bezüglich dieser Dinge, insbesondere über meine Abendveranstaltungen. Tagsüber lehrte ich ausschließlich. Lehre ist logischer und folgt einem bestimmten Muster. Sie entwickelt sich geradlinig entlang bestimmter Schriftstellen.

Aber der Herr sagte mir: „Bereite für die Abendveranstaltungen keine Predigt vor. Verbring deine Zeit einfach im Gebet und im Harren vor mir und sinne über das Wort nach, und ich werde aus deinem Geist das hervorbringen, was die Versammlung gerade braucht. Mach dir keine Sorgen, wenn du nicht schon vorher eine Botschaft hast. Ich gebe sie dir, wenn du dich erhebst, um zu sprechen."

Also fing ich an, dies zu tun. Wenn ich aufstand, um meine Botschaft vorzutragen, dann predigte oder lehrte ich aus Inspiration. Manchmal weiß ich nicht, was meine Botschaft sein wird, bis ich aufstehe, um zu sprechen. Das ist das Amt des Propheten in Aktion. Es kann vorkommen, dass ich die Sänger ein wenig länger singen lasse, bis ich mir in meinem Geist darüber klar bin, in welche Richtung mich der Heilige Geist führen möchte.

Natürlich gibt es Leute, die sich dies aneignen und damit in den Graben geraten. Sie denken, dass ich gesagt hätte: „Du brauchst dich nicht vorzubereiten; Gott wird dir eine Botschaft geben." Das entspricht in keiner Weise dem, was ich sage!

Ein Prophet kann nicht inspiriert predigen oder lehren, wenn er nicht viel Zeit in der Vorbereitung vor dem Herrn verbracht hat. Gott kann das Wort nicht *aus* seinem Geist *hervorholen,* wenn der Prophet keine Zeit damit verbracht hat, das Wort in seinen Geist *hineinzulegen.*

Das Amt des Propheten in Aktion in Predigt und Lehre

Wie ich schon sagte, viele Leute haben das Amt des Propheten falsch verstanden, weil sie erwarten, dass ein Prophet dauernd über Leute weissagt. Doch das ist nur ein kleiner Teil des Dienstes eines Propheten.

Eigentlich ist der prophetische Dienst oftmals in Aktion, und die lieben Leute merken es gar nicht. Das geschieht, wenn jemand prophetisch predigt und lehrt und so in seiner Botschaft die Nöte der Leute anspricht. Der Heilige Geist leitet ihn in dem, was er sagt, so dass es genau das ist, was die Leute hören müssen.

Bei mir zum Beispiel ist es manchmal so, dass ich predige und Dinge spontan sage, von denen ich nicht wusste, dass ich sie sagen würde, aber ich diene auf diese Weise den Leuten durch eine prophetische Botschaft. Der Dienst des Propheten ist in Aktion, aber die Leute beachten es nicht, weil sie auf *spektakuläre Manifestationen* warten und so das *Übernatürliche* verpassen.

Der Prophet kann den Nöten der Leute in seiner Botschaft prophetisch begegnen, weil er empfindsamer für geistliche Dinge und die geistlichen Bedürfnisse der Versammlung ist. In dieser Weise ist er den geistlichen Bedürfnissen der Leute gegenüber sensibler als der Evangelist oder der Lehrer. Er weiß, was der Heilige Geist in einer gegebenen Situation sagen und tun will.

Einmal beispielsweise predigte ich an einem bestimmten Ort, und mitten in meiner Botschaft sprang ich von der Bühne herab. Ich stellte mich direkt vor ein bestimmtes Ehepaar, Leute, von denen ich später erfuhr, dass sie Prediger waren. Ich begann durch Inspiration zu lehren, was die Bibel über die Ehe sagt.

Ich wusste nicht, warum ich von meiner Predigt abgewichen war, um über dieses Thema zu predigen. Aber ich fand später heraus, dass die Frau dieses Pastors zu der Überzeugung gekommen war, dass sie zu geistlich sei, um eine sexuelle Beziehung mit ihrem Mann zu haben.

Ich hatte keinerlei Kenntnis von der Situationen dieses Ehepaars gehabt. Aber diese Art von Predigt unter der Inspiration des Heiligen Geistes war im eigentlichen Sinne prophetischer Dienst in Aktion.

Und dann kommen Leute, die sagen: „Ich dachte, Bruder Hagin ist ein Prophet, aber er predigt und lehrt ja nur!“ Sie verstehen nicht, wie sich der prophetische Dienst manifestiert! Dies war ein Beispiel des prophetischen Dienstes in Aktion, ich lehrte das Wort durch inspirierte Rede unter der Salbung des Heiligen Geistes.

Es kann sogar sein, dass ein Prophet bestimmte Dinge, inspiriert durch den Heiligen Geist, tut oder darstellt. Es ist Gott, der in dieser Weise durch ihn wirkt, um den Leuten auf übernatürliche Weise zu dienen.

Vor einigen Jahren beispielsweise hielt ich eine Versammlung in einer bestimmten Gemeinde in Texas. Der Pastor sagte mir: „Ich habe mich mit dem Gemeindevorstand getroffen und ihnen mitgeteilt: ‚Das Opfer vom Montagabend wird für unsere Kosten erhoben. An jedem anderen Abend soll das ganze Opfer Bruder Hagin gehören.’ Der Vorstand war damit einverstanden.“

An einem Abend dieser Versammlungsreihe stieg ich auf einmal während der Predigt von der Bühne herab und setzte mich neben einen Mann. Ich legte meinen Arm um seine Schulter und sagte zu ihm: „Jemand versucht, mein Opfer zu stehlen. Ein bestimmtes Vorstandsmitglied berief eine Sitzung ein und sagte: ‚Der Gastsprecher bekommt zu viel Geld. Lasst uns die Hälfte davon zurückhalten.’ Ein solcher Mann ist ein Dieb. Er könnte ebenso gut auf dem Heimweg eine Tankstelle ausrauben.“

Zu diesem Zeitpunkt wusste ich nicht, warum ich dies tat und sagte. Es war das Amt des Propheten in Manifestation. Aber ich bemerkte, dass dieser Mann in jeder nur möglichen Farbe anlief. Nachdem ich dies getan hatte, ging ich zurück auf die Bühne und fuhr mit meiner Botschaft fort, wo ich sie unterbrochen hatte.

Nach dem Gottesdienst sagte der Pastor zu mir: „Bruder

Hagin, der Mann, zu dem du dies gesagt hast, war genau jenes Vorstandsmitglied, das die Sitzung einberief und sagte: ‚Bruder Hagin bekommt zu viel Geld. Lasst uns die Hälfte davon zurückhalten.'"

Der Dienst des Propheten war in Aktion, aber die Leute hatten es nicht bemerkt. Im Natürlichen hatte ich kein Wissen um diese Dinge bzw. darüber, was dieser Mann in jener Vorstandssitzung gesagt hatte. Es war ein Wort der Erkenntnis, das sich durch das Amt des Propheten auswirkte. Und ich hatte keine Ahnung, dass ich dies tun und sagen würde; es geschah durch die Inspiration des Heiligen Geistes.

Ähnliche Dinge mögen gelegentlich auch bei anderen Dienstgaben geschehen, aber im Amt des Propheten werden sie mit größerer Regelmäßigkeit auftauchen.

Die Rolle der Musik im Amt des Propheten

Vom Heiligen Geist inspirierte Musik kann oftmals die prophetische Salbung steigern. Im Alten Testament spielte Musik im Dienst des Propheten eine entscheidende Rolle (2. Könige 3:15). Als der Saitenspieler spielte, kam die Hand des Herrn auf den Propheten. Die Hand des Herrn ist der Heilige Geist.

Musik kann manchmal die Salbung, die auf einen Propheten kommt, um prophetisch zu dienen, geistlich verstärken. Wenn er andererseits nicht die richtige Musik zur Verfügung hat, dann kann ihn das hindern. Nicht jede Musik ist geistlich gleich inspirierend.

Oftmals, wenn der Geist Gottes mächtig auf mir ist, brauche ich keine Musik, die mich geistlich inspiriert. Ich stehe einfach auf, hebe ab und weissage, indem ich durch inspirierte Rede predige oder lehre.

Aber manchmal, wenn der Heilige Geist sich mächtig erweist und jemand die falsche Art von Musik singt oder spielt, dann kann das dazu führen, dass die Salbung abnimmt. Wenn die Musik andererseits geistlich inspirierend ist, dann kann die Salbung dadurch verstärkt werden.

Ich hielt einmal eine Versammlung in einer bestimmten Gemeinde und während das Opfer eingesammelt wurde, spielte das Orchester ein besonders gesalbtes Lied. Der Geist Gottes kam auf mich, und als ich aufstand, um zu predigen, war ich sogleich im Geist. Die prophetische Salbung zu weissagen kam auf mich und ich diente zwei Stunden lang im Geist.

Unter dieser „schweren" Salbung sah ich in den Bereich des Geistes hinein. Ich diente mehreren Predigern. Durch das Wort der Erkenntnis hörte ich im Geist etwas, was ein Prediger in der Zuhörerschaft einige Tage zuvor zu jemandem gesagt hatte. Unter der Salbung des Heiligen Geistes war ich in der Lage, diesem Prediger auf übernatürliche Weise zu dienen.

Warum diene ich nicht in jeder Versammlung in dieser prophetischen Art und Weise? Weil ich nur so dienen kann, wenn der Geist es will. Nicht ich bestimme, was läuft; nicht ich bin das Haupt der Gemeinde. Und ich werde nicht irgendetwas fabrizieren oder herbeizaubern.

Wenn der Heilige Geist sich nicht so erweist, dann gibt es nichts, was ich tun könnte, um dies zu ändern. Dies ist der Punkt, wo manche Leute in den Einflussbereich okkulter Mächte kommen! Obwohl der Heilige Geist sich in einem bestimmten Moment nicht durch die Gaben des Geistes erweist, versuchen *sie* dennoch, etwas geschehen zu lassen.

Es ist nicht notwendig, in jedem Gottesdienst eine übernatürliche Erweisung des Heiligen Geistes durch die Gaben des Geistes zu haben. Wenn es nötig wäre, dann würde sich der Heilige Geist in dieser Art erweisen, denn Er hat den Oberbefehl und plant die Erweisung der Kraft Gottes.

Ein Prophet kann geistlich gesehen vom Weg abkommen, wenn er meint, dass Gott sich in jeder Versammlung durch die Gaben des Geistes erweisen muss. Der Heilige Geist kann sich durch Seine Gaben erweisen, vielleicht tut Er es aber auch nicht; es ist Seine Sache, nicht die von Menschen.

Der neutestamentliche Prophet ist ein Seher

Ein weiteres Element des prophetischen Dienstes besteht darin, dass der Prophet ein Seher ist. Ein *Seher* ist jemand, der mittels der Gabe der Unterscheidung der Geister in den Bereich des Geistes sieht. Eine Vision ist eine Manifestation der Gabe der Unterscheidung der Geister in Aktion.

Die Gabe der Unterscheidung der Geister kann auch von einem Wort der Weisheit oder einem Wort der Erkenntnis begleitet werden. Aber die Vision selbst ist die Gabe der Unterscheidung der Geister in Aktion, denn sie gestattet es dem Propheten, im Bereich des Geistes zu *sehen* und zu *hören.*

Viele Propheten im Alten und im Neuen Testament waren Seher. Offenbarungsgaben des Geistes waren in ihrem Dienst regelmäßig und beständig wirksam.

Die Offenbarungsgaben, die einen Propheten dazu qualifizieren, in diesem Amt zu stehen, sind das Wort der Erkenntnis und/oder das Wort der Weisheit und die Gabe der Unterscheidung der Geister plus Weissagung.

Weissagung ist unabdingbar, weil es die inspirierte Rede ist, die den Propheten befähigt, das auszusprechen, was der Herr ihm gegeben hat. Das habe ich mir nicht selbst ausgedacht. Jesus sagte es mir, als Er mir im Jahr 1959 erschien und mit mir über das Amt des Propheten sprach. (Für ein weiterführendes Studium dieses Themas siehe Rev. Kenneth E. Hagin's Buch *Die Dienstgaben* und *Der Heilige Geist und Seine Gaben*.)

Jedermann kann gelegentlich ein Wort der Erkenntnis, ein Wort der Weisheit oder die Gabe der Unterscheidung der Geister in seinem Leben erfahren. Aber beim Propheten werden diese Offenbarungsgaben mit größerer Regelmäßigkeit in Erscheinung treten.

Lasst mich ein Beispiel für das Sehen und Hören im Geist und das übernatürliche Erkennen von Dingen im Amt des Propheten geben. Ich predigte in einer Versammlung und plötzlich sah ich in den Bereich des Geistes. Es betraf einen Mann in der

Versammlung. Ich zeigte auf diesen Mann und sagte: „Wenn ich falsch liege, dann sag einfach: ‚Du liegst falsch.'"

„Du bist ein Pastor", sagte ich zu ihm. „Ich sah dich vor drei Tagen in deinem Büro stehen und aus dem Fenster schauen. Drei Dinge beschäftigten dich. Zum einen die Finanzen der Gemeinde, dann der Gedanke, die Gemeinde zu verlassen; und das dritte Problem betraf eine familiäre Angelegenheit."

Er sagte: „Das stimmt genau."

Dann teilte ich ihm durch den Geist mit, was der Herr sagte, was in jeder dieser Angelegenheiten zu tun wäre, und wie der Herr jedes Problem lösen würde.

Ich möchte euch etwas Bestimmtes vermitteln. Das war sicherlich Offenbarung, nicht wahr? Es war eine Erweisung des Wortes der Erkenntnis, das mit der Gabe der Unterscheidung der Geister im Amt des Propheten zusammenwirkte.

Aber obwohl es eine Offenbarung war, hatte es nichts damit zu tun, dass der lehrmäßigen Grundlage des Neuen Testaments etwas hinzugefügt worden wäre. Heutigen Propheten kann zwar etwas offenbart werden, aber es wird *niemals* etwas sein, das der lehrmäßigen Grundlage der Bibel etwas hinzufügt. Es wird lediglich auf der Grundlage aufbauen, die bereits gelegt worden ist.

Also ist ein echter neutestamentlicher Prophet in aller erster Linie ein Prediger oder Lehrer des Wortes. Zweitens predigt oder lehrt er durch inspirierte Rede. Drittens hat er Offenbarungsgaben sowie Weissagung, die regelmäßig in seinem Leben und Dienst wirksam sind. Viertens ist er ein Seher; er sieht in den Bereich des Geistes, wenn der Heilige Geist es erlaubt. Diese schriftgemäßen Qualifikationen bestimmen das Amt des neutestamentlichen Propheten.

Endnoten

[2] Eine amerikanische Pfingstdenomination; sie entspricht der „Gemeinde Gottes" in Deutschland.

Kapitel 7

Sollen Gläubige durch Propheten geleitet werden?

Wie ich sagte, in der Vision von 1959 betonte Jesus die Rolle des Propheten unter dem Neuen Bund, indem Er erklärte: „Propheten sind im Neuen Bund nicht dazu da, das Leben von Leuten zu *leiten,* zu *führen* oder sonstige *Wegweisung* zu geben.“

Vor diesem Hintergrund kannst du verstehen, dass Gläubige viele Probleme in ihrem Leben erzeugen können, indem sie zu einem Propheten gehen, wenn sie Wegweisung und Führung brauchen, denn wir sollen vom Geist Gottes geleitet werden (Röm. 8:14), nicht von Propheten.

Das Leben anderer leiten zu wollen ist Wahrsagerei

Ich kenne erfolgreiche Leute, die in ihrem Geschäft Bankrott erlitten haben, weil sie dem Rat eines sogenannten Propheten gefolgt sind. Einige dieser Leute waren sehr erfolgreich, hatten Millionen von Dollars und schöne, palastartige Häuser. Aber sie verloren alles, weil sie versuchten, der Führung irgendeines sogenannten Propheten zu folgen.

Hier ein Beispiel: Ich predigte in einem bestimmten Staat, und ein wohlhabender Geschäftsmann kam zu einer meiner Versammlungen. Ich hatte ihn bereits einmal getroffen und ich wusste, dass er wohlhabend war, aber darüber hinaus wusste ich nichts von ihm. Aber in dem Augenblick, als ich ihn in meine Versammlung kommen sah, sprach der Herr zu mir über ihn. Unter der Führung des Herrn berichtete ich ihm später, was der Herr mir gesagt hatte.

Dieser Mann besass ein palastartiges Haus und mehrere teure Autos und war sehr erfolgreich in seinem Geschäft; er hatte ein Vermögen von mehreren Millionen Dollars. Er hatte Bediens-tete, ein Privatflugzeug und seine Kinder fuhren neue, teure Autos. Aber dann fing er an, jedes Mal bevor er irgendein Geschäft einging, zu einer sogenannten Prophetin zu gehen, um von ihr Rat und Wegweisung zu empfangen. Der Herr sagte mir, dass er alles verlieren würde, wenn er weiterhin auf sie hörte.

Eigentlich sind Leute, die versuchen, durch das Amt des Propheten das Leben anderer Leute zu leiten, nichts anderes als Wahrsager. Viele Leute haben nicht genug Verstand, um dies zu erkennen. Diese Frau versuchte, die Geschäfte dieses Mannes durch „geistliche Gaben" zu führen. Aber es war nicht der Heilige Geist, der durch sie wirkte; sie war nichts anderes als eine Wahrsagerin.

In 1. Thessalonicher 5:20,21 sagt die Bibel: *„Weissagungen verachtet nicht, prüft aber alles, das Gute haltet fest!"* Wir sollen Weissagungen nicht verachten. Aber auf der anderen Seite sollen wir auch nicht alles glauben, was irgendjemand uns weissagt. Die Bibel fordert uns auf, alles zu *prüfen* und herauszufinden, ob es von Gott kommt.

Der Rat dieser Frau war offensichtlich nicht von Gott. Christen, die versuchen, Gottes Führung oder Wegweisung für ihr Leben durch einen Propheten zu finden, stehen auf gefährlichem Boden. Dieser Geschäftsmann hätte genug gesunden *Menschen*verstand haben sollen, um zu wissen, dass der Rat dieser „Prophetin" nichts taugte, nachdem alle seine Geschäfte aufgrund ihrer Anweisungen vor die Hunde gingen!

Nebenbei sollte ein Geschäftsmann auch noch etwas *Geschäftssinn* haben! Und wenn er Führung in geschäftlichen Dingen braucht, sollte er zuerst den Rat *Gottes* suchen. Wenn es dann immer noch nötig ist, kann er sich mit anderen beraten, die Erfahrung in geschäftlichen Dingen haben.

Ich sagte diesem Geschäftsmann, was der Herr mir aufgetragen hatte. Ich sollte ihm mitteilen, dass er alles verlieren würde, wenn er nicht aufhörte, auf diese Frau zu hören, die behauptete, eine Prophetin zu sein. Aber manche Leute hören nur, was sie hören wollen. Er erzählte jemandem, dass ich mit dem einverstanden wäre, was er tat. So fuhr er fort, von dieser sogenannten Prophetin Rat zu holen, bis er alles verlor und Bankrott erlitt.

Dieser Geschäftsmann war so verblendet, dass er kein Geschäft mehr tätigte, ohne diese Frau anzurufen. Einige solcher falschen Propheten und Prophetinnen machen sich die Leute zur Beute, um ihr Geld zu bekommen. Sie sind ebenso wenig Propheten und Prophetinnen, wie ich ein Astronaut bin. Aber nur weil manche Leute in die Irre gehen, bedeutet das nicht, dass wir den ganzen prophetischen Dienst über Bord werfen sollen.

Ein echter Prophet wird nicht versuchen, das Leben der Leute durch dieses Amt zu führen und zu leiten. Ein Prophet sollte sehr vorsichtig sein, was den Bereich persönlicher Weissagung angeht. Aus diesem Grund sage ich oft zu den Leuten, denen ich durch das prophetische Amt diene: „Kannst du damit etwas anfangen? Stimmt das mit dem überein, was du bereits in deinem eigenen Herzen hast? Wenn es nicht mit dem Zeugnis deines Geistes übereinstimmt, dann beachte nicht, was ich gesagt habe."

Propheten, die sich für Wahrsagegeister öffnen

Weil Propheten nicht in der Gemeinde eingesetzt sind, um das Leben der Leute zu führen und zu leiten, werden sie geistlich gesehen vom Kurs abkommen, wenn sie versuchen, dies zu tun. Sie werden sich für okkulte Kräfte und Wahrsagegeister[1] öffnen.

Hier ist ein Beispiel. Ich hielt eine Versammlung in einer bestimmten Stadt und war bei einem wohlhabenden Geschäftsmann untergebracht, der Mitglied der Gemeinde war, in der ich diente. Der Mann war Besitzer eines Einkaufszentrums und sehr erfolgreich in seinem Geschäft.

Dieser Geschäftsmann fragte mich: „Bruder Hagin, kennst du Herrn so und so?" und erwähnte einen bestimmten Prediger.

Ich kannte den Mann nicht persönlich, aber ich hatte von ihm gehört. Ich bin überzeugt, dass der Mann, von dem er sprach, von Gott berufen war und früher aufrichtig vor Gott gewandelt war und seinen Dienst getan hatte. Aber dann fing er an, sich falschen Geistern zu öffnen.

Der Geschäftsmann sagte: „Unsere Gemeinde half mit, eine Versammlung dieses Predigers hier in der Stadt zu finanzieren. Fast jeden Tag kam er zu mir ins Büro und wir unterhielten uns oder aßen zusammen zu Mittag."

„Ich hatte ein Erbstück – einen siebenkarätigen Diamantring – den ich von meinem Vater geerbt hatte, ich trug ihn nur sehr selten. Ich hatte ihn in ein Taschentuch eingewickelt in die rechte, hintere Ecke meines Wäscheschranks im Schlafzimmer gelegt."

„Eines Tages, als dieser Prediger in mein Büro kam, wandte er sich zu mir und sagte: ‚Du hast einen siebenkarätigen Diamantring, den du von deinem Vater geerbt hast. Er liegt, eingewickelt in ein Taschentuch, in der rechten hinteren Ecke der dritten Schublade deines Wäscheschranks. Gott sagt, du solltest ihn herbringen und mir geben.'"

Das ist übernatürliches Wissen, nicht wahr? Es ist nicht nur übernatürliches Wissen, sondern *spektakuläres* Wissen. Aber denk daran, auch der Teufel wirkt im übernatürlichen Bereich. Hab Acht auf Leute, die dir die Ringe von den Fingern und das Geld aus der Tasche weissagen! Halte dich fern von solchen Leuten.

Der Geschäftsmann fragte mich: „Wie konnte dieser Prediger von diesem Ring wissen? Ich hatte es nie jemandem gesagt. Kein Mensch wusste von diesem Erbstück außer meiner Frau und mir. Ich dachte natürlich, *das muss Gott sein!* Also ging ich nach Hause, holte den Ring, brachte ihn ins Büro und gab ihn dem Mann."

„Ungefähr eine Woche später kam der Prediger in mein Büro und jemand stieß mit ihm zusammen und verärgerte ihn, so dass er anfing, zu fluchen. Der Prediger beendete die Versammlungen und verließ die Stadt. Kurz nachdem er die Stadt verlassen hatte, kamen zwei junge Männer zu mir und sagten: ‚Während dieser Mann in unserer Stadt war, verführte er uns zu homosexuellen Handlungen.'"

Dieser Geschäftsmann sagte zu mir: „Ich dachte: *Oh Herr, ich habe Gott falsch verstanden! Dieser Mann wandelt nicht einmal mit Gott. Er lebt in Sünde! Und jetzt hat er auch noch meinen Diamantring!"*

Kurz nach diesem Vorfall hielt ich eine Versammlung für einen Pastor und eben dieser Prediger kam, um die Gemeinde jenes Pastors zu besuchen. Dieser Prediger wurde in geistlichen Gaben gebraucht und hatte einmal einen wunderbaren Heilungsdienst gehabt. Sogar Ärzte bestätigten die übernatürlichen Heilungen und waren erstaunt über ihre Qualität.

Aber du musst wissen, dass ein Diener Gottes, wenn er nicht vorsichtig ist, stolz und überheblich werden kann, wenn Gott ihn gebraucht hat, so dass er sich sogar von Gott abwenden und in Sünde geraten kann. Oder er fängt an, sein Hauptaugenmerk auf Geld zu richten und verliert so die Salbung Gottes.

Wie dem auch sei, der Pastor lud diesen Prediger ein, auf die Bühne zu kommen, um ein paar Worte an die Anwesenden zu richten. Als ob jemand direkt hinter mir stünde, hörte ich den Heiligen Geist sagen: „Okkulte Mächte. Wahrsagegeister." Diese waren es, die durch ihn wirkten, und durch diese hatte er von dem Erbstück, dem Diamantring dieses Geschäftsmannes, erfahren!

Ungefähr zur selben Zeit rief mich ein Freund an und sagte: „Dieser Diener Gottes ist in der Stadt und predigt. Er erzählt überall, dass er ein Prophet sei. Nach einer Versammlung stellte ich ihn und fragte: ‚Wenn du im geistlichen Bereich etwas hörst, woher weißt du dann, dass du auf die richtige Stimme hörst?'"

„Dieser Prediger antwortete: ‚Nun, ich bin mir nicht sicher, ob ich auf die richtige Stimme höre. Ich vertraue einfach Gott dafür, dass Er es ist, der zu mir spricht.'"

Ein solches Vorgehen ist nicht nur geistlich unreif, es ist gefährlich! Ein Prophet sollte die Stimme Gottes genau kennen!

Dann fragte mein Freund weiter: „Wie oft stimmt das, was diese Stimme sagt? Immer?"

Er antwortete: „Oh, in ungefähr achtzig Prozent der Fälle ist sie richtig."

Solche Leute spielen nur geistlichen Dienst! Sie spielen mit heiligen Dingen. Und vieles davon geschieht auch heute noch.

Es gibt Hoffnung für jeden von uns, wenn wir uns selbst richten, aber dieser Knabe landete schließlich auf dem geistlichen Müllhaufen. Gott musste den Dienst dieses Mannes beenden, weil er nicht bereit war, auf den richtigen Weg zurückzukehren.

Selbst als der Heilige Geist nicht in dieser Weise wirkte, versuchte jener Prediger, in den geistlichen Gaben zu wirken, um so das Leben der Leute leiten zu können. Und weil dies nicht schriftgemäß ist, öffnete er sich für den Teufel und fing an, auf Wahrsagegeister zu hören.

Wahrsagegeister sind böse Geister, die mit dem Leben und der Umgebung von Menschen bekannt sind. Sie wissen bestimmte Tatsachen über diese Leute, auch über Gläubige, und diese Tatsachen entsprechen oftmals der Wahrheit. Sie kennen die Namen und Adressen der Leute, sowie verschiedene Details aus ihrem Leben, und sie können das, was sie wissen, an Leute weitergeben, die sich ihnen öffnen.

Natürlich sind solche eingeschleusten Geister nicht allwissend – sie haben kein vollständiges Wissen, also wissen sie nicht *alles* über die Leute. Nur Gott ist allwissend. Aber solche eingeschleusten Geister wissen manche Dinge aus dem Leben von

Leuten. Sie können zum Beispiel wissen, wie viel Geld jemand in seiner Brieftasche trägt oder was er sonst in den Taschen hat.

Auch der Heilige Geist weiß diese Dinge, und er könnte sie durch die Gaben des Geistes offenbaren, wenn Er wollte. Aber warum sollte Er dies tun wollen? Welchem Zweck sollte es dienen zu wissen, was jemand in der Tasche hat? Warum sollte Gott durch so etwas verherrlicht werden? Nein, sondern solche Dinge entsprechen in typischer Weise dem Werk von eingeschleusten Geistern.

Der Heilige Geist offenbart Dinge, die Gott verherrlichen. Er könnte zum Beispiel das Gebrechen einer Person offenbaren, um sie dann zu heilen! Dadurch würde Gott verherrlicht werden.

Aber dieser Prediger rief Leute aus der Versammlung auf und nannte ihnen ihren Namen und ihre Adresse. Danach sagte er: „Ich kann dir genau sagen, was du in deiner Tasche hast. Du hast darin einen Schreiber und eine Packung Zigaretten“, und dann fuhr er fort und nannte vor aller Ohren die Zigarettenmarke.

Aber es war nicht der Heilige Geist, der da wirkte. Der Prediger diente der Person nicht, indem er sie durch die Kraft des Heiligen Geistes vom Rauchen freisetzte! Er wollte nur die Aufmerksamkeit auf sich ziehen, indem er außergewöhnliche, übernatürliche Erkenntnis zur Schau stellte.

Auch Gott weiß all diese Dinge und Er *könnte* in dieser Weise durch einen Propheten handeln. Aber Er erweist sich nicht sehr häufig auf diese Art; Er tut dies nur, wenn es einer klaren Absicht dient und um jemandem zu helfen, so dass Gott letztendlich verherrlicht wird.

Aber oftmals, wenn Wahrsagegeister durch Menschen wirken, denken die Leute in ihrer Naivität: *Ist das nicht übernatürlich!* Und einige Leute werden vielleicht sogar geheilt, weil sie anfangen, Gott zu glauben.

Ich habe zur Zeit der großen Heilungserweckung in Amerika einige Prediger gesehen, die mittels eingeschleuster Geister wirkten. Sie konnten dir sagen, was du in deiner Tasche hattest, sie kannten deinen Namen, deine Adresse und so weiter. Aber es war keine göttlich inspirierte Rede. In den meisten Fällen, wenn Leute so wirken, tun sie es mit Hilfe von eingeschleusten Geistern.

Einmal rief mich ein Prediger an, um mit mir über einen anderen Prediger zu reden, den wir beide aus der Zeit der großen Heilungserweckung kannten. Er fragte mich, ob ich ihn empfehlen könnte. Ohne ihm direkt zu antworten fragte ich: „Warum fragst du mich, ob ich ihn empfehlen kann?"

Er antwortete: „Ich weiß nicht. Ich nahm an einem seiner Gottesdienste teil und ich habe zwar nichts gesehen, was offensichtlich falsch war, aber da war einfach etwas, was bei mir ein ungutes Gefühl hinterließ. Er sagt, er sei ein Prophet. Er rief mich an mit der Bitte, dass meine Gemeinde eine seiner Versammlungen finanziell unterstützen sollte. Irgendetwas in meinem Inneren sträubt sich dagegen. Aber ich weiß nicht, warum."

Ohne etwas Negatives über diesen Prediger zu sagen, antwortete ich: „Folge deinem Geist! Dein Geist leitet dich richtig."

Ich musste diesem Pastor etwas sagen, um ihn zu warnen, denn ich wusste, dass dieser Prediger in anderen Gemeinden für Unruhe gesorgt hatte, und dass er auch die Gemeinde dieses Pastors durcheinanderbringen würde. Aber ich wollte nichts Kritisches über ihn sagen, also bestätigte ich einfach, was dieser Pastor bereits in seinem eigenen Geist wahrnahm.

Dieser sogenannte Prophet wirkte manchmal durch den Heiligen Geist, aber dann öffnete er sich eingeschleusten Geistern und fing an, durch diese okkulten Mächte zu wirken. Und bevor man sich versah, war er dabei, den Leuten das Geld aus der Brieftasche zu weissagen. Aus diesem Grund hinterließ er überall, wo er predigte, einen schlechten Eindruck und konnte zu keiner der Gemeinden zurückkehren, in denen er zuvor gedient hatte.

Der Dienst dieses Mannes war schon allein durch die Tatsache verdächtig, dass er versuchte, jemanden dazu zu bringen, seine Versammlung zu finanzieren. Ich musste in meinem Dienst noch nie jemanden anrufen, um finanzielle Unterstützung zu bekommen. Wenn du dort, wo du predigst, einen guten Eindruck hinterlässt, dann werden die Leute dich wieder einladen und du wirst nicht in die Lage kommen, dass du herumtelefonieren musst, um jemanden zu finden, der deine Versammlungen bezahlt.

Wenn der Dienst einer Person im Wort gegründet ist, dann wird er letztendlich erfolgreich sein. Wenn ein Prediger die Leute mit dem Wort ernährt, dann wird sein Dienst ihm den Weg bahnen. Aber wenn jemand versucht, durch außergewöhnliche Erweisungen zu dienen, und das ohne den Heiligen Geist, dann wird er in große Probleme geraten. Sein Dienst wird bald zu einem Ende kommen.

Manchmal ist der Grat zwischen Fanatismus und echter Geistlichkeit recht schmal und der Unterschied zwischen falschen und echten Manifestationen geistlicher Gaben schwer zu erkennen. Viele sind nicht in der Lage, den Unterschied zu erkennen, aber der Leib Christi sollte fähig sein, dies zu tun. Der Heilige Geist wird die Aufmerksamkeit immer auf Gott lenken und das Wort und den Herrn Jesus erhöhen, nicht Menschen.

Kürzlich predigten meine Frau und ich für eine bestimmte Gruppe und nach der Botschaft wandte ich mich an den Pastor und sagte: „Ich könnte falsch liegen, denn ich bin auch nur ein Mensch; ich kann Fehler machen. Und manchmal ist es schwierig, die Dinge im Geist zu unterscheiden. Aber du bist entweder durch schwere *körperliche* Anfechtung gegangen oder du hattest im letzten Jahr einen enormen *geistlichen* Kampf durchzustehen. Wenn ich damit falsch liege, dann sage es ganz offen."

Der Pastor begann zu weinen und sagte: „Bruder Hagin, ich habe schwere körperliche Anfechtung erfahren."

Ich sagte: „Nun, hier ist das, was ich in meinem Geist habe. Ich glaube, dass der Herr mich aufgefordert hat, es dir zu sagen: ‚Es ist zu Ende damit. Der Kampf ist vorbei!'"

Der Pastor sagte zu mir und zu seiner Versammlung: „Ich habe keinem von euch etwas davon erzählt, aber vor fünfzehn Jahren hatte ich einige ernsthafte körperliche Probleme. Ich ging zu einigen der besten Ärzte Amerikas und sie stellten eine Diagnose." Er nannte den Namen einer sehr seltenen Krankheit.

„Die Ärzte sagten mir: ‚Es gibt nichts, was wir für Sie tun können. Es wird immer schlimmer werden und Sie werden schließlich daran sterben.' Aber indem ich Gott für meine Heilung glaubte, gewann ich die Oberhand über diese Situation. Fünfzehn Jahre lang ist es mir nun gut gegangen. Aber letztes Jahr kamen auf einmal alle Symptome dieser Krankheit zurück. Ich hatte schreckliche Schmerzen. Aber, Bruder Hagin, als du ausgesprochen hast, was der Herr gesagt hatte – dass der Kampf vorbei ist – da verschwand jeglicher Schmerz!"

Ich sah ihn einen Monat später an einer Konferenz und er war noch immer vollständig geheilt und frei von dieser Krankheit. Dies ist die Art von außergewöhnlichen Erweisungen der Gaben des Geistes, die mit dem Wort übereinstimmen!

Wenn der Heilige Geist sich manifestiert, dann werden Menschen geheilt und befreit; Gott wird verherrlicht, nicht ein Prophet.

Weissagung außer Rand und Band

Es gibt heutzutage sogenannte Propheten, die lehren, dass sie immer weissagen können, wenn sie jemandem die Hände auflegen. Das ist Unsinn! Sie lehren, dass ein Prophet im Glauben stehen kann, um den Leuten prophetisch zu dienen. Das ist nicht nur unmöglich, sondern auch unschriftgemäß. Das Amt des Propheten erweist sich nur durch die Salbung des Geistes Gottes, und zwar so wie *Er* will.

Warum erschien Jesus mir vor über dreißig Jahren, um mir mitzuteilen, dass Er Propheten nicht in der Gemeinde eingesetzt hat, um die Gemeinde durch sie zu leiten oder den Leuten ins Leben zu reden? Weil wir damals dieselben Probleme hatten wie heute. Diese Probleme kommen einfach mit jeder neuen Generation wieder an die Oberfläche.

Heute, ungefähr dreißig Jahre später, ist eine neue geistliche Generation herangewachsen, und wir sehen dasselbe Problem wie damals erneut auftauchen. Die Leute nehmen Prophetie und das Amt des Propheten und verlassen den Rahmen, der diesen Dingen gesetzt ist.

Ich bekomme zum Beispiel dauernd Briefe, in denen Leute mich fragen, ob ich für sie weissagen würde – und zwar sogar über lapidare Fragen wie Gemeindezugehörigkeit! Manchmal möchte ich am liebsten zurück schreiben: „Wenn du nicht einmal weißt, in welche Gemeinde du gehen solltest, dann befindest du dich in einem sehr armseligen geistlichen Zustand!“

Die Leute brauchen niemanden, der ihnen weissagt, in welche Gemeinde sie gehen sollen. Wer so etwas glaubt, gerät mit dem Amt des Propheten außer Rand und Band und somit in einen Bereich von Exzess. Die Bibel sagt, dass die Gläubigen vom Geist Gottes geleitet werden sollen. Sie sollten wissen, wie man in solchen Belangen dem eigenen Geist folgt.

Ein Mann kam einmal nach einem Seminar zu mir und bat mich, für ihn zu beten. Er war die letzten sieben Jahre in eine bestimmte Gemeinde gegangen, aber er spürte, dass Gott ihn dazu bewegte, die Gemeinde zu wechseln und zu einer Gemeinde zurückzukehren, die er davor besucht hatte.

Er sagte zu mir: „Ich möchte, dass du für mich betest, dass der Herr mich darin leitet, in welche Gemeinde ich gehen soll.“

Ich begann übereinstimmend mit ihm zu beten, aber in meinem Inneren sagte der Heilige Geist: „Frage ihn, was er in seinem Herzen hat.“ Also hörte ich auf zu beten und fragte ihn: „Was sagt dein Geist dir? Was hast du in deinem Herzen?“

Er fing an zu lachen und sagte: „Ich sollte in diese erste

Gemeinde zurückkehren." Er wusste es die ganze Zeit über. Gott führte ihn schon die ganze Zeit. So sollten wir geführt werden – durch unseren eigenen Geist – nicht durch Propheten!

Es scheint so, als ob wir dauernd in den Graben geraten: Entweder wir wenden uns in Folge solcher Auswüchse ganz und gar vom Amt des Propheten und von Weissagung ab; oder wir werden fanatisch und extrem in der Ausübung dieser Dinge.

Aber du solltest verstehen, dass Gott will, dass wir das Amt des Propheten und Weissagung auf der soliden Grundlage des Wortes aufbauen, wie wir es schließlich auch mit allen anderen wichtigen Bereichen tun sollten.

Die Überlieferung besagt, dass in der Gemeinde in Thessaloniki so viel Weissagung zu hören war, dass die Leute dort diese Gabe beinahe verachteten. Darum musste Paulus dieser Gemeinde schreiben und sie belehren: *„Den Geist löscht nicht aus! Weissagungen verachtet nicht, prüft aber alles, das Gute haltet fest!"* (1. Thess. 5:19-21).

Gott möchte, dass wir geistlich gesehen auf der Mitte der Straße bleiben und uns der schriftgemäßen Wirksamkeit des prophetischen Amtes und der schriftgemäßen Gabe der Weissagung oder Prophetie erfreuen können.

Lass dich vom inneren Zeugnis leiten, nicht von Propheten

Als Jesus mir im Jahr 1959 erschien, betonte Er, dass die Gläubigen durch das *innere Zeugnis* geleitet werden sollen, nicht durch das Amt des Propheten. Kurze Zeit, bevor Er mir erschien, war ich eingeladen, eine Versammlung für einen bestimmten Pastor zu halten. Jedes Mal, wenn ich versuchte, ihm eine Bestätigung für mein Kommen zu schreiben, warf ich, ohne darüber nachzudenken, den Brief wieder weg. Ich fühlte mich in meinem Geist einfach nicht wohl, in seine Gemeinde zu gehen, um dort zu predigen.

Aber wenn wir nicht vorsichtig sind, können wir uns in den natürlichen Bereich zurückziehen, mit dem Verstand argumentieren und das innere Zeugnis übergehen. Das tat ich in diesem Fall. Ich zog mich auf die Verstandesebene zurück und dachte: *Was könnte es schaden, in diese Gemeinde zu gehen. Ich werde ja sowieso in dieser Gegend sein. Warum sollte ich an einen anderen Ort reisen, um dort zu predigen?*

Aber während ich Gott weiter um Führung bat, wohin ich gehen sollte, um zu predigen, kam die Erinnerung an einen bestimmten Pastor in meinen Geist. Er hatte eine kleinere Gemeinde und hatte mich angefragt, ob ich zu ihm kommen könnte, um eine Versammlung für ihn zu halten.

Zuerst achtete ich nicht auf diesen inneren Hinweis des Heiligen Geistes. Aber nach ein paar Wochen stieg dieser Pastor immer wieder vor dem Auge meines Geistes auf. Schließlich sagte ich zum Herrn: „Du willst doch sicher nicht, dass ich in seiner Gemeinde diene?“ Aber je länger ich darüber nachdachte, desto mehr hatte ich in meinem Geist ein gutes Gefühl dabei. Ich hatte sozusagen grünes Licht in meinem Geist.

Kurz nach diesem Erlebnis erschien mir der Herr; und damals lehrte Er mich auch über die übernatürliche Führung des Heiligen Geistes. Er sagte: „Du konntest nicht zu dieser ersten Gemeinde gehen, um dort zu dienen, weil du innerlich, in deinem Geist, ein ungutes Gefühl hattest, dorthin zu gehen. Das war ein Stoppschild, ein Rotlicht oder ein Widerstand in deinem Geist. Das ist das innere Zeugnis. Es ist nicht wirklich eine Stimme, aber es einfach etwas in dir, das dir sagt, etwas nicht zu tun. Lerne es, diesem inneren Zeugnis zu folgen!“

Jesus fuhr fort: „Jetzt siehst du, wie ich hier sitze, und du hörst mich zu dir reden und sagen: ‚Geh nicht in diese Gemeinde. Der Pastor dort wird die Art und Weise, wie du dienst, nicht annehmen.’ Aber das war das letzte Mal, dass ich dich in dieser

Weise leite. Ich leite dich wie jeden anderen Gläubigen durch das innere Zeugnis.“

Jesus erklärte: „In deinem Inneren hattest du eine Eingebung, dass du zu einer anderen Gemeinde gehen solltest. Du hast sie missachtet, aber sie kam immer wieder. Das war das grüne Licht in deinem Geist, in jene andere Gemeinde zu gehen, das war die Führung des Heiligen Geistes. Das Unwohlsein, dass du bei dem Gedanken empfunden hast, in die andere Gemeinde zu gehen, war ein Stoppschild in deinem Geist.“

Jesus sagte mir in dieser Vision: „Wenn du lernst, diesem inneren Zeugnis zu folgen, werde ich dich reich machen. Ich habe nichts dagegen, dass meine Kinder reich sind. Ich habe etwas dagegen, wenn sie habgierig sind.“

Jesus sagte nicht, dass alle Seine Kinder Millionäre sein würden. Reich zu sein bedeutet, volle Genüge zu haben. Jesus sagte, dass er jedem Seiner Kinder volle Genüge geben würde, wenn sie es lernten, dem inneren Zeugnis zu folgen – nicht einem Propheten oder dessen Weissagung.

Vor Jahren, als jedermann Zeltversammlungen hielt, wurde mir immer und immer wieder geweissagt, dass Gott wollte, dass ich mir ebenfalls ein Zelt kaufte. Aber weißt du, Gott hatte *mir* niemals gesagt, dass ich mir ein Zelt kaufen sollte. Tatsächlich hatte Gott mir gesagt, dass ich dabei bleiben sollte, in den Gemeinden zu lehren und zu predigen. Was mir diese Leute weissagten, stimmte also nicht mit der Führung Gottes in meinem eigenen Geist überein. Die Bibel sagt, dass wir durch den Heiligen Geist in unserem eigenen Geist geleitet werden sollen – nicht durch das, was jemand uns weissagt.

Darum lächelte ich nur und antwortete: „Nun, wenn Er es mir sagt, dann werde ich es tun.“ Ich wusste in meinem eigenen Geist, wozu Gott mich beauftragt hatte.

Ich werde nicht versuchen, den Leuten durch das Amt des Propheten oder durch Weissagung Wegweisung zu geben. Und ich werde es auch nicht zulassen, dass jemand mein Leben durch Weissagung bestimmt. Auch du solltest dies nicht tun. Ich werde selbst das Wort erforschen und den Willen Gottes für mich herausfinden. Schließlich habe ich selbst eine Beziehung zu Ihm, und wenn du Ihm glaubst, hast du sie ebenfalls.

Das bedeutet nicht, dass wir uns gegenüber gesundem, weisem Rat, der mit dem Wort übereinstimmt, verschließen sollten, aber unser Leben ist zu kostbar, um von dem geleitet zu werden, was andere Leute über uns weissagen.

Wenn man nach dem Außergewöhnlichen sucht, verpasst man das Übernatürliche

Zu viele Gläubige warten darauf, dass jemand vorbei kommt, über ihnen weissagt und ihnen mitteilt, was sie tun sollen, obwohl sie doch durch ihren eigenen Geist geleitet werden können und sollen.

Der Heilige Geist sagte einmal zu mir: „Mein Volk wartet auf das Außergewöhnliche und verpasst dabei das Übernatürliche." Gott führt Sein Volk nicht sehr oft durch ein spektakuläres, übernatürliches Wirken des Heiligen Geistes. Aber das innere Zeugnis *ist* übernatürlich, denn es ist der Heilige Geist, und dies ist der vorrangige Weg, wie Gott Sein Volk leitet.

Gott setzte Propheten und Weissagung nicht in der Gemeinde ein, um dadurch unsere persönlichen Angelegenheiten zu verwalten. Oftmals geraten Leute ins Unglück, wenn sie versuchen, durch einen Propheten geleitet zu werden; man kann so sein Leben verpatzen.

Ich habe von dem wohlhabenden Geschäftsmann erzählt, der alles verlor, weil er auf eine sogenannte Prophetin gehört hatte. Jetzt berichte ich euch von einem Geschäftsmann, der nie auch nur einen Cent verlor, weil er lernte auf das innere Zeugnis zu hören – auf seinen Geist. Er wurde nicht durch Weissagung oder das Amt des Propheten geleitet; er wurde ganz einfach durch den Heiligen Geist in seinem eigenen Geist geleitet.

Ich lernte diesen Mann vor Jahren kennen. Er lebte in einer Villa und fuhr teure, neue Autos. Das war zur Zeit der großen Weltwirtschaftskrise. Die Straßen waren voll mit Menschen, die Arbeit suchten, aber es gab keine Arbeit. Ich selbst arbeitete von Sonnenaufgang bis Sonnenuntergang für einen Dollar und war froh um diesen Lohn.

Dieser Mann machte damals, als das Geld noch viel mehr wert war als heute, aus zehntausend Dollars eine Million Dollars; aber dies war ihm nicht gelungen, weil er auf einen „Propheten" hörte! Wenn jemand damals ein Millionär war, dann entspricht das in etwa einem heutigen Milliardär.

Dieser Mann sagte: „Ich habe niemals auch nur einen Cent bei einem Geschäft verloren. Die Leute wissen, dass ich Geld investieren will, also kommen sie zu mir, um mir ihre Geschäfte zu unterbreiten. Ich höre mir ihre Vorschläge an und oftmals sagt mein Kopf: ‚Das ist eine gute Sache. Du solltest dich daran beteiligen.' Oder eine andere Person kommt und schlägt mir ein Geschäft vor und mein Kopf sagt: ‚Damit hast du lieber nichts zu tun. Du wirst dein letztes Hemd verlieren.'"

„Aber ich sage immer dasselbe, wenn jemand mir ein Geschäft unterbreitet, egal, was mein Kopf sagt. Ich sage immer: ‚Geben sie mir zwei, drei Tage Zeit, darüber zu beten.'"

„Ich habe das, was man eine Gebetskammer nennen könnte. Es ist ein Zimmer, das ans Schlafzimmer grenzt. Ich weiß, dass Gott nicht buchstäblich davon gesprochen hat, dass wir uns ins Kämmerlein einschließen sollen, um zu beten, aber dies ist nun mal der Ort, wo ich bete. Ich verziehe mich dorthin mit meiner Bibel und esse vielleicht nur eine Mahlzeit am Tag. Es kann auch sein, dass ich ganz faste. Aber jedenfalls bete ich über dieses Geschäft. Ich frage den Herrn: ‚Soll ich in dieses Geschäft investieren oder nicht?'"

Er sagte: „Ich bete und suche den Herr solange, bis ich ein Ja oder ein Nein in meinem Geist empfange. Ich verbringe die meiste Zeit damit, Gott zu suchen und in meinem Verstand still zu werden. Manchmal ist es notwendig, dass ich meinen Verstand zum Schweigen bringe, bevor ich eine Antwort erhalten kann. Und manchmal dauert es einige Zeit, meinen Verstand zum Schweigen zu bringen; ich habe über die Jahre gelernt, wie man dies tun kann. Aber ich bekomme immer innerhalb von drei Tagen eine Antwort, manchmal dauert es auch weniger lange."

„Manchmal sagt mein Geist zu den Geschäften Nein, zu denen auch mein Verstand Nein gesagt hatte; aber manchmal sind es auch gerade die Geschäfte, bei denen mein Verstand mir sagte: ‚Damit hast du lieber nichts zu tun. Du wirst dein letztes Hemd verlieren', wo mein *Geist* mir sagt: ‚Lass dich darauf ein!' Also tue ich es."

Er sagte: „Ich habe in den ganzen Jahren nicht einen einzigen Cent verloren." Dieser Mann suchte niemals den Rat irgendeines Propheten; er folgte einfach dem inneren Zeugnis.

Ich lehrte an einem bestimmten Ort über das innere Zeugnis und was es bedeutet, vom Geist geleitet zu werden. Nach dem Gottesdienst kam ein Mann zu mir. Er sagte: „Bruder Hagin, wenn ich dich vor zwei Jahren gehört hätte, dann hätte mir das den Verlust von Tausenden von Dollars erspart." Und er fuhr fort zu erklären, wovon er sprach.

Er berichtete mir, dass ihm vor zwei Jahren sämtliche Gebäude in einem bestimmten Abschnitt der Stadt gehört hatten, darunter waren vier oder fünf Lagerhäuser. Auf der anderen Seite der Stadt besaß er ein weiteres Lagerhaus voller Waren. Sämtliche Waren in diesem Lager waren bezahlt, darunter viele Möbel, Haushaltsgeräte und Eisenwaren.

Er sagte: „Ich machte einen guten Umsatz und das Geschäft lief finanziell sehr gut. Dann kam eines Tages ein Mann vorbei, der mir ein Geschäft unterbreitete, in das ich investieren sollte. Ich sagte ihm, dass ich darüber beten müsste. Er sagte mir, dass er innerhalb von drei Tagen eine Antwort bräuchte. Danach wäre es zu spät."

„Ich hatte davon gehört, dass man ein Vlies auslegen kann", sagte der Mann weiter, „also legte ich ein Vlies aus. Dieses

Vlies bestätigte, dass ich das Geld in das Geschäft investieren sollte, das dieser Mann mir vorgeschlagen hatte, also ging ich zur Bank und verpfändete alles, was ich hatte. Ich investierte das ganze Geld in diese Unternehmung und verlor es bis zum letzten Cent! Die letzten zwei Jahre habe ich damit verbracht, die Zinsen meiner Hypothek zu bezahlen und ich bin immer noch hoch verschuldet."

Er sagte: „Wenn ich diese Lehre über das innere Zeugnis damals schon gehört hätte, hätte ich nicht mein ganzes Geld verloren. Etwas in meinem Inneren sagte mir dauernd, dass ich dieses Geschäft bleiben lassen sollte, aber ich war dem gefolgt, was das Vlies gesagt hatte."

Im Neuen Testament ist nirgends zu lesen: „So viele durch ein *Vlies* geleitet werden, die sind Söhne Gottes."

In einem Schuljahr in unserer RHEMA Bibelschule fragte mich einer unserer Studenten nach einem Mann, der angeblich ein Prophet war. Zuerst einmal möchte ich sagen, dass eine Person, die sich überall als Prophet ankündigt, dieses Amt wahrscheinlich eher nicht inne hat. Zweitens macht man einen Fehler, wenn man landein, landaus auf jeden sogenannten Propheten hört.

Die Bibel sagt, dass die Gabe eines Mannes ihm Raum schafft (Spr. 18:16, KJV). Wenn jemand zum Amt des Propheten berufen ist, dann sollte er das nicht ankündigen müssen. Die Leute werden es früher oder später selbst herausfinden, wenn sie die geistliche Ausrüstung sehen, die mit diesem Amt verbunden ist.

Nun, dieser Student sagte: „Jener Prophet rief mich in der Versammlung auf und weissagte mir, dass Gott mich berufen hätte nach Afrika zu gehen. Er sagte, dass ich in so und so vielen Monaten in Afrika sein würde."

Der Student sagte weiter: „Aber der Gedanke, nach Afrika zu gehen, war mir nie in den Sinn gekommen und auch jetzt verspürte ich diesbezüglich nicht den geringsten Impuls in meinem Geist."

Ich fragte ihn: „Was empfindest du in deinem Geist?"

Er sagte: „Ich weiß genau, wozu Gott mich berufen hat, ich habe diese Dinge durch Gebet und das Harren auf Gott empfangen."

Ich sagte: „Hat es in irgendeiner Weise etwas mit Afrika zu tun?"

Er antwortete: „Nein."

„Dann vergiss, was der Mann dir gesagt hat", erwiderte ich.

„Ja, aber dieser Mann sagte doch, dass er ein Prophet sei."

Ich sagte: „Nur die Tatsache, dass er sich selbst so bezeichnete macht noch keinen Propheten aus ihm. Schenke dem, was er gesagt hat, keinerlei Aufmerksamkeit. Tue vielmehr das, was Gott dir aufgetragen hat, denn dein Herz bestätigt es."

Wenn du im Wort gegründet bist, dann wirst du nicht von sogenannten Propheten oder sogenannten Weissagungen erschüttert werden. Wenn du von *ihnen* erschüttert wirst, dann bist du eigentlich noch ein geistliches Kind, das von jedem Wind der Lehre hin und her bewegt wird (Eph. 4:14). Du musst lernen, vom inneren Zeugnis des Heiligen Geistes in deinem Geist geleitet zu werden.

Endnoten

[1] Im Engl. *familiar spirits;* dieser stehende Begriff, für den es im Deutschen leider keine Entsprechung gibt, beschreibt eine bestimmte Art von bösen Geistern, die sich im Leben einer Person sehr gut auskennen und darum jemandem, der sich für sie öffnet, entsprechende Informationen vermitteln können. Die Formulierung wurde hier mit „Wahrsagegeister" übersetzt, weil diese Dämonen vom Teufel quasi eingeschleust werden.

Kapitel 8

Eigenes Bemühen im Fleisch oder Dienen im Geist?

Wir haben die Probleme besprochen, die sich sogenannte Propheten aufhalsen können, wenn sie versuchen, das Leben der Leute durch dieses Amt zu leiten. Prediger können auch in Probleme geraten, wenn sie versuchen, etwas zu produzieren oder vorzutäuschen, obwohl die Salbung dazu gar nicht da ist. Wenn Prediger diesem Irrtum verfallen, dann meistens darum, weil sie den Wunsch haben, von Menschen beachtet zu werden und Ehre für sich zu empfangen.

Zur Zeit der großen Heilungserweckung in Amerika gab es Prediger, die in dieses Fahrwasser geraten waren. Ich erinnere mich an einen jungen Mann, der im prophetischen Amt diente und vom Heiligen Geist mächtig im Wort der Erkenntnis gebraucht wurde.

Ich habe persönlich miterlebt, wie er in einer Versammlung von mehreren Tausend Leuten einen nach dem anderen aufrief und diesen Leuten genau sagte, was mit ihnen los war. Jede dieser Personen wurde sofort geheilt. Er tat dies unter der Salbung des Heiligen Geistes.

Aber dann sah ich auch, wie er unter dem Einfluss okkulter Mächte diente. Wenn der Heilige Geist nicht durch die Gaben des Geistes wirkte, versuchte er, ohne die Salbung übernatürlich zu wirken. Weil er versuchte, etwas im Fleisch und im natürlichen Bereich zu produzieren und weil der Gott des natürlichen Bereichs – der Welt – der Satan ist (2. Kor. 4:4), öffnete er die Tür für okkulte Geister, so dass diese ihn mit Informationen versorgten.

Ein Pastor berichtete mir, dass dieser Prophet auch in seiner Gemeinde gedient hatte. Der Pastor sagte: „Wir hatten eine Frau in der Gemeinde, die schwer erkrankt war, aber die Ärzte konnten nicht herausfinden, was mit ihr los war. Schließlich ging sie zu einem Spezialisten in New York. Der Spezialist sagte ihr, dass sie eine sehr seltene Krankheit hatte und nannte deren Namen."

„Der Spezialist sagte ihr weiter: ‚Nur drei Menschen in Amerika hatten jemals diese Krankheit und es gibt kein Mittel dagegen. Sie werden sterben, bevor sie achtunddreißig Jahre alt sind.' Die Frau war zu dieser Zeit ungefähr sechsunddreißig Jahre alt."

Der Pastor fuhr fort: „Dieser Prophet hielt eine Versammlung in meiner Gemeinde und die Salbung des Heiligen Geistes war auf ihm, so dass er in den Gaben des Geistes wirken konnte. Er zeigte auf diese Frau, die in der Versammlung saß, und sagte: ‚Die Ärzte sagten dir, dass du eine seltene, unheilbare Krankheit hast, nur drei Menschen in ganz Nordamerika hatten jemals diese Krankheit.' Dann nannte er den Namen der Krankheit und sagte: ‚Der Herr hat dich geheilt.'"

Der Pastor berichtete mir: „Diese Frau war sogleich geheilt. Sie ging zurück zu denselben Ärzten und sie konnten keine Spur dieser Krankheit mehr in ihrem Körper finden.

„Aber", fuhr der Pastor fort, „als sich der Prophet am nächsten Abend erhob, um zu dienen, war keine Salbung da, um in den Geistesgaben zu wirken, also versuchte er, selbst etwas zu produzieren. Er zeigte auf eine Frau, welche die Ehefrau eines meiner Diakone war und sagte: ‚Der Herr zeigt mir, dass du eine chronische Blinddarmentzündung hast.'"

Der Pastor sagte zu mir: „Jeder in der Gemeinde wusste, dass sie ihr ganzes Leben lang keine Probleme mit dem Blinddarm gehabt hatte. Das verwirrte die Leute. Ich hätte ihn gerne wieder zum Predigen eingeladen, denn er hat viel Gutes bewirkt; aber um meiner Leute willen kann ich es nicht tun. Sie verstehen nicht, wie er einmal richtig liegen kann und das nächste Mal völlig daneben."

Das Wort: Eine sichere Grundlage

Der Herr wies mich später an, zu diesem Propheten zu gehen, um mit ihm zu sprechen und ihn davor zu warnen, in seinem prophetischen Dienst abzuheben.

Der Herr hatte mir gesagt: „Geh und sag' ihm: ‚Wenn die Salbung da ist, um den Leuten in den Gaben des Geistes zu dienen, dann diene ihnen. Wenn die Salbung aber nicht da ist, dann predige das Wort.' Sage ihm, dass er seinen Dienst nicht auf geistlichen Gaben aufbauen soll, sondern auf dem *Wort Gottes.* Sage ihm, dass er seinen *Predigtdienst* entwickeln soll."

Der Mann war zwar kein Lehrer, aber ein Prediger. Der Herr sagte: „Wenn er seinen Predigtdienst nicht fördert, sondern weiterhin geistlichen Gaben den Vorrang gibt, dann wird er auf dem geistlichen Müllhaufen enden."

Was ist ein geistlicher Müllhaufen? Nun, ein Müllhaufen ist ein Ort, wo unbrauchbare Gegenstände deponiert werden. Die Bezeichnung „geistlicher Müllhaufen" meinte also, dass der Dienst dieses Mannes ausrangiert würde, wenn er sich nicht veränderte, denn sein Dienst schadete dem Leib Christi und sorgte für Verwirrung.

Du musst wissen, dass man seinen Dienst nicht auf geistlichen Gaben aufbauen sollte. Man sollte seinen Dienst auch nicht auf einer Dienstgabe aufbauen – auch nicht auf dem Amt des Propheten. Und man sollte seinen Dienst auch nicht auf der Salbung aufbauen. Ja, man sollte seinen Dienst eigentlich auf *nichts anderem* aufbauen als dem Wort Gottes!

Wenn Diener Gottes ihren Dienst auf dem Wort aufbauen, dann kann der Heilige Geist wirken und sich selbst durch die Gaben des Geistes erweisen, wie Er es möchte.

Es gab ungefähr hundertzwanzig Prediger, die damals massgeblich in der großen Heilungserweckung und der dazu gehörenden Verbindung *Voice of Healing* (Stimme der Heilung) mitwirkten. Viele von ihnen hatten wunderbare Gaben des Geistes in ihrem Leben und Dienst vorzuweisen, aber manche von ihnen hatten keine feste Grundlage im Wort. Ich sagte einmal zu einigen dieser Prediger: „Wenn ihr alle schon längst vergessen seid, werde ich immer noch im Dienst sein."

Sie schauten mich erstaunt an und fragten: „Warum?"

Ich antwortete: „Weil ihr euren Dienst auf den Gaben des Geistes aufbaut. Ich gründe meinen Dienst auf das Wort Gottes."

Fast alle von ihnen sind inzwischen gestorben oder nicht mehr im Dienst, aber ich bin immer noch im Rennen und predige das Wort. Gründe dein Leben und deinen Dienst auf das Wort. Setze Manifestationen des Geistes an zweite Stelle. Predige und lehre das Wort und lass die Zeichen dem Wort nachfolgen (Markus 16:17).

Ich redete ungefähr anderthalb Stunden mit diesem Propheten und sagte ihm genau, was der Herr mir aufgetragen hatte, ihm mitzuteilen. Ich tat dies nicht in der Öffentlichkeit. Manchmal machen Propheten den Fehler, dass sie alles, was sie im Geist sehen und hören, sogleich der Öffentlichkeit mitteilen. Der Heilige Geist demütigt niemanden und stellt niemanden bloss.

Dieser Mann war empfänglich für das, was ich sagte, aber schließlich erwiderte er: „Aber, Bruder Hagin, wenn die Leute zu meinen Versammlungen kommen, erwarten sie, dass ich etwas zu bieten habe."

Prediger sind *keine* Artisten

Als er dies sagte, wusste ich mit Sicherheit, dass er geistlich vom Kurs abgekommen war. Ich sagte: „Du bist kein Artist, du bist ein Prediger."

Wenn jemand ein wenig vom Kurs abgekommen ist und keine entsprechende Korrektur in seinem Leben vornimmt, dann wird er schließlich völlig vom Kurs abkommen! Menschen, die in den Dienst berufen sind, sind keine *Artisten!* Wenn ein Prediger nur eine artistische Leistung darbringt, dann sollte er mit dem Dienst aufhören.

Nachdem ich mit diesem Propheten gesprochen hatte, fing er an, seinen Predigtdienst zu entwickeln. Aber nach nicht allzu langer Zeit fiel er in dieselbe Fehlhaltung zurück. Er setzte geistliche Gaben wieder an die erste Stelle und diente, wenn die Salbung nicht da war, einfach im Fleisch.

Es lauert eine echte Gefahr in diesem Bereich, weil der Satan im Bereich des Fleisches wirksam ist. Darum öffnen sich die Leute für den Teufel, wenn sie versuchen, geistliche Gaben im Fleisch zu wirken. Jeder Prediger, der versucht, geistliche Gaben selbst zu produzieren, wenn sich der Geist nicht erweist, wird die Leute, denen er dient, fehlleiten und letztlich versagen, weil er von der Wahrheit abgeirrt ist.

Im Jahr darauf nahm ich an einer *Voice of Healing* Konferenz teil und dieser Diener Gottes war ebenfalls dort. Der Herr sprach wieder zu mir und sagte: „Geh hin und rede mit ihm." Also ging ich wiederum zu ihm und sprach mit ihm unter vier Augen.

Ich sagte zu ihm: „Du wirst auf dem geistlichen Müllhaufen enden, wenn du nicht aufhörst, etwas zu produzieren und den Leuten eine Show darzubieten, obwohl der Geist Gottes sich nicht erweist. Versuch nicht in den Gaben des Geistes zu wirken, wenn du nicht im Geist bist!"

Ich teilte ihm mit, was der Herr mir aufgetragen hatte, aber ich konnte nicht sagen, ob es etwas bei ihm bewirkte oder nicht.

Kurz danach hatte ich Gelegenheit, mit Bruder A. A. Swift zu reden, der Missionar in China sowie ein hervorragender Bibellehrer war. Wir sprachen über geistliche Dinge und ich sagte ihm, dass der Herr mir aufgetragen hatte, mit jenem Propheten zu reden.

Bruder Swift sagte: „Ich bin so froh, dass du mit ihm geredet hast, Bruder Hagin. Er kommt jedes Jahr hierher, um hier zu dienen. An einem Abend seiner Versammlungen wirkt der

Heilige Geist durch ihn durch die Gaben des Geistes. Aber am nächsten Abend, wenn man wieder in seiner Versammlung ist, stellt man fest, dass okkulte Mächte durch ihn wirken."

Bruder Swift fuhr fort: „Ich habe Bekanntschaft mit okkulten Mächten gemacht, als ich als Missionar in China diente, darum kenne ich den Unterschied zwischen der Wirksamkeit dieser eingeschleusten Geister und dem echten Wirken des Heiligen Geistes. Aber manche Prediger kennen den Unterschied leider nicht."

Ist es möglich, dass jemand an einem Tag vom Heiligen Geist beeinflusst wird und am nächsten von bösen Geistern? Ja, gewiss! Wir sehen dies auch in der Schrift.

Petrus befand sich unter dem Einfluss des Heiligen Geistes, als er zu Jesus sagte: *„Du bist der Christus, der Sohn des lebendigen Gottes"* (Matth. 16:16). Jesus sagte zu ihm: *„... Fleisch und Blut haben es dir nicht geoffenbart ..."* (Matth. 16:17). Nicht Fleisch und Blut hatten Petrus diese Offenbarung gegeben; der Heilige Geist war dafür verantwortlich.

Wenn man im selben Kapitel weiterliest, kommt man zu der Stelle, wo Jesus über das Kreuz und den Tod spricht. Petrus sagte zu Jesus: *„Gott behüte dich, Herr! Dies wird dir keinesfalls widerfahren"* (Matth. 16:22). Jesus tadelte ihn und sprach: *„Geh hinter mich, Satan!"* (Matth. 16:23).

Jesus nannte nicht Petrus einen Satan. Jesus sagte nur, dass Petrus in diesem Moment vom Satan beeinflusst war und darum das aussprach, was der Satan sagte – nicht, was Gott sagte.

Also war Petrus einmal vom Heiligen Geist beeinflusst, aber im nächsten Moment wurde er von einem bösen Geist beeinflusst. Daher wissen wir aus der Schrift, dass es möglich ist, einmal vom Heiligen Geist beeinflusst zu sein und ein anderes Mal von einem bösen Geist.

Du musst verstehen, dass böse Geister Zugang bekommen und dir Dinge mitteilen können, wenn du versuchst, ohne die Salbung, aus dir selbst, Gaben des Geistes zu produzieren. Paulus drückte es mit diesen Worten aus: *„Es gibt ... viele Arten* *von Sprachen in der Welt, und nichts ist ohne Sprache"* (1. Kor. 14:10). Wenn man im Fleisch, ohne die Salbung, versucht, etwas zu erzwingen, dann bewegt man sich in einem Bereich, in dem es viele Geister und viele Stimmen gibt.

In den Tagen der Heilungserweckung zum Beispiel kamen viele gute Prediger geistlich vom Kurs ab, weil sie sich in einem Randbereich bewegten und auf die Stimme dessen hörten, was sie den „Geist" nannten, statt einfach auf das Wort Gottes zu hören.

Die Stimme des Herrn erkennen

Ein Prophet sollte die Stimme des Herrn genau kennen! Manchmal ist es schwierig, jungen Predigern klar zu machen, dass nicht unbedingt jede „Stimme", die sie hören, die Stimme Gottes sein muss. Nicht jede Stimme, die aus dem geistlichen Bereich zu ihnen spricht, ist zwangsläufig der Heilige Geist.

Ich sage dies nicht, um damit Angst zu verbreiten. Aber letztlich ist es besser, vorsichtig zu sein und sich auf der sicheren Seite zu bewegen, als sich später Vorwürfe machen zu müssen. Und wenn ein Prophet oder irgendein Gläubiger, der sich mit diesen Dingen beschäftigt, die Stimme des Herrn nicht kennt, dann sollte er nicht auf das hin handeln, was er hört, solange er sich nicht wirklich sicher ist! Es ist besser, nichts zu tun, als voreilig auf das hin zu handeln, was *scheinbar* vom Herrn kommt.

Oft führen nur Wachstum und Gnade dazu, dass Gläubige diese Dinge lernen. Diener Gottes sollten sich nicht fürchten, aber sie *sollten* vorsichtig sein. Und sie sollten nicht so rasch dabei sein, jede Stimme, die sie im geistlichen Bereich hören, als ein „so spricht der Herr" auszugeben.

Schon zu Beginn meines Dienstes sagte ich zum Herrn: „Herr, ich handle nicht gemäß jeder Stimme, die ich höre, ich will zuerst den Unterschied zwischen der Stimme des Heiligen Geistes und der Stimme böser Geister kennen lernen."

Natürlich trainiert uns der Herr durch Seinen Geist, wenn wir das Wort Gottes studieren und darüber nachsinnen. Wenn Gottes Wort in uns bleibt, werden wir mehr und mehr lernen, die verschiedenen Stimmen im geistlichen Bereich zu unterscheiden und die Stimme des Heiligen Geistes besser kennen zu lernen. Die Stimme des Heiligen Geistes stimmt immer mit dem Wort Gottes überein (Joh. 16:13,15; 1. Joh. 5:8).

Zu Beginn meines Dienstes schien es mir manchmal so, dass ich mir des Redens des Heiligen Geistes gewiss war, aber wenn ich dann nach dem handelte, was er gesagt hatte, geschah nichts; keine Ergebnisse wurden sichtbar. Es konnte zum Beispiel geschehen, dass ich eine Versammlung hielt und der Heilige Geist mir ein Wort der Erkenntnis für jemanden gab, aber wenn ich dieses dann vor den Hörern aussprach, reagierte niemand darauf. Schließlich zweifelte ich daran, ob wirklich der Heilige Geist zu mir gesprochen hatte.

Manchmal leitete mich der Heilige Geist dazu, einen Altarruf auszusprechen oder eine bestimmte Heilung zu proklamieren, aber niemand reagierte darauf. Die Stimme des Heiligen Geistes erschien mir so real, wie wenn jemand direkt neben mir gesprochen hätte. Aber niemand in der Versammlung reagierte darauf.

Wenn ich bei anderen Gelegenheiten wiederum sagte, was der Heilige Geist mir gegeben hatte, reagierten die Leute in der Versammlung darauf und wunderbare Dinge geschahen in Folge des Gehorsams gegenüber den Eingebungen des Heiligen Geistes.

Der Herr erklärte mir diesen Zusammenhang. Er sagte: „Wenn dies geschieht, sind zwei Dinge im Spiel. Erstens haben die Leute in der Versammlung etwas damit zu tun; auch sie haben eine Verantwortung, auf den Heiligen Geist zu reagieren.

Oftmals hast du die Stimme des Heiligen Geistes richtig vernommen, aber auch die Leute müssen ihren Teil beitragen.

Sie hätten auf das reagieren sollen, was der Heilige Geist durch dich, den Diener Gottes, sagte."

Der Diener Gottes kann Gott durchaus korrekt hören, aber die Leute haben dennoch einen freien Willen und können sich entscheiden, ob sie auf das reagieren, was Gott sagt oder nicht.

„Zweitens", erklärte Jesus, „gibt es einen bösen Geist, dessen Stimme der des Heiligen Geistes sehr ähnlich ist. Diese Stimme klingt sehr nach Weissagung, nur dass sie Menschen erhebt und groß macht und nicht Gott."

Natürlich ist der echte Geist der Weissagung die Stimme des Heiligen Geistes (Off. 19:10).

Es gibt viele Geister und Stimmen im geistlichen Bereich (1.Kor. 14:10). Jesus sagte: „Nahezu jeder Prediger – und jeder Gläubige – hört manchmal, während er sich in einem geistlichen Wachstumsprozess befindet, unbewusst auf diese andere Stimme; weil er noch nicht gelernt hat, zwischen dieser Stimme und der des Heiligen Geistes zu unterscheiden. Dies ist ein weiterer Grund, warum manchmal nichts oder nicht das Erwartete geschieht, wenn jemand im Geist dient."

Heißt das etwa, dass ein Gläubiger einen Dämon hat, wenn er auf die falsche Stimme hört? Nein, natürlich nicht. Genauso wenig wie Petrus einen Dämon hatte, als er auf den Satan hörte und das wiedergab, was der Satan ihm eingegeben hatte (Matth. 16:21-23). Auch Jakobus und Johannes gaben sich zeitweise falschen geistlichen Einflüssen hin (Lukas 9:54-56) und wurden dafür von Jesus zurechtgewiesen.

Geistliche Dinge – sowohl das Wort Gottes, als auch Stimmen des Geistes – müssen richtig unterschieden und beurteilt werden. Man kann ebenso auf die falsche Stimme hören, wie man die Schrift falsch auslegen kann.

Christen müssen keine Angst davor haben, der falschen Stimme zu folgen, solange sie im Wort verankert und gegründet sind. Sie sollten alles, was sie hören, mit dem Wort in Übereinstimmung bringen können, denn der Geist und das Wort stimmen überein (1. Joh. 5:8).

Außerdem verheißt uns die Bibel, dass der Heilige Geist uns in alle Wahrheit leiten wird (Joh. 16:13). Jesus selbst sagte: „... *und die Schafe folgen ihm, weil sie seine Stimme kennen. Einem Fremden aber werden sie nicht folgen, sondern werden vor ihm fliehen, weil sie die Stimme der Fremden nicht kennen*" (Joh. 10:4,5).

Wenn du also etwas im geistlichen Bereich hörst, was dem Wort Gottes widerspricht, dann wirst du wissen, dass du dieser Anweisung *nicht* folgen sollst.

Im Laufe seines geistlichen Wachstumsprozesses wird jeder Prediger und jeder Gläubige es lernen, diese zwei Stimmen zu unterscheiden. Wie Jesus mir sagte, ist es leider manchmal nicht möglich, diese Dinge einer Person auf andere Weise zu vermitteln als durch Wachstum und Gnade – Zeit und Erfahrung im Wort und im Geist.

Manchmal wünschen sich Menschen so sehr, von Gott gebraucht zu werden, dass sie sich in den Bereich des Geistes vorwagen und daraufhin versuchen, im natürlichen Bereich etwas zu produzieren; doch der Gott des natürlichen Bereichs ist, wie gesagt, der Satan (2. Kor. 4:4). So können sich diese falschen Geister einschleichen und ihre Bärendienste unters Volk bringen. Wer sich darauf einlässt, geht in die Irre, denn er versucht letztlich, sich selbst in den Mittelpunkt zu stellen, statt Gott die Ehre zu geben.

Es ist besser, zu warten und sicher zu gehen, dass der Heilige Geist wirklich zu einem geredet hat. Wenn du dir in einer Sache nicht sicher bist, dann handle nicht aufgrund dessen, was du im Geist gehört hast.

An diese Regel halte ich mich auch in meinem eigenen Dienst: Wenn der Heilige Geist wirken will und ich mir nicht sicher bin, was Er tun möchte, dann warte ich einfach auf die Anweisung Gottes. Wenn ich keine Klarheit in meinem Geist darüber habe, was Er durch mich tun möchte, dann halte ich mich zurück und fahre fort, das Wort zu predigen. Das Wort wirkt immer, denn es ist dazu gesalbt.

Was wird dich davor bewahren, abzudriften und auf Stimmen zu hören, die nicht vom Heiligen Geist kommen? Bleib nahe bei Gott! Bleib im Wort! Verlange danach, Gott und Sein Wort groß zu machen, nicht dich selbst!

Vor Jahren habe ich beobachtet, wie manche Leute, geistlich gesehen, vom Kurs abkamen, die Gott ohne Zweifel anfänglich zum prophetischen Dienst berufen hatte. Ich stellte fest, dass diese Leute die Zeit vor ihren Versammlungen nicht mit Wortstudium, Gebet oder dem Harren auf Gott verbrachten. Stattdessen zogen sie den ganzen Tag herum, erzählten Witze und machten Besuche.

Ich wunderte mich immer darüber, dass nachher, als sie den Leuten dienten, die „Gabe" immer noch durch sie wirkte. Später wurde mir klar, dass sie nicht in den Gaben des Heiligen Geistes wirkten, vielmehr war es das Werk von anderen Geistern.

Meine Erfahrung hat mich gelehrt, dass man nicht den ganzen Tag mit Belanglosigkeiten verbringen kann, wenn man erwartet, dass abends im Gottesdienst die Salbung durch einen wirken soll!

Der Heilige Geist hat mir vor Versammlungen immer wieder eingeschärft: „Halte dich fern von den Leuten. Bleibe in meiner Gegenwart, im Gebet und im Wort." Diese Praxis ist mir über die Jahre zur Gewohnheit geworden. Wenn ich darin bleibe, dann wirken geistliche Gaben in einem größeren Maß durch meinen Dienst.

Wenn jemand, der sich den ganzen Tag Zerstreuungen hingegeben hat, ohne Vorbereitung im Wort und Gebet, aufstehen und automatisch „im Geist" wirken kann, dann stimmt etwas nicht!

Korrekte Ausübung der Gaben des Geistes

Es ist enorm wichtig, dass Propheten sicher sind, dass sie

sich in den biblischen Grenzen bewegen, was die Wirkung der geistlichen Gaben in ihrem Leben und Dienst angeht.

Es gibt eigentlich nicht viele Anweisungen darüber, wie die Gaben des Geistes zu handhaben sind, außer bezüglich der Sprachengaben. Aber es hat einen Grund, warum die Bibel uns Anweisungen und Warnungen für den richtigen Gebrauch der *Sprachen*gaben des Heiligen Geistes – Zungenrede, Auslegung der Zungen und Weissagung – gibt.

Du musst verstehen, dass die Gläubigen etwas mit der Manifestation dieser Gaben zu tun haben. Wir sind für das Sprechen verantwortlich, aber der Heilige Geist gibt die Worte. Wir müssen uns den Eingebungen des Heiligen Geistes *hingeben* und im Glauben aussprechen, was Gott uns gegeben hat.

Obwohl die Sprachengabe vollkommen ist, ist ihre Manifestation durch den Gläubigen nicht unbedingt vollkommen. Denk darüber nach! Die Gläubigen können weissagen, in Zungen reden und auslegen, *wie sie wollen,* auch wenn die Eingebung dazu nicht vom Heilligen Geist kommt. Sie könnten diese Dinge theoretisch ganz und gar im Fleisch tun und den Heiligen Geist imitieren.

Darum muss es biblische Richtlinien geben, welche die Ausübung der Sprachengaben regeln. Der Gläubige muss in diesen Dingen mit dem Heiligen Geist zusammenarbeiten und übereinstimmen.

Beachte, dass die Bibel nichts darüber sagt, wie die Offenbarungsgaben und die Kraftgaben wirken: Das Wort der Erkenntnis, Wort der Weisheit, Unterscheidung der Geister; Gaben der Heilungen, besonderer Glaube oder die Gabe, Wunder zu wirken.

Ja, der Gläubige muss auch bei diesen Gaben mit dem Heiligen Geist zusammenarbeiten, sich Ihm hingeben und Seinen Eingebungen folgen. Allerdings kann der Gläubige nicht selbst ein Wunder bewirken, eine Vision hervorbringen oder jemanden heilen.

In diesem Sinn hat der Gläubige mit der Wirksamkeit und

Ausübung dieser Gaben nichts zu tun. Entweder der Heilige Geist wirkt ein Wunder oder Er tut es nicht; du kannst kein Wunder geschehen lassen. Entweder du hast eine echte Offenbarung des Heiligen Geistes oder du hast keine. Du könntest dir zwar etwas zusammenphantasieren und dir einreden, dass Gott es dir gesagt hat, aber es wird nicht geschehen.

In diesem Sinn hat der Gläubige mit der Wirkung der Offenbarungs- und Kraftgaben nichts zu tun. Aber bei den Sprachengaben wirkt der Gläubige in direkter Zusammenarbeit mit dem Heiligen Geist.

Aus diesem Grund sagt die Bibel, dass die Sprachengaben, die, wie es in ihrer Natur liegt, in Abhängigkeit vom Gläubigen wirken, beurteilt werden sollen (1. Kor. 14:29). Manche Weissagungen sind leicht zu beurteilen. Es war zum Beispiel einfach, die Weissagung zu beurteilen, die eine Frau einmal in der Gemeinde aussprach: „Meine kleinen Kinder, wenn ihr meine kleinen Kinder seid, dann fürchtet euch nicht. Aber wenn ihr euch fürchtet, dann nehme ich's euch nicht übel, denn manchmal fürchte sogar ich mich."

Ich weiß, dass Gott, wann immer Er in der Schrift die Szene betritt, sagt: „Fürchte dich nicht!" Darum war diese Weissagung einfach zu beurteilen, weil sie nicht mit dem Wort Gottes übereinstimmte. Aber es gibt auch Fälle, in denen Weissagung nicht so einfach zu beurteilen ist.

Einerseits wollen wir im Bereich von prophetischer Äußerung nicht auf der defensiven Seite stehen und jeden und alles verdächtigen; aber andererseits wollen wir auch nicht wie junge Drosseln sein, die ihre Schnäbel weit öffnen und alles aufnehmen, was ihnen in den Hals gestopft wird.

Die Gläubigen müssen verstehen, dass die Gaben des Geistes und der Heilige Geist *vollkommen* sind, aber menschliche Wesen sind *unvollkommen.* Der Heilige Geist manifestiert sich durch unvollkommene Gefäße, darum ist die Manifestation, die durch eine Person geschieht, nicht immer vollkommen.

Deshalb müssen Propheten in besonderem Maß sicher gehen, dass sie in den biblischen Grenzen ihres Dienstes bleiben, weil sie häufiger als andere Dienstgaben in den Sprachengaben wirken.

Ausgewogenheit zwischen Wort und Geist

Jeder Prophet sollte fest im Wort gegründet sein, sonst wird er nur allzu leicht dem „Geist“ nachlaufen und vom Wort abweichen. Eigentlich braucht jeder Gläubige, aber mit Sicherheit jeder, der zum fünffältigen Dienst berufen ist, eine Ausgewogenheit zwischen dem Wort und dem Heiligen Geist in seinem Wandel.

In meinem Dienst zum Beispiel habe ich zusammen mit der prophetischen Gabe auch eine Lehrgabe. Das hat meinem Dienst zur Ausgewogenheit verholfen. Ich weiß aus Erfahrung, dass ein Prophet, wenn er nicht im Wort ist, dazu tendiert, zu sehr dem „Geist“ nachzufolgen, so dass er die Dinge in Unordnung bringt. Aber wenn er im Wort gefestigt ist, dann wird das Wort ihn stabil halten.

Auch in anderen Diensten konnte ich diese Art von Ausgewogenheit oder gelungener Mischung beobachten. Ich denke zum Beispiel an Ehepaare, die zusammen im Dienst stehen, und der eine Partner ist ein Prophet, der andere hat einen soliden Lehrdienst. Der eine verhilft dem anderen zu geistlicher Ausgewogenheit. Die Zusammenarbeit der beiden Dienstgaben sorgt für eine gute Kombination von Diensten und eine gute geistliche Ausgewogenheit.

Ein mir bekanntes Ehepaar bildete eine besonders ausgewogene Dienstgemeinschaft. Die Frau war ohne Zweifel eine Prophetin und ihr Mann war ein Pastor und Lehrer. Die aufsehenerregenden geistlichen Gaben wirkten durch den prophetischen Dienst der Frau in der Gemeinde. Aber der solide Lehrdienst ihres Mannes gab ihr eine feste Grundlage und verhalf ihrem Dienst zur nötigen Ausgewogenheit. Eine Mischung dieser Dienste kann ein großer Gewinn sein und von Gott machtvoll gebraucht werden.

Wenn jemand zu mehr als einem Dienst berufen ist, dann muss er wissen, welcher Dienst den Vorrang hat. Bei mir war es zum Beispiel so, dass ich mit dem Herrn Probleme bekam, als ich meinen prophetischen Dienst ein Stück weit vernachlässigte und meinem Lehrdienst die Hauptaufmerksamkeit schenkte.

Ich zog mich vom prophetischen Dienst ein wenig zurück, weil zu jener Zeit Leute unterwegs waren, die sich Propheten nannten, aber allen möglichen Schaden im Leib Christi verursachten. Ich wollte nicht zusammen mit dem Falschen abgeurteilt werden, also zog ich mich in dieser Hinsicht etwas zurück. Weil ich dies tat, geriet ich jedoch in Probleme, und der Herr musste mich korrigieren.

Ein Prediger im Besonderen sorgte in den Tagen der großen Heilungserweckung für großes Durcheinander, es ging insbesondere um den Befreiungsdienst. Er war früher auf wunderbare Weise in geistlichen Gaben von Gott gebraucht worden. Ich habe Gott durch den Dienst dieses Mannes einige der großartigsten Wunder tun sehen, die mir in meinem ganzen Leben unter die Augen gekommen sind. Aber schließlich geriet er in Extreme und ruinierte damit seinen Dienst, was ihn schließlich sogar das Leben kostete.

Du musst verstehen, dass ein Prophet und letztlich auch jeder andere Diener Gottes die Salbung verlieren wird, wenn er nicht im Licht des Wortes wandelt. Wenn man einen Güterzug mit voller Geschwindigkeit fahren lässt, dann wird er auch dann noch eine Weile weiterrollen, wenn ihm bereits der Treibstoff ausgegangen ist.

In ähnlicher Weise ist manchen Propheten die Salbung und Kraft des Heiligen Geistes abhanden gekommen, weil ihr Dienst nicht fest auf dem Wort gegründet ist, so dass sie jederzeit neuen geistlichen Treibstoff tanken können. Aber eine Weile werden sie dennoch weiterlaufen.

Viele Leute merken nicht, wenn ein Prediger ohne die Salbung predigt. Aber nur weil ein Prophet predigen kann, heißt das noch nicht, dass er tatsächlich unter der Salbung predigt. Viele Leute kennen nicht einmal den Unterschied zwischen *Inspiration* und *Transpiration*! Nur weil ein Prediger schnell reden kann, heißt das nicht, dass er vom Heiligen Geist inspiriert ist.

Verdrehe die Gabe Gottes nicht!

Wenn jemand belehrbar bleibt und fest im Wort gegründet ist, dann trägt das entscheidend dazu bei, dass man geistlich gesehen nicht vom Weg abkommt. Ich habe mir angewöhnt, auf andere zu hören, die Weisheit und Erkenntnis aus dem Wort haben; und du solltest dasselbe tun.

Auch als ich ein junger Prediger war, hörte ich auf ältere Männer Gottes, die schon länger geistlich unterwegs waren als ich. Es waren Männer, die Jahre von Erfahrung im Dienst hatten und den Geist Gottes kannten. Die Dinge, die sie mir mitteilten, halfen mir in manchen Bereichen außerordentlich.

Ein Bereich, in dem der Leib Christi Weisheit von erfahrenen Dienern Gottes nötig hat, ist die Erkenntnis, dass es im Dienst leider auch religiöse Hochstapler gibt. Einige solcher religiösen Hochstapler nennen sich selbst Propheten. Manche Diener Gottes, die früher von Gott in den Offenbarungsgaben, insbesondere im Wort der Erkenntnis, gebraucht wurden, haben diese Gaben verdreht.

Jedes Wort der Erkenntnis, das aus ihrem Mund kommt, handelt von Geld. Einen sogenannten Propheten habe ich einmal sagen hören: „Es ist eine Frau hier, die 10'000 Dollar hat, und wenn sie diese an mich überweist, wird Gott ihren Mann erretten."

Nun, es wird vermutlich eine liebe Dame mit einem unerretteten Ehemann geben, die ihm diese Summe überweisen wird.

Aber jeder Diener Gottes, der geistliche Gaben dazu gebraucht, Geld in seinen Dienst zu weissagen, ist ein *falscher* Prophet! Eine solche Person kann nicht im Geist sein – ein solcher Mensch hat gelernt, wie man Leute an der Nase herumführt und manipuliert. Er hat nur Geld im Sinn und hat die Salbung des Heiligen Geistes verloren.

Viele, die geistliche Gaben verdreht haben, wurden zweifellos früher einmal von Gott gebraucht. Aber die Salbung auf ihrem Dienst ist gewichen, als sie so geldgierig wurden, dass sie die Gabe Gottes um des eigenen Vorteils willen missbraucht haben. Und wenn ein Diener Gottes nicht mehr belehrbar und offen für die Korrektur anderer ist, dann befindet er sich in einer bedenklichen geistlichen Verfassung.

Es gab einen Mann, den Gott zur Zeit der großen Heilungserweckung mächtig gebrauchte. Einmal sah ich, wie er auf einen Mann in der Versammlung zeigte und sagte: „Gott zeigt mir, dass du einen Darmriss hast."

Er sagte dem Mann, wie lange er diesen Darmriss schon hatte. Dann betete er für den Mann und der Darmriss wurde sogleich geheilt. Der Mann, der geheilt wurde, war ein erfolgreicher Geschäftsmann. Er war begeistert über seine Heilung, denn er hatte sehr gelitten.

Einige Jahre, nachdem dieser Geschäftsmann geheilt worden war, fragte er mich: „Meinst du, dass dieser Prophet geistlich in Ordnung war?"

Ich fragte: „Warum?"

Er sagte: „Nun, ich bin zwar geheilt worden, aber jedes Mal, wenn ich diesem Mann seitdem begegnet bin, hat er mir Geld aus der Tasche geweissagt."

Nach zwei oder drei Jahren schließlich zog der Geschäftsmann die Bremse. Er hätte sie schon beim ersten Mal ziehen sollen. Jeder, der Geld aus deiner Tasche weissagt, ist schief gewickelt. Nimm niemals den Dienst einer Person an, die dauernd den Leuten das Geld aus der Tasche weissagt!

Ein Prophet sollte niemals prophetische Gaben zum eigenen Vorteil missbrauchen. Manche Diener Gottes sagen dir, du sollst dein Geld als eine Art „Glaubenssamen“ für deine Heilung in ihren Dienst säen. Aber diese Aussage steht auf wackligen Beinen. Heilung gehört dir, selbst wenn du keinen Cent in der Tasche hast!

Diener Gottes sollten insbesondere in Sachen Geld äußerst vorsichtig sein. Manche Prediger wollen nur deine finanzielle Unterstützung und versuchen, diese mit fragwürdigen Mitteln zu bekommen. Es geht ihnen nicht in erster Linie darum, den Leuten zu dienen oder ihnen ein Segen zu sein. Diener des Evangeliums sollten in diesem Dienst stehen, um Menschen zu helfen und sie zu segnen, nicht um ihre eigenen Taschen zu füllen.

Dass ein Diener Gottes in seinem Dienst Frucht hervorbringt, bedeutet nicht unbedingt, dass er in seinem Leben oder Dienst in allen Bereichen mit Gott im Reinen ist, diese Wahrheit gilt auch für Propheten.

Man sollte Dienern des Evangeliums nicht von vornherein skeptisch begegnen. Auf der anderen Seite gibt es geistliche Hochstapler im Dienst, die die Gabe Gottes missbrauchen; ihr Hauptmotiv ist die persönliche Bereicherung.

Aus diesem Grund reicht es manchmal nicht aus, nur die Frucht zu prüfen, die ein Diener Gottes in seinem öffentlichen Dienst hervorbringt, um herauszufinden, ob sein Dienst geistlich im Lot ist. Wandelt er aufrichtig vor Gott? Werden geistliche Gaben gemäß den biblischen Richtlinien ausgeübt? Dies sind Fragen, die den Leib Christi davor bewahren werden, Scharlatanen auf den Leim zu gehen.

Echte Wirkungen der Offenbarungsgaben

Gelegentlich kann der Heilige Geist einem Propheten bestimmte Fakten aus dem Leben einer Person offenbaren. Aber solche Fakten sollten normalerweise nicht anderen Leuten mitgeteilt werden. Ein Prophet sollte sehr darauf bedacht sein, nicht die Aufmerksamkeit auf sich selbst zu lenken; oder andere Leute durch das, was ihm der Geist gezeigt hat, öffentlich blosszustellen.

Vor vielen Jahren sah ich in einer unserer Versammlungen einen Mann, den ich nie zuvor gesehen hatte. Ich fragte mich: *Wer mag das wohl sein?* Der Heilige Geist in mir sprach: „Das ist so und so. Er besucht diese und jene Gemeinde und lebt an diesem und jenem Ort."

Ich erzählte nie irgendjemandem, dass der Heilige Geist mir dies offenbart hatte; ich wollte keine Aufmerksamkeit auf mich lenken. Der Heilige Geist hatte seine Gründe, mir dies zu sagen, aber es war nicht, damit ich es sofort ausposaunen und jedem beweisen konnte, wie „geistlich" ich war.

In seltenen Fällen mag es also vorkommen, dass ein Prophet bestimmte Tatsachen durch das Wort der Erkenntnis erfährt, aber normalerweise sollte er diese Dinge niemandem erzählen. Es mag eine erlaubte Wirkung des Wortes der Erkenntnis in diesem Bereich geben, wenn der Prophet nicht versucht, dadurch den Leuten Geld abzunehmen. Oftmals führt das Wort der Erkenntnis dazu, dass der Glaube der Leute geweckt und ihnen so geholfen wird, Gott für ihre eigenen Belange zu glauben.

Es gibt eine echte Manifestation der Offenbarungsgaben im Dienst des Propheten. Aber manchmal denken Propheten, die von Gott berufen und ausgerüstet wurden: *Ich bin verpflichtet, etwas zu bieten.* Obwohl der Heilige Geist sich nicht manifestiert, versuchen sie dann, geistliche Gaben auszuüben. Aber sie befinden sich im Fleisch und somit an einem gefährlichen Ort.

Um in seinem Leben und Dienst auf Kurs zu bleiben, muss ein Prophet immer sicher gehen, dass er seinen Dienst auf dem Wort gegründet hat und nicht auf geistliche Gaben. Sowohl für den Propheten, als auch für jedes andere Amt des fünffältigen Dienstes, ist das Wort Gottes die *einzige* sichere Grundlage.

Kapitel 9

„Voraussagen“ oder „Aussprechen“

In einem früheren Kapitel haben wir gesehen, dass ein Unterschied zwischen den Propheten des Alten und des Neuen Testaments darin besteht, dass neutestamentliche Propheten die Gläubigen nicht führen oder leiten. In der Begegnung von 1959 sprach Jesus zu mir über einen weiteren Unterschied zwischen alt- und neutestamentlichen Propheten.

Jesus sagte: „Das Amt des Propheten im Alten Testament bestand mehr im *Voraussagen,* während das Amt des Propheten im Neuen Bund mehr im *Aussprechen* besteht. Dennoch kann Gott auch neutestamentliche Propheten gelegentlich dazu gebrauchen, durch das Wort der Weisheit zukünftige Ereignisse vorauszusagen.

Im Alten Bund bestand der Dienst eines Propheten zum großen Teil im *Voraussagen.* Oftmals predigten die Propheten des Alten Testaments den Leuten und fingen dann an, zu prophezeien und sagten Dinge über den kommenden Messias voraus. Dann setzten sie dort wieder ein, wo sie aufgehört hatten und predigten in inspirierter Weise weiter darüber, Gott nachzufolgen.

Manche Leute denken, dass auch der Hauptteil des Dienstes eines Propheten im Neuen Bund darin besteht, zukünftige Ereignisse vorauszusagen. Dies ist allerdings nicht das Schwergewicht seines Dienstes, auch wenn es gelegentlich geschehen kann, wenn der Geist Gottes es will.

Unterschiedliche Salbungen

Es ist wichtig zu verstehen, dass es in jeder Dienstgabe unterschiedliche Salbungen gibt. Wie ich zum Beispiel sagte, dienen manche Propheten mehr in einer *Predigtsalbung.* Andere wiederum mehr in einer *Lehrsalbung.*

Es gab auch Propheten im Neuen Testament, die überhaupt nicht im Wort der Weisheit dienten. Das heißt, sie sagten gar nichts voraus; sie waren hauptsächlich *predigende* Propheten, wie zum Beispiel Johannes der Täufer.

Der prophetische Dienst des Johannes bestand darin, Buße zu predigen und die Leute zu taufen. Wir haben keinen Hinweis in der Bibel, dass er irgendein zukünftiges Ereignis vorausgesagt oder prophezeit hätte, außer: „... *Nach mir kommt der, der stärker ist als ich; ich bin nicht würdig, ihm gebückt den Riemen seiner Sandalen zu lösen*" (Markus 1:7).

Die Bibel sagt auch von Judas und Silas, dass sie Propheten waren, aber auch in ihrem Dienst finden wir keine Voraussagen. Die Bibel berichtet auch nicht, dass sie irgendjemandem eine persönliche Botschaft gaben. Die Bibel sagt, dass Judas und Silas „*die Brüder mit vielen Worten ermunterten und stärkten*" (Apg. 15:32). Mit anderen Worten: Judas und Silas predigten den Leuten das Wort und ermutigten sie in den Wegen des Herrn.

Auf der anderen Seite gab es Propheten, die im Wort der Weisheit gebraucht wurden, wie zum Beispiel Agabus. Daran können wir sehen, dass es auch innerhalb des prophetischen Amtes unterschiedliche Salbungen gibt.

Wie wir wissen, ist es das Wort der Weisheit, das im Dienst eines Propheten wirksam ist und ihn befähigt, zukünftige Ereignisse vorauszusagen, denn es bringt uns eine Offenbarung über ein Ereignis, das in der Zukunft stattfinden wird, oder bezüglich der Pläne und Absichten Gottes.

Aber das Wort der Weisheit geschieht *nur, wie der Geist will.* Und selbst wenn die Voraussagen eines Propheten eintreffen, der letztendliche Beweis dafür, dass er ein Prophet ist, ist der, dass seine Prophezeiungen mit dem Wort Gottes übereinstimmen (5. Mose 13:1-5).

Aber die Hauptbetonung im Dienst des Propheten im Neuen Testament liegt auf dem *Aussprechen,* dem Predigen oder Lehren des Wortes durch inspirierte Rede. Auch unter dem alten Bund weissagten die Propheten nicht nur bezüglich der Zukunft. Das geschah natürlich auch, aber sie waren vor allem Prediger, Propheten, die predigten.

Tatsächlich, wenn du die Berichte über die Propheten des Alten Testaments liest, wirst du sehen, dass der *öffentliche* Dienst des Propheten hauptsächlich im Predigen bestand. Ja, viele der übernatürlichen Erweisungen in ihrem Dienst geschahen im Verborgenen, in einem sehr persönlichen Rahmen, nicht vor einer großen Gruppe oder Versammlung von Menschen.

Ein Beispiel für diese Aussage sehen wir im Dienst Elias', als er der Witwe in Zarpat diente (1. Könige 17:9-16). Der Ölkrug und der Mehltopf gaben auf wundersame Weise immerfort Öl und Mehl (1. Könige 17:14). Dieses Wunder geschah im privaten Rahmen des Hauses dieser Witwe.

Als Naaman von Aussatz geheilt wurde, geschah es nicht in einem öffentlichen Gottesdienst. Elisa ging nicht einmal vor die Tür, um Naaman zu sehen. Er sandte nur seinen Diener vors Haus, der das Wort des Herrn zu Naaman sprach: *„... Geh hin und bade dich siebenmal im Jordan! So wird dir dein Fleisch wiederhergestellt werden und rein sein"* (2. Könige 5:10). Naaman wurde geheilt, aber es geschah nicht in der Öffentlichkeit.

Naaman war so dankbar, dass er geheilt worden war, dass er Elisa Geschenke von Silber und Gold und kostbaren Kleidern geben wollte. Elisa aber weigerte sich, diese anzunehmen. Er hatte genug Verstand, um zu wissen, wann man ein Geschenk annehmen sollte und wann nicht; ihm ging es nicht um's Geld.

Aber Gehasi, der Diener Elisas, lief hinter Naaman her, belog ihn und nahm die Geschenke entgegen. Naaman war so begeistert darüber, von einer unheilbaren Krankheit geheilt zu sein, dass er Gehasi doppelt soviel gab, als dieser erbeten hatte. Aber durch ein Wort der Erkenntnis fand Elisa die Sache heraus und sprach das Gericht des Herrn über Gehasi aus, nämlich den Aussatz Naamans.

All dies geschah in einem privaten Rahmen, nicht in der Öffentlichkeit (2. Könige 5:25-27). Elisa befand sich in seinem eigenen Haus; er tat diese Dinge nicht vor einer großen Versammlung von Menschen.

Propheten wissen nicht alles

Es gibt noch etwas in diesem Abschnitt, das ich bezüglich des Dienstes des Propheten aufzeigen möchte. Propheten wissen nicht alles; sie wissen nur, was Gott ihnen offenbart.

Gehasi beispielsweise wäre Naaman sicher nicht nachgelaufen, wenn er gedacht hätte, dass Elisa alles wusste. Wenn Elisa durch die Gaben des Geistes alles gewusst hätte, wäre Gehasi nicht so töricht gewesen, von Naaman Silber und Gewänder anzunehmen.

Manchmal dachten die Leute, dass ich, weil ich ein Prophet bin, uneingeschränktes Wissen über sie hätte. Manche dachten zum Beispiel, dass ich ihnen jederzeit ein Wort vom Herrn geben könnte. Einige haben sogar zu allen möglichen und unmöglichen Zeiten bei mir angerufen, weil sie ein „Wort" vom Herrn bekommen wollten. Aber solche Leute müssen erkennen, dass der Prophet geistliche Gaben nicht einfach ein- und ausschalten kann, wie er will.

Wie das Wort der Erkenntnis im Dienst des Propheten wirkt

Wir finden in diesem Abschnitt im zweiten Buch Könige ein Beispiel dafür, wie das Wort der Erkenntnis im Dienst eines Propheten im *Verborgenen* wirkt. Elisa sagte zu Gehasi: *„... Ging mein Herz nicht mit, als ein Mann sich von seinem Wagen herab dir entgegenwandte? ...* " (2. Könige 5:26). Elisa befand sich allein in seinem Haus, als er dieses Wort der Erkenntnis bekam.

Es war ein Wort der Erkenntnis, weil es eine bestimmte Tatsache offenbarte, die nur Gott bekannt war – nämlich, dass Gehasi Silber und Kleider von Naaman nahm. Es wurde durch die Gabe der Unterscheidung der Geister übermittelt, denn Elisa sah diese Dinge im Bereich des Geistes.

Das ist es, was Elisa meinte, als er sagte: „Mein Geist ging mit dir, als du dich dem Wagen Naamans nähertest und ich sah, was du getan hast." Elisa war ein Seher; er sah in den Bereich des Geistes hinein, als sein Geist mit Gehasi war. Aber selbst hier waren diese geistlichen Gaben im Verborgenen wirksam. Elisa konfrontierte Gehasi ebenfalls im Verborgenen.

Ich habe in meinem Dienst mehrmals Erfahrungen gemacht, die der von Elisa ähnlich waren. Die Gabe der Unterscheidung der Geister wirkte mit dem Wort der Erkenntnis zusammen. Es ist häufig so, dass geistliche Gaben zusammen wirken.

Es kann zum Beispiel geschehen, dass ich aufstehe, um zu predigen, und plötzlich befinde ich mich im Geist an einem anderen Ort. Mein Körper steht immer noch hinter der Kanzel und predigt. Aber im Geist führt mich der Herr an einen anderen Ort, um mir etwas zu zeigen.

Einmal geschah es mitten in einer Predigt, dass der Herr mich durch Seinen Geist in einen anderen Stadtteil versetzte. Ich stand an einer Straßenecke, die einige Kilometer entfernt war. Ich wusste, dass es sich um den gestrigen Abend handelte. Es war das Wort der Erkenntnis, das hier wirkte, denn es handelte sich um ein Bruchstück aus Gottes allwissender Erkenntnis über etwas, das in der Vergangenheit lag.

Ich sah eine junge Frau, die zu meiner Gemeinde gehörte, die Straße entlang gehen, und ich sah im Geist, wie ein Mann in einem Auto heranfuhr. Die junge Frau setzte sich ins Auto; und plötzlich befand ich mich im Geist auf dem Rücksitz. Die zwei fuhren aufs Land und begingen Ehebruch.

Mein Geist ging mit ihnen, so wie Elisas Geist mit Gehasi ging, als Elisa sagte: *„... Ging mein Herz [mein Geist] nicht mit ...?"* (2. Könige 5:26). Gott zeigte mir dies, um mich zu beschützen. Ich war zu dieser Zeit noch ledig und verschiedene Leute aus meiner Gemeinde hatten versucht, mich mit dieser jungen Frau zusammenzubringen.

Das Wort der Erkenntnis in Verbindung mit der Unterscheidung der Geister ist in meinem Dienst mehr als einmal aufgetreten. Oftmals, wenn ich diese Wirkung des Wortes der Erkenntnis erlebte, handelte es sich um einen privaten Rahmen.

Du magst dich fragen: „Ist das eine schriftgemäße Erfahrung?“ Vollkommen, wie wir hier im zweiten Buch Könige gesehen haben. In der Welt gibt es Menschen, die sogenannte „Geistreisen“ erlebt haben. Das hat nichts mit dem zu tun, wovon ich rede. Diese Art von Erfahrung ist eine Verdrehung der Wirksamkeit der echten Gabe der Unterscheidung der Geister.

Die Wirkung geistlicher Gaben – des Wortes der Erkenntnis und der Unterscheidung der Geister – ist etwas, das durch die Kraft des Heiligen Geistes geschieht. Nur weil der Teufel manche Dinge nachmachen kann, setzt das noch lange nicht das echte Handeln des Heiligen Geistes außer Kraft. Bleib einfach auf der Grundlage des Wortes. Gott kann alles übertreffen, was der Teufel tut.

Häufig war es so, dass die Wunder, welche Gott durch die Propheten des Alten Testaments wirkte, auf einer persönlichen Ebene geschahen. Ab und zu gebrauchte Gott die Propheten öffentlich, wie im Falle Elias, als dieser die Baalspropheten herausforderte (1. Könige 18:17-40).

Wir hatten bisher in mancherlei Hinsicht eine verzerrte Sichtweise des prophetischen Amtes. Und manche Leute meinen, dass Manifestationen des Geistes immer öffentlich stattfinden müssen; wenn dies nicht der Fall ist, sind sie enttäuscht und wenden sich ab. Aber oftmals wirken diese Manifestationen jeden Tag im privaten Umfeld eines Predigers, aber er erzählt es nicht öffentlich.

Denk darüber nach, wie Jesus der Frau am Jakobsbrunnen gedient hat. Das war eine Begegnung im privaten Rahmen. Er konfrontierte sie im Verborgenen durch ein Wort der Erkenntnis, als Er ihr sagte: „*... denn fünf Männer hast du gehabt, und der, den du jetzt hast, ist nicht dein Mann; hierin hast du wahr geredet*“ (Johannes 4:18).

Du siehst also, der Dienst des Propheten findet nicht nur auf der Bühne statt. Im Gegenteil, er geschieht wahrscheinlich häufiger im privaten Umfeld und in persönlichen Begegnungen mit anderen Menschen.

Nun möchte ich euch ein Beispiel schildern, wie das Wort der Erkenntnis in meinem Dienst *öffentlich* wirkte. Das Wort der Erkenntnis im Dienst eines Propheten wird häufig dazu führen, dass ein Sünder zur Buße kommt, wie es auch bei Jesus und der Frau am Jakobsbrunnen der Fall war.

Ich hielt eine Versammlung in Texas und als ich den Altarruf aussprach, kam auf einmal der Geist Gottes auf mich. Ein großer Kerl stand im hinteren Teil der Gemeinde und der Heilige Geist forderte mich auf, ihm prophetisch zu dienen.

Ich bat ihn, sich neben die Sitzreihen zu stellen. Ich hatte keine Ahnung, was ich tun oder sagen würde. Wenn die Salbung des Heiligen Geistes sich an diesem Punkt gehoben hätte, wäre ich in Verlegenheit gewesen. Ich hatte keine Ahnung, was ich ihm sagen sollte.

Aber dann hörte ich mich unter der Inspiration des Heiligen Geistes folgende Worte sagen: „Ja, ich komme heute Abend, aber du sollst wissen, dass ich nicht glaube, was dieser Kerl da predigt. Er ist nichts als ein Schwindler – den Leuten die Hände auflegen und sie zum Umfallen bringen! Er hypnotisiert die Leute; ja, das ist es, was er tut! Ich komme nur dir zuliebe mit und aus keinem anderen Grund! Ich glaube nicht an all dieses Zeug!“

Dann sagte ich zu dem Mann: „Diese Worte haben Sie zu Ihrer Frau gesagt, bevor Sie heute Abend in die Gemeinde gekommen sind!“

Dann begann ich unter der Salbung des Heiligen Geistes, weitere Aussagen zu zitieren, die er gemacht hatte, und während ich noch sprach, lief der Mann nach vorne und fiel vor dem Altar auf die Knie! Er muss auf dem Weg zum Altar errettet worden sein, denn als er vor dem Altar kniete, redete er in neuen Zungen!

Was den schriftgemäßen Gebrauch des Wortes der Erkenntnis im Amt eines Propheten angeht, kannst du dir Folgendes merken: Dieses eben geschilderte Wort der Erkenntnis geschah, um einen Sünder zur Ehre Gottes zur Buße zu führen. Es hatte nichts mit Unwichtigkeiten wie dem Inhalt der Hosentasche einer Person zu tun!

Dennoch besteht der Hauptdienst eines Propheten in der Öffentlichkeit immer noch darin, den Leuten unter der Inspiration des Heiligen Geistes das Wort Gottes zu predigen oder zu lehren. Dies galt für die Propheten des Alten Testaments und es gilt auch bei denen des Neuen.

Das Wort der Weisheit im Dienst des Propheten

Im Neuen Testament finden wir zwei Beispiele dafür, wie das Wort der Weisheit im Dienst eines Propheten wirkte, indem er zukünftige Ereignisse voraussagte. Diese Beispiele stammen aus dem Dienst von Agabus.

> **Einer aber von ihnen, mit Namen Agabus, stand auf und zeigte durch den Geist eine große Hungersnot an, die über den ganzen Erdkreis kommen sollte; sie trat auch unter Klaudius ein.**
>
> **Apostelgeschichte 11:28**

In Kapitel 11 der Apostelgeschichte prophezeite Agabus, dass eine Hungersnot kommen würde. Seine Offenbarung sagte exakt ein zukünftiges Ereignis voraus, fügte dabei aber der Lehre des Neuen Testaments nichts hinzu. Agabus befand sich nicht in derselben Klasse wie die Propheten, welche dieses Fundament gelegt hatten.

Das Wort, welches Agabus gab, enthielt auch keine Führung oder Wegweisung für die Gemeinde, außer, dass es dazu führte, dass die Gläubigen sich auf das Bevorstehende vorbereiten konnten. Er weissagte nichts darüber, welche Lehren gepredigt werden sollten oder dass sich Leute seinem Dienst unterzuordnen hätten.

Auch in Kapitel 21 der Apostelgeschichte sehen wir Agabus, der im Amt des Propheten stand, ein zukünftiges Ereignis voraussagen.

> **Als wir nun mehrere Tage** [in Cäsarea] **blieben, kam ein Prophet mit Namen Agabus von Judäa herab. Und er kam zu uns und nahm den Gürtel des Paulus und band sich die Füße und die Hände und sprach: Dies sagt der Heilige Geist: Den Mann, dem dieser Gürtel gehört, werden die Juden in Jerusalem so binden und in die Hände der Nationen überliefern.**
>
> **Apostelgeschichte 21:10,11**

Agabus sprach ein vom Heiligen Geist empfangenes Wort der Weisheit aus. Er teilte Paulus mit, was ihm in Jerusalem geschehen würde. Wir wissen nicht mit Sicherheit, ob Agabus dieses Wort der Weisheit *spontan* an Paulus gegeben hat. Dass er die Redewendung „dies sagt der Heilige Geist" gebraucht, kann auch darauf hinweisen, dass er nur wiedergab, was der Heilige Geist ihm schon früher mitgeteilt hatte.

Manchmal teilt Gott Menschen durch das Amt des Propheten mit, was vor ihnen liegt, um sie auf diese Dinge vorzubereiten. Beachte aber, dass Agabus hier nichts darüber sagte, ob Paulus nach Jerusalem gehen sollte oder nicht.

Mit anderen Worten: Agabus gab Paulus keine Führung oder Wegweisung. Agabus teilte nur mit, was Paulus erwartete, falls er nach Jerusalem gehen sollte.

Eigentlich bezeugte oder bestätigte der Heilige Geist nur, was geschehen sollte, falls Paulus nach Jerusalem ging. In Apostelgeschichte 20:22,23 stellen wir fest, dass Paulus bereits selbst vom Heiligen Geist auf diese Dinge aufmerksam gemacht worden war. In meinem prophetischen Dienst sage ich den Leuten immer, dass jede persönliche Prophetie, die ich ihnen gebe, mit dem Zeugnis ihres eigenen Geistes übereinstimmen muss.

Die Wirkungsweise des Wortes der Weisheit im privaten Rahmen und in der Öffentlichkeit

In meinem Dienst als Prophet hat Gott mich manchmal dazu gebraucht, durch das Wort der Weisheit zukünftige Ereignisse vorauszusagen – oftmals im privaten Rahmen, gelegentlich auch in der Öffentlichkeit.

Dennoch ist es mein Hauptdienst als Prophet, das Wort Gottes zu predigen und zu lehren. Diese anderen Manifestationen geschehen, wie der Geist es will. Aber ich suche niemals eine Vision, noch versuche ich etwas vom Herrn zu hören; diese übernatürlichen Manifestationen geschehen spontan, wie der Heilige Geist es will.

Die Offenbarungsgaben sind im privaten Rahmen wirksam, um Leute zu warnen

Es gibt Zeiten, wo Gott einem Propheten etwas Zukünftiges offenbart, damit der Prophet die beteiligten Personen warnen kann. In den Tagen der großen Heilungserweckung zum Beispiel machte ich mich auf, um mit einem Prediger zu reden, der ein großes Zelt mit Tausenden von Sitzplätzen hatte. Eine so große Menschenmenge, wie sie zu seinen Versammlungen kam, war damals sehr selten.

Der Prediger zeigte mir sein Zelt und als unsere Unterhaltung zu Ende war, ging ich zurück zu meinem Auto. Während ich dies tat, sagte der Geist Gottes zu mir: „Geh hin und sage ihm, dass er nicht mehr sehr lange leben wird, es sei denn, dass er seinen Wandel in drei Bereichen ändert. Der erste Bereich ist sein Umgang mit Geld."

Dieser Mann hatte die Manifestation geistlicher Gaben in seinem Dienst dazu missbraucht Geld aufzubringen. Das ist nicht nur unschriftgemäß; es ist auch unethisch. Menschen, die zum Dienst berufen sind, Propheten eingeschlossen, sollten sehr vorsichtig sein, was Geld angeht. Diener Gottes sollten nicht nach Geld trachten. Auf keinen Fall sollte man seinen Dienst dazu missbrauchen, das große Geld zu machen. Viele Leute liebäugeln heutzutage in diesem Bereich mit dem Unheil und sie stehen bereits am Rand des Abgrunds.

Dann sagte der Herr zu mir: „Zweitens sage ihm, dass er seinen Wandel im Bereich der Liebe ändern muss. Er wandelt anderen Dienern Gottes gegenüber nicht in der Liebe." Dieser Mann redete schlecht über andere Prediger, ohne mit der Wimper zu zucken.

Dann sagte Jesus: „Sage ihm drittens, dass er seinen Wandel ändern muss, was seine Essgewohnheiten angeht." Dieser Diener Gottes schien seine Essgewohnheiten überhaupt nicht im Griff zu haben.

Auch in diesem Fall handelte es sich um eine Manifestation der Gaben des Geistes durch das Amt des Propheten, die im privaten Rahmen stattfand. In ungefähr neunzig Prozent der Fälle findet der Dienst des Propheten im privaten Rahmen statt. Manchmal wird der Herr einem Propheten auftragen, der Person mitzuteilen, was Er ihm zuvor gesagt hat, manchmal aber wird Er es auch nicht tun.

In diesem Fall forderte mich der Herr auf, dem Mann mitzuteilen, was Er mir gesagt hatte. Ich stieg wieder aus dem Auto, um mit ihm sprechen zu können, aber da war er bereits ins nächste Gespräch verwickelt. Ich setzte mich wieder in mein Auto, und mein menschlicher Verstand übernahm die Kontrolle.

Ich dachte: *Er wird sowieso nicht auf mich hören.* Während ich saß und mit mir selbst argumentierte, stieg der Prediger, mit dem ich reden sollte, in sein Auto und fuhr weg. Ich hatte keine weitere Gelegenheit, ihm mitzuteilen, was der Herr mir gezeigt hatte.

Ungefähr dreieinhalb Jahre später ging ich zu einer *Voice of Healing* Konferenz. Die Nachricht war bekannt geworden, dass dieser Prediger im Sterben lag. Bruder Gordon Lindsay[1] forderte alle anwesenden Diener Gottes auf, auf die Bühne zu kommen und im Gebet für die Heilung dieses Mannes eins zu werden.

Ich fing an, mich in Richtung Bühne zu bewegen, aber der Geist Gottes sagte zu mir: „Geh nicht hinauf."

Ich stand sofort still und fragte: „Warum nicht?"

Er sagte: „Weil er sterben wird."

Ich fragte: „Warum wird er sterben?"

Der Heilige Geist sagte: „Weil er seinen Wandel nicht geändert und sich anderen Predigern gegenüber nicht in Liebe verhalten hat. Nun habe ich ihn gerichtet und ihn dem Satan übergeben zum Verderben des Fleisches, damit sein Geist gerettet werde am Tag des Herrn Jesus" (1. Kor. 5:5).

Also wandte ich mich um und ging in den hinteren Bereich des Saals. Dieser Diener Gottes starb schließlich genauso, wie der Herr es gesagt hatte.

Ein weiteres Beispiel einer Voraussage im privaten Rahmen geschah in meinem Dienst im Jahr 1964. Ich befand mich zusammen mit einigen Bekannten in einem Restaurant. Wir saßen am Tisch und waren bereit, die Bestellung aufzugeben, als der Geist Gottes auf mich kam. Ich sagte zu einem Mann, der Mitglied im Vorstand meines Dienstes war: „Ich muss beten, und zwar sofort."

Wir standen auf und gingen in mein Hotelzimmer und fingen an zu beten. Und dann fing das Wort der Weisheit an, sich in Form von Weissagung zu manifestieren. Ich weissagte zwei Stunden lang. Ich hatte nie zuvor eine solche Salbung erlebt. Es kam mir so vor, wie wenn ich zwei Personen wäre, denn ich hörte mich selbst weissagen.

In all den Jahren des Dienstes, die ich hinter mir habe, habe ich eine solche Erfahrung nur zweimal gemacht. Man muss verstehen, dass solche Dinge geschehen, wie der Geist es will. In der Weissagung, die mir in diesem Hotelzimmer zuteil wurde, führte uns der Herr durch einen Zeitraum von sechs Jahren und teilte uns zukünftige Dinge mit. Er sprach zu uns über den Vietnamkrieg, sowie über einige Dinge, die in unserer Regierung geschehen würden.

In dieser Weissagung sagte der Herr unter anderem: „Am Ende des Jahres 1965 wird der, der jetzt als Prophet an der Spitze des Heilungsdienstes steht, von der Bildfläche verschwunden sein. Er wird einen falschen Schritt gehen und der Satan wird sein Leben zerstören, aber sein Geist wird errettet werden und seine Werke werden ihm folgen. Ehe das Jahr 1966 beginnt, wird er gestorben sein."

Ich überbrachte diese Weissagung Bruder Lindsay, denn es ist schriftgemäß, eine Weissagung von anderen geistlichen Männern beurteilen zu lassen. Ich habe sie nie öffentlich gemacht. Propheten machen einen Fehler, wenn sie manche dieser (vertraulichen) Dinge öffentlich verbreiten.

Am 27. Dezember 1965 war meine Frau im Schönheitssalon und sie rief mich zu Hause an, um mir mitzuteilen, dass dieser Diener Gottes, der damals ein führender Prophet war, einen schweren Autounfall erlitten hatte. Er war bewusstlos und die Ärzte sagten, dass er nicht wieder zu Bewusstsein kommen würde.

Ich sagte ihr: „Es hat keinen Sinn zu beten. Er wird in zwei bis drei Tagen tot sein." Ich sagte dies, weil ich mich daran erinnerte, was der Herr mir in jener Weissagung mitgeteilt hatte. Dann erklärte mir der Herr: „Ich musste zulassen, dass er weggenommen wurde, er richtete zuviel Schaden im Leib Christi an."

Zwei Tage später rief mich Bruder Lindsay an und sagte: „Bruder Hagin, der Bruder, auf den sich deine Weissagung bezog, ist soeben gestorben. Ich nahm diese Weissagung zur Hand, die der Herr uns vor achtzehn Monaten gab, und las sie. Sie trifft genau zu."

Bruder Lindsay teilte mir eine Erfahrung mit, die er mit diesem Propheten gemacht hatte. Bruder Lindsay sagte: „Ich sagte zu ihm: ‚Du bist kein Lehrer, also versuch' nicht zu lehren!'" Er war ein Prediger und ein guter dazu und er hatte wunderbare Manifestationen des Heiligen Geistes in seinem Dienst.

Bruder Lindsay sagte: „Ich bat ihn eindringlich, nicht zu lehren. Ich sagte: ‚Du kennst die Bibel nicht gut genug und bringst darum die Leute durcheinander. Überlass das Bibellehren den Lehrern. Fahre du fort, zu predigen und das Wort der Erkenntnis und die Gaben der Heilungen auszuüben, wie der Geist will, und sei in dieser Weise ein Segen für den Leib Christi.'"

Dieser Prophet antwortete Bruder Lindsay: „Ich weiß, dass ich kein Lehrer bin, aber ich will lehren. Ich werde lehren!"

Es ist gefährlich, in ein Amt des Dienstes einzudringen, zu dem man nicht berufen ist. Wenn im Alten Testament jemand einen heiligen Ort betrat, der denen vorbehalten war, die ein bestimmtes Amt inne hatten, dann fiel er auf der Stelle tot um. Unter der Gnade kann man eine Zeitlang im Ungehorsam leben und dennoch relativen Erfolg haben. Aber früher oder später werden Leute, die in ein Amt des Dienstes eindringen, zu dem sie nicht berufen sind, gerichtet werden.

Oftmals sehen die Leute jemanden dienen, der im Amt des Propheten steht, und sie sagen sich: „Ich weissage ebenfalls, also kann auch ich im Amt des Propheten stehen." Aber so einfach geht das nicht. Wenn sie mit der Gabe der Weissagung in dem Rahmen bleiben würden, in dem sie bleiben sollten – einfache Weissagung dient zur Erbauung, Ermahnung und Tröstung – dann werden sie damit gut fahren. Wenn sie diesen Rahmen allerdings verlassen, werden sie Probleme bekommen.

Es ist gefährlich, in einen fremden Dienst einzudringen. Und leider ist es heute so, dass im Leib Christi nicht das notwendige

Maß an Respekt und Ehrfurcht gegenüber Diensten, Gaben und Manifestationen des Geistes vorhanden ist. Wir gehen mit den Dingen Gottes manchmal zu leichtfertig um.

Dann teilte mir Bruder Lindsay im Zusammenhang mit diesem Propheten etwas Weiteres mit. Er sagte mir: „Im letzten Jahr betete ich mit meiner Frau und Schwester Schrader bezüglich unseres Dienstes." (Schwester Schrader war eine Prophetin, die inzwischen zum Herrn gegangen ist.)

„Wir beteten für verschiedene Projekte in unserem Dienst. Mitten im Gebet platzte Schwester Schrader heraus: ‚Geh hin und warne Bruder ______ (sie nannte den Namen dieses Predigers)! Er wird sonst sterben.'"

Bruder Lindsay sagte: „Ich war beschäftigt und kümmerte mich nicht weiter darum und ging nicht hin, um ihn zu warnen, wie ich es hätte tun sollen. Einige Zeit später beteten meine Frau und ich zusammen mit Schwester Schrader wieder für bestimmte Projekte unseres Dienstes. Erneut platzte Schwester Schrader mitten im Gebet heraus: ‚Geh hin und warne Bruder _______ (sie nannte den Namen dieses Predigers). Er wird sterben. Er wandelt in den Fußstapfen von Dowie.'"

Ich möchte euch hier im Zusammenhang mit dem Amt des Propheten etwas Bestimmtes erklären. Manchmal, wenn ein Prophet unter der Eingebung des Geistes spricht, mag einem das, was er sagt, unlogisch erscheinen. Weil es spontan vom Heiligen Geist kommt, kann es durchaus das unterbrechen, womit man sich im Augenblick beschäftigt.

Mit anderen Worten: Was Schwester Schrader über diesen Propheten sagte, hatte keinerlei Bezug zu dem, wofür sie gerade beteten. Es passte scheinbar überhaupt nicht zu dem, womit sie gerade beschäftigt waren; aber der Heilige Geist hatte etwas, das Er ihnen mitteilen wollte.

Bruder Lindsay sagte: „Ich rief verschiedene Leute an, um herauszufinden, wo dieser Prediger sich aufhielt, und schließlich fand ich einen Ort, wo er eine Versammlung hielt. Ich rief ihn an und sprach persönlich mit ihm. Ich sagte ihm: ‚Ich habe Dir etwas Wichtiges mitzuteilen. Ich möchte zu Dir kommen und persönlich mit Dir reden. Wirst Du da sein?'"

Der Diener Gottes versicherte Bruder Lindsay: „Ja, ich werde für drei Tage an diesem Ort sein."

Bruder Lindsay berichtete mir: „Ich flog an diesen Ort, aber als ich ankam, war er bereits weg. Es waren einige Leute gekommen, die ihn auf eine Jagdtour in die Berge eingeladen hatten. Also ging er mit ihnen und war drei Tage lang abwesend. Ich konnte nicht drei Tage dort auf ihn warten, also reiste ich wieder ab."

Bruder Lindsay sagte: „Später im selben Jahr waren meine Frau und ich und Schwester Schrader wieder im Gebet und Schwester Schrader platzte noch einmal mit denselben Worten heraus: ‚Geh und warne Bruder ______! Er wandelt in den Fußstapfen von Dowie. Er wird sterben. Geh schnell!'"

„Wieder gelang es mir, herauszufinden, wo er sich gerade befand, und ich erfuhr, dass er mehrere Tage dort sein würde. Ich flog in die nächstgelegene Stadt, mietete ein Auto und fuhr an den Ort, wo er predigte.

Bruder Lindsay berichtete: „Nach der Morgenveranstaltung teilte ich ihm mit, was der Herr mir aufgetragen hatte, aber ich sah, dass er nicht darauf hören würde. Ich sagte zu mir selbst: *Nun, dann wird er sterben müssen.* Und bereits kurze Zeit später starb er tatsächlich."

Das ist traurig, und es ist nicht Gottes vollkommener Plan. Aber solche Dinge geschehen manchmal, wenn Menschen, die im Dienst stehen, unbelehrbar sind und ihren Wandel nicht ändern wollen.

Als Gott mir auftrug, mit dem weiter oben erwähnten Prediger zu reden und ihm zu sagen, dass er sterben würde, wenn er seinen Wandel nicht änderte, hatte er eine Chance, dies zu tun und hätte weiterleben können. Er hätte nicht sterben müssen, wenn er die Sünde aus seinem Leben entfernt hätte. Manchmal können Dinge verändert werden; manchmal aber auch nicht. Gott allein weiß es.

Hier noch etwas Weiteres; ein bestimmtes Prinzip, das damit zusammenhängt. Achte darauf, wem du als geistliches Vorbild nachfolgst. Was bedeutete die Weissagung: „Er wandelt in den Fußstapfen von Dowie?“ Schwester Schrader wusste selbst nicht, was es bedeutete; sie kannte John Alexander Dowie nicht.

Dieser Prophet hatte Anfangs des letzen Jahrhunderts behauptet, dass er der kommende Elia und somit der Bote des Bundes sei. Aber Jesus allein ist der Bote des Bundes!

John Alexander Dowie war demselben Irrtum verfallen wie jener andere Prophet. Ich las einmal eine von Dowie's Predigten, in der er verkündigte: „Ich bin der dritte Elia.“ Auch jener durch einen Autounfall umgekommene Prophet hatte gesagt, er sei Elia. Das war es, was der Herr mit „er wandelt in den Fußstapfen von Dowie“ meinte.

Sei vorsichtig, welchen Büchern du dich vorbehaltlos aussetzt! Achte darauf, wen du dir als geistliches Vorbild aussuchst! Sei dir sicher, dass du Dienern des Evangeliums nur in dem Maß nachfolgst, wie sie Christus nachfolgen! Sei dir sicher, dass sie im Wort Gottes gewurzelt und gegründet sind!

Ich könnte euch weitere Beispiele von Leuten schildern, die demselben Irrtum in der Lehre verfielen wie die Personen, deren Leben sie intensiv studierten. Sie suchten dieselbe Art von Dienst und nahmen sozusagen den gleichen Geist auf wie ihr Vorbild.

Das kann gut oder schlecht sein, je nachdem, welchem Geist sich jemand, den man als Vorbild hat, hingegeben hat, es kann der Heilige Geist sein, es können aber auch andere Geister sein.

Irgendwie ist es so, dass die „Salbung“ auf einer Person, der man geistlich nachfolgt oder deren Leben man intensiv studiert, ein Teil der eigenen Person wird. Der Geist, der sich mit der anderen Person verbunden hat, wird auch auf dich übergehen.

Wenn du dich intensiv mit der Lehre einer Person beschäftigst, die einer Irrlehre anhängt, dann kannst du von diesem selben Geist und Irrtum gefangen genommen werden. Wenn jemand einer Irrlehre anhängt, wird er nicht vom Heiligen Geist motiviert, sondern von anderen Geistern.

Folge einfach Gott, Jesus, dem Heiligen Geist und veranke-re und gründe dich selbst im Wort Gottes! Natürlich kannst du die Bücher anderer Leute lesen. Aber lass dich nicht von ir-gendeinem Geist beeinflussen, wenn du merkst, dass jemand nicht nach der Schrift und nicht im Licht des Wortes Gottes lebt!

Dies waren einige Beispiele für Prophezeiungen, die durch das Wort der Weisheit im Amt eines Propheten geschahen, um jemanden im *privaten* Rahmen zu warnen. Das Wort der Weis-heit kann gelegentlich auch *öffentlich* durch einen Propheten wirken, um Menschen auf kommende Ereignisse vorzuberei-ten.

Denke aber dennoch daran, dass die Hauptbetonung eines neutestamentlichen Propheten das Aussprechen sein wird – das Predigen oder Lehren des Wortes Gottes!

Endnoten

[1] Der Begründer und Herausgeber der Zeitschrift *Voice of Healing* und Gründer der bekannten Bibelschule *Christ for the Nations* in Dallas, Texas.

Kapitel 10

Gott setzt keine Neulinge in Autoritätspositionen ein

Manchmal stellen Leute die Frage: „Warum nennen wir Pastoren, nicht aber die anderen vier Dienstgaben, bei ihrem Titel?“ Als ich im Jahr 1937 ins pfingstliche Lager wechselte, nannten wir Prediger sehr oft mit ihrem Titel oder der Bezeichnung ihres Amtes. Wir sagten zum Beispiel: „Prophet so und so.“

Wir tun dies heute nicht mehr so häufig, und das vermittelt auf eine Weise den Eindruck, dass diese Ämter im Leib Christi nicht mehr in Funktion sind. Doch wenn wir heutzutage solche Titel gebrauchen würden, ohne die entsprechende Lehre dazu zu haben, würden manche Leute unzweifelhaft in einen Graben und folglich in Probleme geraten. Ich wollte nie, dass man mich einen Propheten nennt, weil ich nicht mit den falschen Propheten in denselben Topf geworfen werden wollte. Jemand fragte mich einmal, was ein falscher Prophet ist. Ein falscher Prophet ist zum Beispiel jemand, der versucht, in diesem Amt zu wirken, obwohl er nicht dazu berufen ist.

Selbst wenn jemand ein echter Prophet ist, ist es nicht immer weise, Titel zu gebrauchen, denn, wie ich sagte, zu oft fahren die Leute auf diese Dinge ab. Außerdem besteht ein Dienst nicht in Namen und Titeln. Sondern er besteht in Kraft und Erweisung des Heiligen Geistes. Es sollte uns nicht kümmern, wie die Leute uns nennen oder nicht nennen. Unser Anliegen sollte es sein, den Willen Gottes zu tun.

Es *ist* wichtig, dass Leute in der Kraft des Heiligen Geistes in der Dienstgabe wirken, zu der sie berufen sind, und dass ihr Dienst fest auf dem Wort Gottes gegründet ist. Wir brauchen alle Dienste, die Gott im Leib Christi gesetzt hat, egal wie wir sie *nennen* mögen.

Manche Leute, die heutzutage den Titel „Prophet“ gebrauchen, sind kaum mehr als Neulinge im Dienst. Man sollte allerdings wissen, dass Gott keine Neulinge in dieses Amt einsetzt. Er wird den Diener Gottes prüfen, bevor Er ihn in irgendeinen Dienst einsetzt. Und viele Leute erreichen gar nie das Vollmaß ihrer eigentlichen Berufung oder ihres eigentlichen Dienstes in Gott, weil sie in den kleinen Dingen nicht treu sind, die Gott ihnen anvertraut hat.

Jesus sagte einmal etwas zu mir, das mir seitdem immer mehr als wahr bewusst geworden ist. Er sagte: „Geistliches Wachstum ist vergleichbar mit natürlichem Wachstum.“

Als du ein Teenager warst, wusstest du manche Dinge und hast ein gewisses Maß an Verantwortung getragen. Aber es war etwas anderes, als du größer wurdest und in die volle Verantwortung des Erwachsenseins eingetreten bist. Dasselbe gilt auch für den geistlichen Bereich.

Leute, die Gott zum Dienst beruft, treten meistens nicht sofort in diese Ämter ein. Die Gläubigen fangen nicht gleich mit dem Dienst an, den Gott irgendwann einmal für sie hat. Es mag Ausnahmen zu dieser Regel geben, aber normalerweise verhält es sich so.

Am Beispiel des Dienstes von Paulus finden wir in der Schrift einen Hinweis auf diesen Zusammenhang. Paulus begann nicht sofort mit dem Dienst, den Gott schließlich für ihn hatte, sprich: Mit dem apostolischen Dienst. Er war viele Jahre lang ein Prophet und Lehrer, bevor Gott ihn zu diesem größeren Werk des apostolischen Dienstes aussonderte (Apg. 13:1,2).

Wenn du zum Dienst berufen bist, dann denke nicht, dass du die Ausnahme zur Regel bist. Nein, Gott wird dich prüfen, bevor Er dich in das Amt einsetzt, das Er für dich hat.

Wenn Gott dich zum Beispiel dazu berufen hat, einer Gemeinde als Pastor vorzustehen, dann wirst du vielleicht irgendwann eine Gemeinde mit viertausend Mitgliedern haben, aber du kannst nicht bei dieser Gemeindegröße anfangen. Du beginnst vielleicht mit einer Versammlung von vier oder vierzig

Personen und baust sie weiter auf, bis sie vierhundert Mitglieder hat. Du wärst überhaupt nicht qualifiziert, einer Gemeinde mit viertausend Mitgliedern vorzustehen, wenn du gerade erst im Dienst angefangen hast.

Ebenso verhält es sich auch mit dem Dienst des Evangelisten. Er wird für gewöhnlich zuerst vor wenigen Leuten predigen, wie ich es tat, oder vielleicht predigt er in Gefängnissen. Lehrer werden vielleicht damit beginnen, in Hauskreisen zu lehren. Und es kann sein, dass sie sich nie über diese Stufe hinaus entwickeln, weil Gott sie nicht zu mehr berufen hat – dies kann der ganze Ruf sein, den Gott für sie hat.

Es geht mir um folgenden Punkt: Jeder, der zum fünffältigen Dienst berufen ist, muss sich dort als treu erweisen, wo er gerade ist, bevor Gott ihn in größerem Maß einsetzen kann. Gott kann die Salbung auf einer Person nicht zunehmen lassen, wenn sie nicht in dem treu ist, wozu Gott sie bereits berufen hat.

Man fängt für gewöhnlich nicht mit dem Dienst an, den Gott am Ende für einen hat, denn es gibt ein Training und eine Bewährungszeit in Gott. Weil geistliches Wachstum mit natürlichem Wachstum vergleichbar ist, muss man sowohl im natürlichen als auch im geistlichen Bereich wachsen und reifen, bevor Gott einen in ein Amt des Dienstes einsetzt, denn Ämter des Dienstes bringen große Verantwortung mit sich.

Gott setzt keine Neulinge, Personen, die noch nicht ausgebildet und in geistlichen Dingen unreif sind, in Autoritätspositionen ein (1. Tim. 3:6).

Phasen des Dienstes

Lasst mich mein eigenes Leben als Beispiel nehmen. Gott hat mich nicht sofort ins Amt des Propheten eingesetzt. Tatsächlich war ich seit über fünfzehn Jahren im Dienst, bevor ich anfing, im Amt des Propheten zu dienen.

Natürlich hatte ich mein ganzes Leben lang den Ruf zum Predigen verspürt. Und nachdem ich von neuem geboren wurde, sagte ich auf meinem Krankenbett: „Herr, wenn du mich von dieser Krankheit wieder aufrichtest, werde ich hingehen und predigen.“ Ich wusste, dass ich zum Dienst berufen war. Ich verließ das Krankenbett und predigte und einige Jahre lang war ich nur dazu gesalbt, zu predigen. Von 1934 bis Juni 1943 – neun Jahre lang – war ich ausschließlich ein Prediger.

In den Anfangstagen meines Dienstes lehrte ich nur ungern. Als Pastor hatte ich allerdings die Verpflichtung, in den Bibelstunden für die Erwachsenen zu lehren. Aber ich war immer froh, wenn diese Stunden vorüber waren und ich wieder predigen konnte. Ich dachte, dass ich nicht gesalbt wäre, wenn ich nicht wie eine Windmühle mit den Armen rotierte und dabei so laut redete, dass eine Menge Speichel dabei floss.

Aber im Juni 1943, um drei Uhr nachmittags, da ließ der Herr die Gabe zu lehren in meinen Geist fallen. In Epheser 4:7 heißt es: *„Jedem einzelnen von uns aber ist die Gnade nach dem Maß der Gabe Christi gegeben worden.“*

Wie du weißt, gebot Gott im Alten Testament dem Propheten Elia Elisa an seiner Statt zum Propheten zu salben (1. Könige 19:16). Elia ging an Elisa vorüber und warf seinen Mantel über ihn.

Der Mantel war eine äußere Hülle, ein Bild für die Salbung Gottes, die auf eine Person kam und sie befähigte, ein bestimmtes Amt zu bekleiden oder einen bestimmten Auftrag oder eine Funktion für Gott auszuführen.

Als ich an jenem Nachmittag in meinem Zimmer auf und ab ging, fiel dieser Mantel zu lehren auf mich. Ich fühlte mich, wie wenn jemand mir einen Mantel umwarf, zuerst von außen, und dann drang dieses Gefühl in mich ein bis in meinen Geist. Ich wusste genau, was geschehen war. Gott hatte mir die Befähigung gegeben zu lehren. Ich sagte mit hörbarer Stimme: „Jetzt kann ich lehren.“

Aber ich begann nicht sogleich jedermann von dieser Erfahrung zu berichten und herauszuposaunen: „Ich habe eine Lehrgabe. Ich bin ein Lehrer."

Werde zuerst das, wozu Gott dich berufen hat, dann werden die Leute die Salbung Gottes auf dir schon sehen. Die geistliche Ausrüstung, die in deinem Leben wirksam ist, wird herausstellen, zu was du berufen bist. Darum brauchst du es auch nicht speziell anzukündigen. Das Amt, in dem du stehst, wird für jedermann erkennbar sein.

Also war ich ein Prediger und dann ein Lehrer des Wortes und diente fast zwölf Jahre lang als Pastor. Aber ich stand noch immer nicht im Amt eines Propheten. Gelegentlich manifestierte sich das Wort der Weisheit in meinem Dienst. Ich legte Zungenreden aus, aber ich weissagte nicht.

Nachdem ich mit dem Heiligen Geist getauft worden war, begann auch das Wort der Erkenntnis regelmäßig durch mich zu wirken. Aber ich produzierte es nicht selbst; es wirkte, wie der Geist wollte. Doch auch das machte mich noch nicht zum Propheten.

Das Wort der Erkenntnis war ein großer Segen in meinem Dienst als Pastor. Während meiner Zeit als Pastor geschah es häufig, dass ich Minuten, bevor ein Gemeindemitglied vor meinem Haus ankam, meiner Frau sagen konnte, wer vor der Tür stehen würde, warum er kam und was für eine Not er hatte. Einige Minuten später erschien genau diese Person und fing an exakt die Dinge zu sagen, die der Herr mir gezeigt hatte.

Dies geschah nicht jeden Tag, aber es geschah immer wieder – fast jede Woche. Und wenn eines meiner Gemeindemitglieder in Schwierigkeiten geriet, wusste ich es sogleich durch den Geist Gottes. Das Wort der Erkenntnis sollte im Leben jedes Pastors aktiv sein. Ich glaube, dass dies möglich ist, wenn Pastoren verstehen, wie sie sich dem Heiligen Geist gegenüber sensibilisieren und Ihm folgen können. Aber auch das macht noch keinen Propheten aus ihnen.

Oftmals ist es so, dass das Wort der Erkenntnis gelegentlich im Leben einer Person wirksam ist und dann versucht diese

Person, die Gabe auf Kommando auszuüben, damit etwas geschieht. Wenn man das tut, fängt man unbewusst an, sich falschen Geistern hinzugeben, und gerät geistlich gesehen in Schwierigkeiten.

Aber obwohl das Wort der Erkenntnis in meinem Leben regelmäßig wirksam war, trat ich bis 1952 nicht in das Amt des Propheten ein.

Im Jahr 1950 erschien Jesus mir und sagte: „Als du deine letzte Gemeinde verlassen hast, zu diesem Zeitpunkt bist du in die erste Phase des Dienstes eingetreten, den ich für dich habe.“

Ich antwortete: „Meinst du damit, dass ich erst jetzt, nachdem ich schon seit fünfzehn Jahren im Dienst bin, in die erste Phase eintrete?“

Jesus sagte: „Ja.“

Dann fügte er folgende Bemerkung hinzu: „Manche Diener Gottes leben und sterben und treten überhaupt nie in die erste Phase des Dienstes ein, den ich für sie habe. Das ist der Grund dafür, warum viele von ihnen, nicht alle, aber viele, jung sterben und nicht ihre volle Lebensspanne auf Erden ausleben.“

Jesus erklärte, dass man, wenn man sich nicht im Willen Gottes befindet, bis zu einem gewissen Grad im Ungehorsam ist. Wenn du dich im Ungehorsam befindest, kann Satan dich angreifen. Er hat ein Recht, dich anzugreifen, wenn du im Ungehorsam bist, denn dann befindest du dich auf seinem Territorium.

Ich kenne den Unterschied zwischen einem Leben im vollkommenen Willen Gottes und einem Leben in dem Bereich, den Er gerade noch gutheißen kann! Sein vollkommener Wille ist soviel besser!

Natürlich werden wir, solange wir auf der Erde leben, Anfechtungen und Versuchungen haben. Aber wenn du dich im vollkommenen Willen Gottes befindest, dann wird Er dafür sorgen, dass du alles schadlos überstehst.

Wenn du nicht im vollkommenen Willen Gottes bist, dann hast du damit eine Tür für den Teufel geöffnet. Und du wirst

Buße tun und Gott gehorsam werden müssen, bevor Er dich so verteidigen kann, wie Er es gerne möchte. Es ist einfach besser, sich im vollkommenen Willen Gottes zu befinden.

Im Jahr 1952 erschien Jesus mir in einer Vision und sagte: „Von diesem Zeitpunkt an wird das, was in meinem Wort unter der Bezeichnung *Unterscheidung der Geister* bekannt ist, in deinem Leben und Dienst wirken, wenn du im Geist bist."

Als ich die Gabe der Unterscheidung der Geister empfing, konnte ich im Bereich des Geistes sehen und hören, *wenn ich selbst im Geist war.* Damals waren also zwei der Offenbarungsgaben – Unterscheidung der Geister und das Wort der Erkenntnis – regelmäßig in meinem Leben in Wirksamkeit und dazu noch die Gabe der Weissagung.

Wirkten sie jeden Tag oder jede Woche? Nicht unbedingt. In jedem Gottesdienst? Nein, sondern sie wirkten gemäß dem Willen des Heiligen Geistes (1. Korinther 12:11). Aber zum damaligen Zeitpunkt trat ich in das Amt des Propheten ein.

Es geht mir um folgenden Punkt: Gott wird diejenigen, welche Er zum vollzeitlichen Dienst berufen hat, nicht über Nacht in diese Dienste einsetzen. Als Jesus mir im Jahr 1952 erschien und die Gabe der Unterscheidung der Geister in meinem Dienst anfing zu wirken und ich schließlich in den prophetischen Dienst eintrat, war ich bereits seit mehr als fünfzehn Jahren im Dienst. Und selbst dann dauerte es nochmals ein Jahr, nämlich bis 1953, bevor ich diesen Dienst auch in der Öffentlichkeit ausübte.

Aber ich kündigte auch dann nicht speziell an, dass ich im Amt des Propheten wirkte, und auch heute erwähne ich es nicht oft. Jemand, der seinen Ruf herumposaunen muss, hat nicht viel Berufung.

Natürlich ist es in Ordnung, Versammlungen anzukündigen und die Leute wissen zu lassen, dass man in der Stadt ist. Aber wenn du zum Amt des Propheten berufen bist, dann musst du es nicht in der ganzen Stadt herumposaunen. Die Leute werden es binnen nützlicher Frist erkennen, wenn du wirklich zu diesem Amt berufen bist, und zwar werden sie es an der übernatürlichen Ausrüstung sehen, die durch dich wirkt.

Neulinge schaffen sich selbst eine Menge Probleme, wenn sie jedermann erzählen, dass sie zu einem Amt des Dienstes berufen sind, obwohl sie das Amt noch gar nicht ausgeübt oder gerade erst damit angefangen haben!

Ein altes Sprichwort sagt: „Ob der Pudding schmeckt, merkt man, wenn man ihn isst." Bist du in erster Linie ein Prediger oder Lehrer des Wortes? Kommt das, was du weissagst, zustande? Stimmen deine Weissagungen mit dem Wort Gottes überein? Bist du belehrbar und leicht zurechtzubringen? Oder sorgst du für Streit und Probleme, wo du auch hinkommst, und wirst aus jeder Gemeinde geworfen, in der du predigst?

Das sind die wahren Prüfsteine für deinen Dienst. Dein Dienst muss sich bewähren. Die Bibel sagt: *„Ein jeder aber prüfe sein eigenes Werk, und dann wird er nur im Blick auf sich selbst Ruhm haben ...“* (Galater 6:4).

Nur weil von Zeit zu Zeit Geistesgaben durch dich wirken, heißt das noch lange nicht, dass du ein Prophet bist. Jeder geisterfüllte Gläubige kann von Zeit zu Zeit die Wirkung der Offenbarungsgaben in seinem Leben erfahren, wenn es notwendig ist. Schließlich wohnt der Heilige Geist in den Gläubigen, und Er manifestiert sich durch die Gaben des Geistes, um den Nöten der Leute zu begegnen.

Aber es gibt einen großen Unterschied zwischen einer gelegentlichen Manifestation einer Offenbarungsgabe und einer Person, die dazu berufen ist, ein Amt des fünffältigen *Dienstes* auszuüben. Durch eine solche Person können geistliche Gaben mit *größerer Regelmäßigkeit* wirken. An diesem Punkt liegen heutzutage manche Leute falsch.

Natürlich ermutigt die Bibel alle Gläubigen, danach zu trachten, zu weissagen. In 1. Korinther 14:31 heißt es: *„... ihr könnt einer nach dem anderen alle weissagen ...“* Aber die Offenbarungsgaben – das Wort der Erkenntnis, das Wort der Weisheit,

Unterscheidung der Geister – sind in der einfachen Gabe der Weissagung nicht wirksam.

In Apostelgeschichte 21:9 heißt es zum Beispiel, dass Philippus vier Töchter hatte, „die weissagten". Aber nur weil sie weissagten, waren sie noch längst keine Prophetinnen.

Manche Leute sehen, wie ein Prophet in einer der spektakulären Manifestationen der Offenbarungsgaben des Geistes wirkt, und meinen, dass sie dies ebenfalls können. Dann versuchen sie, zu weissagen, indem sie sich der Offenbarungsgaben bedienen, aber sie weissagen entweder im Fleisch oder werden sogar durch okkulte Mächte inspiriert.

Personen, die zum Amt des Propheten berufen sind, sind damit zu einem *Amt* des vollzeitlichen Dienstes berufen. Sie sind von *Gott* zum Dienst berufen und ausgesondert. Niemand kann sich selbst berufen oder in ein Amt des Dienstes einsetzen.

Kein Laie kann im Amt des Propheten stehen

Aus diesem Grund gibt es keine Propheten in der Gruppe von Gläubigen, die wir Laien nennen. Laien haben nicht die geistliche Ausrüstung und die Salbung, um in einem Amt des Dienstes zu stehen.

Es gibt Laien, die von sich behaupten, Propheten zu sein, aber sie sind es nicht. Sie können es nicht sein, denn es handelt sich dabei um ein Amt des *Dienstes,* zu dem man von Gott übernatürlich mit geistlichen Gaben oder *Befähigungen* ausgerüstet sein muss. Gott allein kann jemanden mit geistlichen Gaben ausrüsten und ihn in ein Amt des Dienstes einsetzen.

Ein Amt des Dienstes bleibt denen vorbehalten, die zum vollzeitlichen Dienst berufen sind. Der Prophet ist eine Dienstgabe für den Leib Christi. Natürlich kann jemand, der zum Dienst berufen ist, in mehr als einem Amt stehen, wenn er von Gott dazu berufen und vom Heiligen Geist ausgerüstet wird.

Aus mehreren Gründen ist es allerdings so, dass Pastoren normalerweise nicht ins Amt des Propheten berufen sind. Erstens wird in der Bibel kein Pastor erwähnt, der auch Prophet war.

Zweitens scheint der Dienst des Propheten mehr ein reisender Dienst zu sein, wie es auch beim Evangelisten der Fall ist. Im Alten Testament sehen wir zum Beispiel, dass der Prophet Samuel umherzog (1. Samuel 7:16) und von Ort zu Ort reiste.

Drittens, wenn jemand zum pastoralen Dienst berufen ist, dann ist dies seine vorrangige Berufung und sein hauptsächlicher Dienst. Gott kann einen Pastor, falls nötig, zeitweise im Bereich des prophetischen Dienstes gebrauchen. Aber es ist nicht seine vorrangige Berufung, in diesem Bereich zu wirken. Der pastorale Dienst ist seine erste Priorität.

Pastoren mögen vielleicht auch ab und zu in den Offenbarungsgaben wirken, aber das macht sie noch nicht zu Propheten. Und es mag auch sein, dass Gott jemanden als Teil der Vorbereitung vorübergehend als Pastor einsetzt, der schließlich im Amt des Propheten stehen wird, wie es auch bei mir der Fall war.

Das Amt des Propheten ist ein Amt für sich, es ist mit einer *regelmäßigen* Manifestation der Offenbarungsgaben des Geistes ausgestattet. Und wenn jemand in dieses Amt berufen ist, dann wird es sein Hauptdienst sein, wie der pastorale Dienst der Hauptdienst des Pastors ist.

Gott wird dich im Leib Christi an die richtige Stelle setzen

Wenn du denkst, dass Gott dich zu einem Amt des Dienstes berufen hat, womöglich zum Amt des Propheten, dann lass es *Ihn* bewerkstelligen, dich in dieses Amt einzusetzen. Du kannst sowieso nicht sofort und aus eigenen Stücken in dieses Amt eintreten. Du wärst nicht entsprechend vorbereitet und würdest beim Versuch, dich selbst in dieses Amt einzusetzen, alles in

Unordnung bringen. Gott wird deine geistliche Reife zuerst an einen Punkt bringen, die es ihm möglich macht, dich in diesem Dienst zu gebrauchen.

Wenn Gott dich ins Amt des Propheten einsetzen *will,* dann lass es *Ihn* tun. Wenn du treu darin bist, das zu tun, was Er dir aufgetragen hat und dabei geistlich heranreifst, dann wird Er dich schließlich, wenn Er es dir anvertrauen kann, in dieses Amt einsetzen.

Wenn du in geistlichen Dingen ein Neuling bist, dann sei einfach treu darin, das zu tun, wozu Gott dich *heute* berufen hat. Sei fleißig und *„strebe danach, dich Gott bewährt zur Verfügung zu stellen als einen Arbeiter, der sich nicht zu schämen hat, der das Wort der Wahrheit in gerader Richtung schneidet"* (2. Timotheus 2:15).

Es gibt einen Grund dafür, dass der Geist Gottes durch den Apostel Paulus sagte, dass man keinen Neuling in ein Amt des Dienstes einsetzen sollte. Ein Neuling kann leicht stolz werden, und das öffnet dem Teufel eine Tür: *„... damit er nicht, aufgebläht, dem Gericht des Teufels verfalle"* (1. Timotheus 3:6).

Viele Neulinge haben versucht, von sich aus in das Amt des Propheten einzutreten. Viele wurden stolz und aufgebläht, als der Satan sie versuchte, und ihr Leben und Dienst wurden zerstört. Einige fühlten wahrscheinlich den Ruf Gottes in ihrem Geist, aber statt auf Gott zu warten, so dass Er sie in dieses Amt hätte einsetzen können, versuchten sie, von sich aus hineinzudrängen.

Der Leib Christi sollte auch erkennen, dass der Dienst eines Propheten eine enorme Verantwortung mit sich bringt; das ist ein weiterer Grund, warum dieser Dienst nichts für Neulinge ist.

Manche Leute sagen: „Ich wünschte, *ich* könnte im Amt des Propheten wirken." Oh, mein Gott! Wenn sie wirklich die Gelegenheit dazu hätten, dann würden sie diesen Wunsch wahrscheinlich nicht äußern, denn mit diesem Dienst ist eine große Verantwortung verbunden.

Es ist zum Beispiel eine enorme Verantwortung, wenn man seinen Blick über eine Versammlung schweifen lässt und dabei durch die Gaben des Geistes jemanden sieht, von dem man weiß, dass er noch in dieser Nacht sterben wird.

Manchmal weiß man, warum jemand sterben wird, und manchmal weiß man es nicht. Es braucht die Weisheit Gottes und die Führung des Heiligen Geistes, damit man weiß, wie man mit diesem Wissen umgehen soll. Man sagt einer solchen Person nicht gleich, was man weiß, es sei denn, man wird vom Herrn direkt dazu aufgefordert.

Angesichts der Dinge, die man durch den Geist Gottes sieht und weiß, ist es manchmal enorm schwierig und belastend, im Amt eines Propheten zu dienen.

Ich habe Versammlungen erlebt, in denen ich im Amt des Propheten diente, und während ich meinen Blick über die Anwesenden schweifen ließ, sah ich in den Bereich des Geistes hinein. Oftmals wusste ich genau, welche körperlichen Gebrechen die Leute hatten.

Manchmal, wenn es der Geist Gottes will, weiß ich auch, warum sie krank sind. Es ist eine große Verantwortung damit verbunden, in den Offenbarungsgaben des Geistes gebraucht zu werden und im Dienst exakt der Führung des Heiligen Geistes zu folgen. Leute, dieses Amt ist nichts für Neulinge!

Darum musst du darauf bedacht sein, dass Gott *dich* und *deinen Dienst* entwickelt und hervorbringt, was auch immer dein Dienst sein mag. Während Gott dich vorbereitet, werden die Menschen die Gabe Gottes in dir erkennen. Wenn du denkst, dass Gott dich zum Amt des Propheten berufen hat, dann studiere und bemühe dich, dich selbst Gott als bewährt zur Verfügung zu stellen, wachse und reife geistlich gesehen und sei treu darin, Ihm in anderen Bereichen zu dienen. Gott wird dich zur Reife führen und deine Bewährung prüfen, bevor Er dich in eine Position mit größerer Verantwortung einsetzt.

Vertraue auf die Weisheit Gottes und wisse, dass Gott, wenn du deinen Teil tust und dich im Wort übst, in Seiner Weisheit Seinen Teil tun wird. Er wird dich führen und leiten, und wenn du zu diesem Amt berufen bist, wird Er dich sowohl im natürlichen als auch im geistlichen Bereich zur Reife bringen, bevor *Er* dich in dieses Amt einsetzt.

TEIL III

Pastoren

Kapitel 11

Die Leitung der Gemeinde

„Hinaufgestiegen in die Höhe, hat er [Jesus] *Gefangene gefangen geführt und DEN MENSCHEN GABEN GEGEBEN.“*

Und er hat die einen als Apostel GEGEBEN und andere als Propheten, andere als Evangelisten, andere als HIRTEN und LEHRER.

Epheser 4:8,11

Und die einen HAT GOTT IN DER GEMEINDE EINGESETZT erstens als Apostel, zweitens andere als Propheten, drittens als Lehrer, sodann Wunderkräfte, sodann Gnadengaben der Heilungen, Hilfeleistungen, LETUNGEN, Arten von Sprachen.

1. Korinther 12:28

Manche Leute sind heutzutage verwirrt darüber, welche Leitungsstruktur eine Gemeinde haben sollte und wie sich eine korrekte Gemeindeleitung zusammensetzt. Der Begriff „Gemeindeleitung“ bezieht sich auf die Frage, wer in der Ortsgemeinde Autorität hat und wer für die Leiterschaft der Gemeinde verantwortlich ist. Wie sollte eine Ortsgemeinde geleitet werden?

Wenn man das Neue Testament studiert, findet man keine eisernen Regeln, die diese Frage umfänglich beantworten. Das Neue Testament ist, was dieses Thema betrifft, nicht so deutlich, wie wir es gerne hätten. Und egal, welche Art von Leitungsstruktur eine Gemeinde haben mag – es besteht immer die Möglichkeit, dass jemand Schriftstellen aus ihrem Zusammenhang löst und versucht, damit zu beweisen, dass seine spezielle Form der Gemeindeleitung die richtige sei. Zu diesem Thema hat es schon viele Streitereien und „heilige Kriege“ gegeben.

Obwohl es in der Bibel einige Grauzonen geben mag, was die richtige Leitungsstruktur der Gemeinde anbelangt, so gibt es dennoch einige grundlegende Prinzipien und Richtlinien, die wir im Neuen Testament finden und für uns anwenden können. Wenn wir uns in diesem Rahmen bewegen, gehen wir den richtigen Weg. Wenn wir uns aber aus dem Rahmen dieser grundlegenden Prinzipien herausbewegen, dann sind die Probleme vorprogrammiert.

Ein Grund dafür, dass in diesem Bereich eine gewisse Verwirrung herrscht, ist der, dass manche Leute versucht haben, das, was Paulus über den *Dienst* im Allgemeinen gesagt hat, auf die Frage der *Gemeindeleitung* im Besonderen anzuwenden. Aber wir müssen verstehen, dass es viele Dienste gibt, die nichts mit der Leitung der Ortsgemeinde zu tun haben.

Paulus spricht von den fünf *Diensten,* die der Gemeinde gegeben wurden, bzw. die in der Gemeinde *eingesetzt* sind. Die Rede ist von Menschen, die Gott berufen und in der Gemeinde zum Dienst im Leib Christi eingesetzt hat.

In Epheser 4:11 und 1. Korinther 12:28 führt Paulus die fünf *Dienstgaben* auf. Die Liste der fünf Dienstgaben in Epheser 4:11 ist offensichtlich: *Apostel, Propheten, Evangelisten, Pastoren* und *Lehrer.*

In 1. Korinther 12:28 werden nur die Dienste des *Apostels, des Propheten* und *Lehrers* deutlich herausgestellt. Aber wo sehen wir den Dienst des Evangelisten und des Pastors? Der Dienst des Evangelisten wird durch die Formulierungen „Wunderkräfte“ und „Gnadengaben der Heilungen“ angedeutet, da dieses Amt häufig von diesen Manifestationen begleitet wird; sie sind aber nicht ausschließlich auf dieses Amt beschränkt. Das Amt des Pastors findet sich in dem Begriff „Leitungen“.

Paulus erwähnt nirgends spezifisch den Begriff „Gemeindeleitung“, außer in diesem Abschnitt in 1. Korinther 12:28, wenn er das Wort „Leitungen“ verwendet und damit auf das Amt des Pastors hinweist.

Wir wissen, dass das Wort „Leitungen“ eine Dienstgabe

beschreibt, weil Paulus in diesem Abschnitt die Dienstgaben auflistet; er springt nicht von einem Thema zum anderen. Darum beschreibt „Leitungen" eine eigene Dienstgabe und ist *kein* Überbegriff für alle Dienstgaben, die zusammen eine Art übergeordneter Gemeindeleitung bilden.

Manche Leute haben diesen Begriff „Leitungen" dahingehend erklärt, dass Paulus damit sagen wolle, Gemeindeleitung würde aus allen Dienstgaben bestehen. Sie behaupten, dass *alle* Dienstgaben in diesem Amt der „Leitungen" zusammengefasst seien; darum sagen sie irrtümlicherweise, dass alle Dienstgaben die Ortsgemeinde *leiten* und *bestimmen* sollten.

Wenn man dieser falschen Lehre folgt, ist es mit anderen Worten so, dass der fünffältige Dienst in jeder Ortsgemeinde – wie klein sie auch sein mag – vollständig vertreten sein muss, damit die Gemeindeleitung korrekt ist. Und weil der Apostel und der Prophet an erster Stelle genannt werden, bedeutet das, dass diese beiden den Vorrang vor allen anderen Dienstgaben haben, den Pastor eingeschlossen.

Weil diese Leute annehmen, dass Paulus die Dienstgaben in der Reihenfolge ihrer Wichtigkeit und Stellung hinsichtlich der *Gemeindeleitung* aufführt, kann das Amt des Pastors nicht besonders wichtig sein, denn in der Liste in Epheser 4:11 taucht es erst an vierter Stelle auf und in 1. Korinther 12:28 scheinbar gar nicht.

Darum müsste, nach diesem Gedankengang, jede Ortsgemeinde einen Apostel und einen Propheten haben, der über den Pastor gesetzt ist und der den Pastor und die Versammlung führt und leitet. Die Vertreter dieser Lehre sagen, dass der Apostel die Schafe und den Pastor *„bestimmt";* der Prophet *leitet* die Schafe und den Pastor; und der Pastor *„weidet"* die Schafe, jedoch unter der Leiterschaft des Apostels und des Propheten.

Das ist unschriftgemäß. Erstens haben diese Leute die Aussage von Paulus aus dem Zusammenhang gerissen und sind darum zu dem Schluss gekommen, dass alle Dienstgaben zusammen die Leitung der Gemeinde bilden müssten.

Zweitens führt Paulus hier die Dienstgaben nicht in der Reihenfolge ihrer Wichtigkeit auf. Wenn er sie in der Reihenfolge ihrer Wichtigkeit aufführen würde, dann würde das bedeuten, dass der Apostel, der Prophet und der Evangelist wichtiger als der Pastor wären und in der Ortsgemeinde Autorität über ihn hätten. Dies stimmt allerdings nicht mit anderen Schriftstellen zu diesem Thema überein.

Drittens sind Apostel, wie wir bereits besprochen haben, im Leib Christi nicht dazu eingesetzt, über andere Dienstgaben zu bestimmen.

Und auch der Prophet ist nicht dazu da, irgendjemanden zu *leiten.* Wir werden keine Stelle im Neuen Testament finden, auch keinen Hinweis in der frühen Kirchengeschichte, wo Propheten jemanden *geleitet* hätten. Und überhaupt, warum sollte der Prophet den Pastor zu leiten haben? Ein Pastor braucht keinen Vermittler oder Unterhändler, um von Gott hören zu können. Der Pastor hat ebenfalls den Heiligen Geist und kann Führung und Wegweisung für die Gemeinde direkt von Gott empfangen.

Als der Herr die Dienstgabe des Pastors in der Gemeinde eingesetzt hat, war klar, dass Er bezüglich der Führung der Ortsgemeinde vor allem zum Pastor sprechen würde, nicht zum Apostel oder zum Propheten.

Ich kann der Idee, dass der Apostel und der Prophet über den Pastor gesetzt sind oder dass jede Ortsgemeinde den ganzen fünffältigen Dienst braucht, um eine angemessene Gemeindeleitung zu haben, nicht zustimmen.

„Leitungen“ wird gesondert aufgeführt, was anzeigt, dass es ein eigenes Amt beschreibt, das sich von den anderen Dienstgaben unterscheidet. Als ein eigenes *Amt* beschreibt der Begriff „Leitungen“ das pastorale Amt.

Wenn man nicht gelernt hat, das Wort richtig auszuteilen, wird man die Schrift immer so auslegen, dass das herauskommt, was man gerne möchte. Eine der einfachsten Grundregeln der Schriftlegung ist die, dass man sich fragt: *Wer* redet; zu *wem* redet er; und *worüber* redet er? *Paulus* sprach zu *Gläubigen* über die *Dienstgaben.*

Man kann sehr leicht in einen Bereich von Irrlehre geraten, wenn man Schriftstellen, oder den Teil einer solchen, nimmt und versucht, eine Lehre darauf aufzubauen.

Die Entwicklung der Ortsgemeinde

Der einzige Weg, wie man zu einer schriftgemäßen Beurteilung des Irrtums kommt, der heute über Apostel und Propheten gelehrt wird, die angeblich die Ortsgemeinde leiten sollen, ist ein Studium der Entwicklung der Ortsgemeinde in der Apostelgeschichte. Wir müssen uns folgende Fragen stellen: Was war der Ursprung der Ortsgemeinde und wie entwickelte sich in diesem Organismus eine Leitungsstruktur?

Am Anfang gab es nur eine Ortsgemeinde, nämlich die in Jerusalem. Wir haben keinen Bericht darüber, dass die Gemeinde in ihrer ersten Zeit auch nur über die Stadtgrenzen von Jerusalem hinaus evangelisiert hätte. Die Ortsgemeinde beschränkte sich auf Jerusalem.

Aber bevor Jesus in den Himmel auffuhr, hatte Er den Jüngern befohlen, in Jerusalem, Judäa und Samaria und bis an die Enden der Erde Seine Zeugen zu sein (Apg. 1:8). Mit anderen Worten: Das Evangelium sollte auch an anderen Orten gepredigt werden und neue Werke sollten auch an diesen Orten entstehen. Allerdings hatte die Urgemeinde auch Jahre später noch nicht damit begonnen, sie waren einfach in Jerusalem geblieben. Also war die Gemeinde in Jerusalem für eine gewisse Zeit die einzig existierende Gemeinde.

Darum geschah der Predigt- und Lehrdienst in der Urgemeinde mehrere Jahre lang ausschließlich durch die Apostel des Lammes, und anfänglich beschränkte sich der gesamte Dienst auf die Gemeinde in Jerusalem. Aber als schließlich Verfolgung entstand, ging die Gemeinde hin, um ihren Glauben zu bezeugen. Obwohl die Apostel in Jerusalem blieben, als die Gemeinde zerstreut wurde, gründeten auch sie später neue Werke in anderen Gegenden.

Den ersten Bericht darüber, dass die Gläubigen Jerusalem verließen, um zu evangelisieren, finden wir in Apostelgeschichte 8:1, und dieser Zeitpunkt liegt einige Jahre nach Pfingsten.

> **... An jenem Tag entstand aber eine große Verfolgung gegen die Gemeinde in Jerusalem; und alle wurden in die LANDSCHAFTEN VON JUDÄA und SAMARIA ZERSTREUT, ausgenommen die Apostel.**
>
> **Apostelgeschichte 8:1**

Erst nachdem Verfolgung entstanden war, zogen die Gläubigen aus und bezeugten ihren Glauben, so dass auch in anderen Gegenden neue Werke entstanden. Es heißt hier, dass die Gemeinde „zerstreut“ wurde und das Evangelium predigte (Vers 4). Die Urgemeinde war nun endlich dem gehorsam, was Jesus ihr in Apostelgeschichte 1:8 aufgetragen hatte, nämlich die Gute Nachricht über Ihn überall zu verbreiten.

Als neue Werke außerhalb von Jerusalem entstanden und es dabei zu Auseinandersetzungen über Lehrfragen kam, kehrten die Jünger nach Jerusalem zurück, um diese Fragen zu klären.

Die Entwicklung kirchlicher Grundlehren in der Urgemeinde

In Apostelgeschichte 15 zum Beispiel kehrten die Apostel nach Jerusalem zurück, um Lehrfragen zu besprechen.

> **Und einige kamen von Judäa herab und lehrten die Brüder: WENN IHR NICHT BESCHNITTEN WORDEN SEID NACH DER WEISE MOSES, SO KÖNNT IHR NICHT ERRETTET WERDEN. Als nun ein Zwiespalt**

entstand und ein nicht geringer Wortwechsel zwischen ihnen und Paulus und Barnabas, ordneten sie an, dass Paulus und Barnabas und einige andere von ihnen zu den APOSTELN und ÄLTESTEN nach JERUSALEM [die Muttergemeinde] **hinaufgehen sollten wegen dieser Streitfrage. Als sie aber nach Jerusalem gekommen waren, wurden sie von der Gemeinde und den APOSTELN und ÄLTESTEN aufgenommen, und sie verkündeten alles, was Gott mit ihnen getan hatte. Einige aber von denen aus der Sekte der Pharisäer, die gläubig waren, traten auf und sagten: Man muss sie beschneiden und ihnen gebieten, das Gesetz Moses zu halten. Die APOSTEL aber und die ÄLTESTEN versammelten sich, um diese Angelegenheit zu besehen.**

Apostelgeschichte 15:1,2,4-6

Manche Leute gebrauchen Apostelgeschichte 15, um zu beweisen, dass alle Dienstgaben die Ortsgemeinde leiteten. Aber dieser Abschnitt hat rein gar nichts mit der Leitungsstruktur der Ortsgemeinde zu tun. Mit anderen Worten: Dieser Abschnitt spricht in keiner Weise von den alltäglichen Angelegenheiten der Gemeinde und davon, wer in der Ortsgemeinde das Sagen hatte.

Apostelgeschichte 15 ist ein Bericht über die Neutestamentliche Gemeinde, die sich im Anfangsstadium ihrer Entwicklung befand. In diesen Anfangszeiten der Entwicklung wirkten alle Dienstgaben zusammen, um über universale Lehrfragen zu entscheiden.

In diesem Fall, zum Beispiel, entschieden Leute, die damals in einem Amt des Dienstes standen, über die Frage, ob die neuen Gläubigen nach dem Gesetz Moses beschnitten werden müssten, um errettet zu werden oder nicht. Obwohl alle Dienstgaben daran *beteiligt* waren, in dieser Frage zu einer Lösung zu kommen, hatten nicht alle diese Dienstgaben eine *Leitungsfunktion* in der Ortsgemeinde.

Der Begriff „Älteste“ beschreibt hier Pastoren und Personen, die zum fünffältigen Dienst berufen waren. Wenn ein Diener Gottes einmal in sein Amt ordiniert worden ist, dann hat er damit automatisch auch die Funktion eines Ältesten im Leib Christi. Jeder ordinierte Diener Gottes ist ein Ältester.

Beachte, dass es nicht der Gemeindevorstand war, der über geistliche Fragen zu bestimmen hatte.

> **Dann schien es den APOSTELN und den ÄLTESTEN samt der GANZEN GEMEINDE gut, Männer aus ihrer Mitte zu erwählen und sie mit Paulus und Barnabas nach Antiochia zu senden: Judas mit dem Beinamen Barsabbas und Silas, führende Männer unter den Brüdern. Und sie schrieben und sandten durch ihre Hand: «Die APOSTEL und die ÄLTESTEN, eure BRÜDER, an die Brüder aus den Nationen zu Antiochia und in Syrien und Zilizien ihren Gruß. Weil wir gehört haben, dass einige, die aus unserer Mitte hervorgegangen sind, euch mit Worten beunruhigt und eure Seelen verstört haben, denen wir keine Befehle gegeben haben, schien es uns, nachdem wir EINSTIMMIG geworden, gut, Männer auszuwählen und sie zu euch zu senden mit unseren geliebten Brüdern Barnabas und Paulus, Leuten, die ihr Leben hingegeben haben für den Namen unseres Herrn Jesus Christus. Wir haben nun Judas und Silas gesandt, die auch selbst mündlich dasselbe verkünden werden. Denn es hat dem Heiligen Geist und uns gut geschienen, keine größere Last auf euch zu legen als diese notwendigen Stücke: euch zu enthalten von Götzenopfern und von Blut und von Ersticktem und von Unzucht. Wenn ihr euch davor bewahrt, so werdet ihr wohl tun. Lebt wohl!» Nachdem sie nun entlassen waren, kamen sie nach Antiochia hinab; und sie versammelten die Menge und übergaben den Brief.**
>
> **Apostelgeschichte 15:22-30**

Obwohl Personen, die im fünffältigen Dienst standen, in der frühen Entwicklung der Gemeinde mithalfen, über Lehrfragen zu entscheiden, lesen wir dennoch nirgends: „Der fünffältige Dienst *leitete* die Gemeinde.“ Es heißt nur, dass der fünffältige

Dienst *in* der Gemeinde eingesetzt war (1. Kor. 12:28). Sie hatten alle genau definierte Funktionen, aber nicht alle Ämter hatten eine Funktion der „Leitung". Es handelte sich dabei um ein eigenes Amt mit einer eigenen Funktion.

Tatsächlich war es so, dass in der Entscheidung von bestimmten Angelegenheiten die gesamte Gemeinde in Jerusalem etwas zu sagen hatte (Apg. 15:22,23). In diesem Fall stimmte die ganze Gemeinde mit der Entscheidung der Apostel und Ältesten bezügliche einer Grundlehre der Kirche überein, und sie entschieden alle darüber, wen man mit Paulus und Barnabas auf die Reise senden sollte.

Natürlich hatte Jakobus als Pastor oder Aufseher der Gemeinde in Jerusalem den Vorsitz über die Versammlung (Apg. 15:13). Und obwohl die anderen Dienstgaben ihren Einfluss hatten, gilt es zu beachten, dass Jakobus schließlich die endgültige Entscheidung fällte (Apg. 15:13,19-21).

Die Entwicklung der Ältestenschaft in der Urgemeinde

Am Anfang gab es in der Urgemeinde keine Pastoren; der einzige anerkannte Dienst, der vorhanden war, fand sich in den Händen der Männer, die von der Schrift als Apostel des Lammes bezeichnet werden. Wenn die Apostel aus der Gemeinde in Jerusalem auszogen, dann dienten sie hauptsächlich den Juden.

Im Laufe der Zeit richtete Gott Paulus auf, der schließlich zu den Nationen ging. Vieles über die Entwicklung der Ortsgemeinde in Gebieten außerhalb Jerusalems können wir lernen, indem wir den Dienst von Paulus studieren. Die längste Zeit, die Paulus auf seinen Missionsreisen in einer von ihm gegründeten Gemeinde verbrachte, waren drei Jahre (Apg. 20:31), aber normalerweise blieb er nur kürzere Zeit am selben Ort (Apg. 18:11).

Es scheint, als ob Paulus gerade lange genug an einem Ort geblieben wäre, um Menschen im Glauben zu gründen und eine

Gemeinde zu beginnen. Aber jede Gemeinde, die er zurückließ, war immer noch eine „Babygemeinde", die sich im Anfangsstadium ihrer Entwicklung befand. Es braucht Zeit, bis Dienste hervorkommen und Gemeinden wachsen und sich geistlich entwickeln.

Wenn nun Paulus oder einer der anderen Apostel ein neues Werk anfingen, dann wählten sie einen oder mehrere der älteren Männer in der Versammlung, damit sie die Aufsicht über das Werk ausübten. Das griechische Wort für „Ältester" bedeutet wörtlich: *Eine ältere Person.*

Aber wenn diese Männer selbst nicht zum fünffältigen Dienst berufen waren, dann hatten sie auch keine Salbung auf sich, in einem Amt des Dienstes zu stehen. Und wenn sie in geistlichen Dingen nicht gereift waren, dann waren sie immer noch Neubekehrte. Es braucht Zeit, bis jemand sich entwickelt und geistlich herangewachsen ist. Aber reife Männer mit ein wenig natürlicher Weisheit *konnten* das neue Werk beaufsichtigen, bis Gott mit der Zeit qualifizierte Männer aufgerichtet hätte, die schließlich das pastorale Amt übernehmen würden.

Im Laufe der Zeit geschah es also, dass manche dieser Ältesten oder älteren Männer, die tatsächlich zum Dienst berufen waren, sich entwickelten und geistlich zur Reife kamen, so dass sie sich schließlich qualifizierten und die geistliche Ausrüstung hatten, um das Amt eines Pastors ausfüllen zu können.

Während die Urgemeinde wuchs und sich geistlich entwickelte, geschah es also, dass Männer zur Verfügung standen, die von Gott berufen waren und auch die geistliche Ausrüstung für das pastorale Amt hatten, so dass sie die Aufsicht über die Herde übernehmen konnten. Es war nun nicht mehr notwendig, jemanden nur aufgrund seines Alters oder seiner natürlichen Reife auszuwählen; sondern es wurden schließlich Leute gewählt und bestätigt, die tatsächlich zum Dienst berufen und ausgerüstet waren.

Manchmal sagen die Leute: „Lasst uns einfach zurückkehren und uns ans Vorbild der Urgemeinde halten." Aber wenn wir dies tun, dann werden wir eine „Babygemeinde" haben – eine Gemeinde, die im Anfangsstadium ihrer Entwicklung steckt. Es wäre unschriftgemäß für die heutige Gemeinde, im gegenwärtigen Stand der Entwicklung, aufs Geratewohl Leute aus der Versammlung zu wählen und ihnen die Aufsicht über die Gemeinde anzuvertrauen; es sei denn, es handelt sich um eine vorübergehende Situation, die nur so lange dauert, bis jemand, der tatsächlich berufen ist, ins Amt eingesetzt werden kann.

Was die *Lehre* angeht, gilt für uns natürlich dasselbe wie für die Urgemeinde. Wir haben dieselbe Neue Geburt, dieselbe Taufe mit dem Heiligen Geist und dasselbe Abendmahl. Aber wir werden nicht unbedingt dasselbe praktische *Vorgehen* haben; das heißt, wir werden, was das Wachstum und die Entwicklung der Gemeinde angeht, die Dinge nicht unbedingt in der gleichen Weise angehen wie damals. Du musst verstehen, dass die Urgemeinde sich in ihrer ersten Entwicklungsphase befand, dies ist bei uns nicht der Fall. Der fünffältige Dienst ist in der heutigen Gemeinde bereits vollständig entwickelt und vorhanden.

Lasst uns die Gemeinde in Ephesus als Beispiel nehmen und sehen, wie diese Ortsgemeinde sich entwickelte. Die Gemeinde in Ephesus kam in Existenz, als Paulus viele Jahre nach Pfingsten nach Ephesus kam und den dortigen Jüngern das Evangelium predigte (Apg. 19:1-7).

Diese Leute waren einfach nur Jünger; sie waren von Johannes dem Täufer getauft worden, der ihnen gesagt hatte, dass sie an den kommenden Christus glauben sollten. Aber die Jünger in Ephesus wussten nicht, dass Jesus bereits gekommen war, also waren sie noch nicht von Neuem geboren.

Als Paulus ihnen mitteilte, dass Jesus gekommen war, glaubten sie an Jesus und wurden von Neuem geboren. Dann legte Paulus ihnen die Hände auf und sie wurden mit dem Heiligen Geist erfüllt (Apg. 19:6,7). Das war der Anfang der Gemeinde in Ephesus.

Jahre später schließlich rief Paulus die Ältesten der Gemeinde in Ephesus zusammen und gab ihnen Anweisungen darüber, wie sie die Herde hüten sollten.

> **Von Milet aber sandte er nach Ephesus und rief die ÄLTESTEN der Gemeinde herüber. ... Habt acht auf euch selbst und auf die ganze Herde, in welcher der Heilige Geist euch als AUFSEHER eingesetzt hat, DIE GEMEINDE GOTTES ZU HÜTEN, die er sich erworben hat durch das Blut seines eigenen Sohnes!**
>
> **Apostelgeschichte 20:17 u. 28**

Hier spricht Paulus sie als „Älteste" und „Aufseher" an. Zu diesem Zeitpunkt hatte die Gemeinde bereits genügend Zeit gehabt, zu wachsen und sich zu entwickeln, und die Ältesten waren nicht länger nur ältere Männer. Sie waren echte Älteste im geistlichen Sinn des Wortes. Sie waren Aufseher oder Pastoren.

Zu diesem Zeitpunkt hatte der Heilige Geist bereits Lehrer und Prediger des Wortes hervorgebracht und sie in die Gemeinde eingesetzt. Darum sagte Paulus diesen Ältesten, dass sie die Gemeinde weiden sollten.[1] Diese „Ältesten" waren nun echte Pastoren, denen die pastorale Aufsicht über die Ortsgemeinde anvertraut wurde und die imstande waren, die Leute geistlich zu ernähren.

Es kann nicht sein, dass Paulus hier nur eine Gruppe von älteren Männern anspricht, denn ein älterer Mann, der keine Salbung für den Dienst hat, wäre nicht in der Lage, dem Volk Gottes die Speise des Wortes Gottes mitzuteilen.

In der Anfangszeit meines Dienstes sah ich ein Beispiel für einen älteren Mann, der die Geschäfte einer Gemeinde führte, bis Gott jemanden brachte, der zum pastoralen Dienst berufen war. Dies geschah in einer der Gemeinden, der ich selbst später als Pastor vorstand.

Bevor ich in dieser Gemeinde Pastor wurde, war ein Laie

namens Bruder Flagler in der Gemeinde als Ältester eingesetzt worden. Er war ein älterer Gläubiger, einer der ersten, der in dieser Gemeinde errettet worden war. Ihm war die Aufsicht übertragen worden und er leitete die Gemeinde, bis der Herr einen Pastor für diese Gemeinde aufrichtete.

Bruder Flagler gab unumwunden zu: „Ich kann nicht predigen. Ich bin nicht berufen zu predigen oder als Pastor zu dienen. Ich habe eine Sonntagsschulklasse in der Gemeinde gelehrt; und habe einfach irgendwie auf die Gemeinde aufgepasst, bis Gott uns einen Pastor sandte. Manchmal hatten wir fast ein Jahr lang keinen Pastor, aber wir haben dennoch weiterhin Gottesdienste abgehalten. Ich sorgte dafür, dass ein Prediger zur Stelle war, wenn wir Gottesdienste hatten, und ich überwachte die Angelegenheiten der Gemeinde. Aber ich hatte keine Salbung zu lehren oder zu predigen, und ich war nicht berufen, als Pastor zu dienen."

Im Laufe der Zeit brachte Gott einen Pastor in diese Gemeinde; aber in der Zwischenzeit fungierte Bruder Flagler als Aufseher über das Werk.

Genau das geschah auch in der Urgemeinde. Ein älterer Mann oder jemand, der schon länger gläubig war, wurde über die Gemeinde eingesetzt, bis Gott mit der Zeit die Dienstgabe des Pastors hervorbringen konnte, der dann ein Ältester oder Aufseher im eigentlichen Sinn war – ein Hirte der Schafe Gottes.

„Leitungen"

Wenn wir die Entwicklung der Urgemeinde studieren, hilft uns das zu verstehen, dass der Begriff „Leitungen" in 1. Korinther 12:28 auf das Amt des Pastors verweist. Stell dir einmal die Frage: *Wer leitet eine Ortsgemeinde?* Der Pastor! Wir werden in der Schrift nirgends eine Stelle finden, wo gesagt wird, dass die Leitung einer Ortsgemeinde bei einem Apostel, Propheten, Evangelisten oder Lehrer lag.

„Leitungen“ oder *die Leitung der Ortsgemeinde* ist sicherlich nicht bei den Schafen im Stall zu finden. Es kann nicht so sein, denn „Leitungen“ bezieht sich auf ein Amt des Dienstes, und Laien haben nicht die geistliche Ausrüstung, in einem Amt des Dienstes zu stehen. Laien haben keine Salbung, die sie befähigt, in einem Amt des fünffältigen Dienstes zu wirken. Nein, der Hirte leitet die Ortsgemeinde.

Wir wissen auch, dass das Amt der „Leitungen“ sich *nicht* auf das Amt des Apostels bezieht, denn wir finden im Neuen Testament nirgends einen Hinweis darauf, dass ein Apostel eine Ortsgemeinde geleitet hätte. Eigentlich kann es gar nicht sein, dass ein Apostel Teil der Gemeindeleitung ist, denn das Amt des Apostels ist seinem Wesen nach kein stationärer Dienst, der nur in einem lokalen Leib zuhause ist.

Ein Apostel sollte natürlich Teil einer Ortsgemeinde sein, aber er bleibt nicht ständig in dieser Gemeinde, denn eine der vorrangigen Eigenschaften eines Apostels ist die, dass er ein Gesandter ist. Er ist mit einer Botschaft ausgesandt worden, oder er dient als Pionier und beginnt neue Werke und neue Gemeinden, oder er dient auf dem Missionsfeld.

Nein, der *Hirte* leitet die Schafe der Ortsgemeinde! Du kannst ins heutige Israel reisen und dort Schafhirten mit ihren Herden sehen. Der Hirte kümmert sich um die Schafe und wacht über sie; er *leitet* sie. Wenn du ihm sagen würdest: „Ich habe Autorität über diese Herde, und ich werde alle dein Schafe verkaufen“, dann würde der Hirte dich auslachen!

Keine andere Person hat Autorität über die Herde eines Hirten. Der Hirte hat die Autorität und Verantwortung, die Herde zu *leiten,* denn ihm wurde von Gott die Aufsicht über die Herde anvertraut.

So verhält es sich auch in der Ortsgemeinde. Die Leitung der Herde wird vom Hirten der Ortsgemeinde ausgeführt, denn er ist der Aufseher über die Ortsgemeinde. Wir sprechen hier nicht von einer natürlichen menschlichen Art des Leitens oder Regierens. Wir sprechen von einer göttlichen, geistlichen Aufsicht, welche in einer Haltung der Liebe die Verantwortung für die Ernährung der Schafe trägt.

> **Habt acht auf euch selbst und auf die ganze Herde, in welcher der Heilige Geist euch als AUFSEHER eingesetzt hat, die Gemeinde Gottes zu hüten** (und zu ernähren), **die er sich erworben hat durch das Blut seines eigenen Sohnes!**
>
> **Apostelgeschichte 20:28**

Die Begriffe „Hirte“ und „Pastor“ stammen vom griechischen Wort *poimen.* Hier eine Definition des Wortes *poimen* oder Hirte, aus *Vine's Expository Dictionary of New Testament Words:*

> Ein Hirte, jemand, der Herden hütet (nicht nur jemand, der sie mit Nahrung versorgt), das Wort wird bildlich für christliche Pastoren gebraucht. Pastoren führen die Herde und versorgen sie mit Nahrung.[2]

Dasselbe Wort, das in Apostelgeschichte 20:28 mit „Aufseher“ übersetzt wird, ist in der *King James Version* von 1. Timotheus 3:1 mit „Bischof“ übersetzt worden. Es ist das griechische *episkopos* und wird im Englischen mit *Superintendent, Bischof* oder *Aufseher* übersetzt; nach *Vine's* ist es ein Synonym für „Ältester“.

Also können wir mit gutem Gewissen sagen, dass die Begriffe *Bischof, Aufseher, Hirte, Pastor* und *Ältester* alle das pastorale Amt beschreiben. Es gibt einige Stellen im Neuen Testament, wo sich der Begriff „Ältester“ auch auf andere Funktionen beziehen kann, aber die Bibel spricht in Apostelgeschichte 20:28 zu Pastoren, Aufsehern oder Hirten, wenn sie sagt: *„Habt acht auf euch selbst und auf die ganze Herde ...“* Das Wort „Herde“ verweist auf Schafe. Schafe brauchen einen Hirten.

Es ist wahr, dass das Wort „Hirte“ (Pastor) nur einmal im Neuen Testament verwendet wird und zwar in Epheser 4:11:

„Und er hat die einen als Apostel gegeben ... Propheten ... Evangelisten ... HIRTEN und Lehrer.“

Allerdings wird das Wort „Hirte“ (Pastor) viele Male im Neuen Testament in abgewandelter Form gebraucht.

Die Bibel sagt einiges über Schafe und Hirten. Jesus selbst hat das Wort „Hirte“ häufig verwendet. Jesus sagte zum Beispiel: *„Ich bin der gute Hirte ...“* (Johannes 10:11 u. 14). Jesus ist der Oberhirte (1. Petr. 5:4) und der Pastor ist der Unterhirte über die Herde Gottes; er hütet und ernährt die Herde Gottes unter der Führung des Oberhirten, dem Herrn Jesus, dem Haupt der Gemeinde.

Eigentlich weist der griechische Grundtext in Epheser 4:11 (Hirten und Lehrer) darauf hin, dass das Amt des Pastors und des Lehrer sich in einer Person vereinen können. Mit anderen Worten: Ein Pastor kann auch ein Lehrer sein. Und es gibt auch Personen, die speziell als Pastoren-Lehrer berufen sind.

Wenn ich das Neue Testament lese, finde ich kein höheres Amt in der Ortsgemeinde als das des Pastors. Ich habe das Neue Testament über 150 Mal gelesen und habe nie eine Stelle gefunden, wo in der Ortsgemeinde von einer höheren Autorität die Rede ist als der des Pastors.

Wenn man die Kirchengeschichte studiert, wird man sehen, dass jede Gemeinde, die versucht hat, auf der falschen Annahme aufzubauen, dass Apostel und Propheten eine Gemeinde leiten sollten, schließlich gescheitert ist. Weil dieses Modell nicht schriftgemäß ist, kann Gott es nicht segnen.

„Jeder *Wind* der Lehre“

Diese falschen Lehren haben manche Gemeinden zerrissen und guten Leuten Schaden zugefügt. Kein echter Diener des Evangeliums, egal in welchem Amt er steht, dient in einer Art und Weise, die Streit verursacht oder infolge von Lehrfragen Spaltung bringt. Wenn jemand nicht in eine Gemeinde kommt, um die Leute zu segnen, dann ist er schief gewickelt; er ist kein echter Diener des Evangeliums.

Gott möchte, dass wir keine kleinen Kinder mehr sind. Er möchte, dass wir geistlich erwachsen werden und lernen, nicht jeden Wind der Lehre anzunehmen, den jemand im Leib Christi propagiert.

> **Denn wir sollen NICHT MEHR UNMÜNDIGE sein, hin- und hergeworfen und umhergetrieben von jedem WIND DER LEHRE durch die Betrügerei der Menschen, durch ihre Verschlagenheit zu listig ersonnenem Irrtum.**
>
> **Epheser 4:14**

Ich möchte euch in dieser Schriftstelle auf etwas aufmerksam machen. Die Bibel sagt, dass Unmündige von jedem Wind der Lehre hin- und hergeworfen und betrogen werden. Es heißt nicht, dass die Unmündigen von „jeder *falschen* Lehre" hin- und hergeworfen und betrogen werden.

Die *Conybeare* Übersetzung liest: „ ... herumgewirbelt von jedem sich wandelnden Verlauf der Lehre."

Die *Amplified Bible* liest: „... geschüttelt von jedem sich wandelnden Wind der Lehre, [werden sie zur Beute] der Berechnung und Schlauheit skrupelloser Menschen, [von Spielern], die sich jede Form von Betrug zu eigen machen und Irrtümer erfinden, um andere fehlzuleiten."

Mit anderen Worten: Manche Leute nehmen biblische Lehre, verdrehen sie unmerklich und führen so andere in die Irre. Sie legen das, was die Bibel sagt, falsch aus, so dass geistliche Kinder von diesem Irrtum fortgerissen werden können.

Man kann Lehre verdrehen, indem man einen Abschnitt der Schrift aus dem Zusammenhang reißt oder mit einer anderen Stelle kombiniert, die nichts mit ihr zu tun hat. Die Bibel nennt dies „Betrügerei der Menschen" (Eph. 4:14). Irrtum entsteht dann, wenn Leute Schriftstellen manipulieren, missdeuten oder verdrehen, um ihre eigene Meinung damit zu bestätigen (2. Petr. 3:16).

Wie ich bereits sagte, ist es wichtig zu unterscheiden, wann die Bibel von der *Gemeinde im universalen Sinn* redet – dem Leib Christi im Allgemeinen – und wann sie von der *Ortsgemeinde* spricht.

Alle Dienstgaben wirken in der universalen Gemeinde, im weltweiten Leib Christi. Aber nicht alle Dienstgaben wirken in jeder Ortsgemeinde im Sinne einer „korrekten" Gemeindeleitung.

In der RHEMA Bible Church, zum Beispiel, ist Kenneth E. Hagin Jr. der Hauptpastor, fünf weitere Personen gehören zum Pastorenstab, nämlich zwei Co-Pastoren, die Jugend- und Kinderpastoren und der Hauptverantwortliche des Musikdienstes. Außerdem gibt es dreißig oder mehr vollzeitliche Prediger im Reisedienst – Lehrer und Evangelisten – die Mitglieder der Gemeinde sind. Aber diese dienen nicht *in* der Gemeinde; sie gehen alle *von* der Gemeinde aus, um das Wort zu lehren und zu predigen. Sie sind nicht Teil der Gemeindeleitung.

Die Leitung der *RHEMA Bible Church* geschieht ausschließlich durch den Pastorenstab. Diese Personen sind es, die im Alltag die Aufsicht über die Gemeinde ausüben und sich um ihre Angelegenheiten kümmern.

Die Reiseprediger gehören alle zu dieser einen Ortsgemeinde, weil sie Mitglieder der *RHEMA Bible Church* sind, aber sie haben nichts mit den Alltagsgeschäften zu tun. Sie predigen nicht einmal in der Gemeinde, wenn sie nicht dazu eingeladen werden. Sie sind *in* der Gemeinde, aber ihr Dienst erfordert es, dass sie regelmäßig *außerhalb* der Gemeinde dienen.

Wir müssen auch verstehen, dass der Dienst mancher Leute es erfordert, dass sie *von* der Ortsgemeinde *aus* der universalen Gemeinde dienen, während andere wiederum dazu berufen sind, nur *in* ihrer eigenen Ortsgemeinde zu dienen. Diener Gottes sollten wissen, ob es ihre Berufung ist, ausschließlich in ihrer eigenen Gemeinde zu bleiben, und dort zu dienen, oder ob Gott sie in einen Reisedienst und somit zu einem Dienst an einem größeren Teil des Leibes Christi berufen hat.

Einige Lehrer sind fehlgegangen, weil sie dachten, dass ihre Berufung zu lehren automatisch bedeutet, dass sie dem gesamten Leib Christi oder zumindest einem größeren Teil des Leibes dienen sollen. Aber Gott beruft manche Lehrer auch dazu, ausschließlich als Sonntagsschullehrer oder als Bibellehrer in einem bestimmten Bereich ihrer eigenen Ortsgemeinde zu dienen. Ich habe teilweise eine erstaunliche Salbung auf Lehrern gesehen, die nur dazu berufen waren, in ihrer eigenen Ortsgemeinde zu dienen.

Ein Mann zum Beispiel, der zu unserer Heimatgemeinde in Texas gehörte, war ein wunderbarer Bibellehrer. Er lehrte in einer Bibelstunde und hatte eine großartige Lehrsalbung. Weil er in dieser Weise gesalbt war, pflegten die Leute zu ihm zu sagen: „Du solltest nicht nur in dieser Gemeinde lehren, sondern auch in anderen Gemeinden und im gesamten Leib Christi." Er sagte dann immer: „Nein. Das ist nicht meine Berufung. Meine Berufung ist es ausschließlich hier, in dieser Ortsgemeinde, zu lehren."

Es gibt andere Lehrer, die zu einem Reisedienst für einen größeren Teil des Leibes Christi berufen sind. Sie ziehen durchs Land und lehren das Wort. Das ist ihre Berufung im Leib Christi. Aber es ist die Verantwortung jedes einzelnen Gliedes des Leibes Christi, herauszufinden, worin seine jeweilige Berufung besteht und wo Gott seinen Dienst gesetzt hat; und dann sollte man treu bei dem bleiben, wozu Gott einen gesetzt hat.

Endnoten

[1] „weiden" ist im Englischen auch in Apg. 20:28 *feed;* to feed = hüten, jemanden ernähren, mit Speise versorgen.

[2] W. E. Vine, M.A., *An Expository Dicitonary of New Testament Words* (Old Tappan, New Jersey: Fleming H. Revell Company, 1940), p. 167.

Kapitel 12

Der Pastor und die Ortsgemeinde

Es gibt zwei vorrangige Institutionen, die Gott bestätigt hat. Als erstes müssen Heim und Familie genannt werden. Diese hat Er zuerst eingesetzt. An zweiter Stelle muss die Gemeinde genannt werden. Und eigentlich ist auch die Ortsgemeinde wie eine Familie; sie ist eine Gemeindefamilie. Hast du schon bemerkt, dass die Familie und die Gemeinde die zwei Bereiche sind, die der Teufel mehr als alles andere angreift?

Die Leute fragen immer wieder: „Was tut Gott heute?“, als ob Gott jeden Tag etwas Neues tun würde. Eine der Hauptbetonungen Gottes in der heutigen Zeit ist die Ortsgemeinde. Aber das ist nichts Neues.

Gott hat schon immer Seinen Segen, Seine Bestätigung auf die Ortsgemeinde gelegt und ihre Wichtigkeit betont, aber weil in dieser Hinsicht einiges aus dem Gleichgewicht geraten ist, betont Er dieses Thema jetzt von Neuem, damit wir wissen, dass es bei Ihm Priorität hat. Eigentlich führt uns Gott nur dahin zurück, wo wir sein sollten.

Ich kann dir genau sagen, was Gott heute im Leib Christi tun will. Erstens will Er starke und stabile Ortsgemeinden aufbauen. Und zweitens will Er, dass die Mitglieder dieser Gemeinden lernen, im Geist zu fließen.

Wir müssen erkennen, dass Jesus Christus, das Haupt der Gemeinde, höchstpersönlich die Ortsgemeinde institutionalisiert und das Amt des Pastors im Leib Christi *eingesetzt* hat. Beachte, was Jesus in Matthäus, Kapitel 9, über das Amt des Pastors gesagt hat.

Und Jesus zog umher durch alle Städte und Dörfer und lehrte in ihren Synagogen und predigte das Evangelium des Reiches und heilte jede Krankheit und jedes Gebre-

chen. Als er aber die Volksmengen sah, wurde er innerlich bewegt über sie, weil sie erschöpft und verschmachtet waren WIE SCHAFE, DIE KEINEN HIRTEN HABEN.

Matthäus 9:35,36

In diesem Abschnitt ist nicht davon die Rede, dass Jesus, als Er die Volksmengen sah, innerlich bewegt, gesagt hätte, dass sie erschöpft und verschmachtet waren, wie Schafe ohne einen *Apostel* oder *Propheten.* Es heißt auch nicht, dass die Volksmengen erschöpft und verschmachtet waren wie Schafe ohne einen *Evangelisten* oder *Lehrer.* Nein! Es heißt, dass sie erschöpft und verschmachtet waren wie Schafe, die keinen *Hirten* haben! Schafe brauchen einen Hirten.

Jesus wusste, dass die Schafe ohne einen Hirten zerstreut würden. Der Evangelist und der Lehrer haben nicht die gleiche Salbung in ihrem Dienst, für die Schafe zu sorgen und sie zu ernähren, wie der Pastor.

Es gibt keinen Ersatz für die Ortsgemeinde

Ich habe Mühe mit Lehrern, die die Ortsgemeinde degradieren und die Leute dazu anhalten, ihr Glaubensleben ohne eine Gemeinde zu führen. Sie vermitteln den Eindruck, dass man keine Ortsgemeinde braucht.

Ein mir bekannter Bibellehrer sagte tatsächlich zu mehreren Pastoren: „Ich halte nicht sehr viel von der Ortsgemeinde. Wenn die Leute meine Radiosendungen hören, meine Fernsehsendungen sehen, meine Bücher lesen und meine Kassetten hören, können sie auch zuhause bleiben und geistlich genauso wachsen, wie jemand, der in die Gemeinde geht."

Das ist nicht schriftgemäß. Indem er dies sagte, verleugnete er das Amt des Pastors, das von *Jesus Christus,* dem Haupt der Gemeinde, in der Ortsgemeinde eingesetzt worden ist! Die Leute mögen zwar wachsen, wenn sie Kassetten und Radiosendungen hören, aber es wird ein geistliches Wachstum mit Schlagseite sein. Sie brauchen einen Pastor – einen Hirten. Der Hirte hat einen einzigartigen Platz im fünffältigen Dienst, denn er ist es, der von Jesus in der Gemeinde dazu eingesetzt wurde, die Schafe zu ernähren und zu hüten.

Ich sagte: „Ist es nicht schrecklich, dass nicht einmal Jesus wusste, dass die Leute wachsen könnten, wenn sie nur den Dienst des Lehrers hätten? In Seiner Unwissenheit hat Er schließlich Hirten in der Ortsgemeinde eingesetzt. Der liebe Jesus ist scheinbar nicht so schlau wie dieser Knabe! Er wird wohl nicht recht gewusst haben, was Er tat, als Er Pastoren in die Gemeinde gesetzt hat."

Aber dann gab dieser Lehrer zu: „Ich gebe mich nicht gerne mit den Leuten und all ihren Problemen ab." Nun gut, aber das ist schließlich die Aufgabe eines Pastors. Ein Pastor ist rund um die Uhr im Bereitschaftsdienst, was die Nöte der Schafe angeht.

Wenn ich sage, dass Gott die *Gemeinde* bestätigt hat, dann meine ich damit die Ortsgemeinde, nicht irgendeinen Fernsehdienst. Fernsehdienst ist nicht Gemeinde. Es ist nur ein Dienstzweig, und kann nie ein gleichwertiger Ersatz für die Ortsgemeinde sein. Ein Radiodienst kann niemals den Platz der Ortsgemeinde einnehmen, genauso wenig wie Konferenzen oder Seminare.

Radio- und Fernsehdienste, Konferenzen und Seminare sind nur Zugaben oder nach außen gerichtete Dienste der Gemeinde, sie machen nicht die Ortsgemeinde an sich aus. Leute, die meinen, sie müssten nicht mehr in die Gemeinde gehen und nur noch Fernsehdiensten zuhören und zu Konferenzen und Seminaren gehen, gleichen jemandem, der versucht zu überleben, indem er nur noch Vitaminpräparate zu sich nimmt statt richtige Nahrung!

Du erkennst sofort, wie unvernünftig es ist, wenn jemand sagt: „Ich werde kein Essen mehr zu mir nehmen, sondern nur noch Vitamine." Nein, jemand, der dies tut, würde in Kürze sterben.

Genauso ist es auch mit der Ortsgemeinde. Wenn du nicht mehr zur Gemeinde gehst und versuchst, geistlich zu wachsen, indem du dich auf Radio- oder Fernsehdienste als geistliche Nahrungsquelle verlässt, dann wird deine geistliche Gesundheit Schaden leiden.

Manche dieser Radio- und Fernsehdienste möchten dich dazu bringen, ihnen deinen Zehnten und deine Opfer zu senden. Ich würde keinem Radio- oder Fernsehprediger zuhören, der die Leute auffordert, ihm ihren Zehnten zu senden. Radio- und Fernsehprediger sollten nicht versuchen, Geld von der Ortsgemeinde abzuziehen.

Ich bin nicht dagegen, dass Christen andere Prediger unterstützen, wenn sie der Meinung sind, dass sie der Unterstützung wert sind. Aber Radio- und Fernsehdienste können nicht den Platz der Ortsgemeinde einnehmen und sollten niemanden dazu anhalten, ihnen den Zehnten zu senden.

Ich sage den Leuten schon seit Jahren: „Gebt euren Zehnten in die Ortsgemeinde. Wenn ihr eure Zehnten und Opfer in die Ortsgemeinde gegeben habt, dann könnt ihr ein Opfer in einen anderen Dienst geben, wenn ihr möchtet." Ich habe niemals jemanden gebeten, mir seinen Zehnten zu geben, denn ich glaube, dass der Zehnte der Ortsgemeinde gehört (3. Mose 27:32; Maleachi 3:10).

Wenn du krank bist oder sogar im Krankenhaus liegst, kommen diese Fernsehprediger, die deinen Zehnten wollen, zu dir, um für dich zu beten? Wenn du heiratest, kommen sie dann zu dir, beraten dich und halten die Trauzeremonie? Helfen sie dir in Zeiten der Not oder einem Trauerfall? Nein!

Nein, der Pastor ist es, der diese Pflichten ausübt und zwar in der Ortsgemeinde. Und er ist es, der dafür sorgt, dass die Herde Gottes mit ausgewogener Nahrung bedient wird. Aus diesem Grund ist er für die Schafe von besonderer Bedeutung. Er ist wie der Vater einer Familie. Er liebt die Schafe in einer Weise, wie ein Evangelist, ein Prophet oder Lehrer sie nicht lieben kann, weil er eben in besonderer Weise dazu gesalbt ist, ihnen ein Hirte zu sein.

Der Evangelist kann vielleicht besonders gut predigen, aber wenn der Gottesdienst vorbei ist, dann geht er seines Weges. Ein Lehrer oder ein Prophet mag vorbeikommen und ein Seminar abhalten und die Leute in der Gemeinde lehren, aber wenn dieses vorbei ist, dann gehen auch sie ihres Weges.

Aber der Pastor kann die Schafe, die seiner Fürsorge anvertraut sind, nicht einfach im Stich lassen, das ist auch gar nicht seine Absicht – jedenfalls nicht, wenn er ein echter Hirte ist. Sein Dienst ist in der Ortsgemeinde verankert. Er bleibt an Ort und Stelle bei den Leuten und hilft mit, sie zu ernähren.

Und übrigens, wenn wir schon beim Thema sind: Auch ein Lehrzentrum kann nicht den Platz der Ortsgemeinde übernehmen. Manche von diesen Lehrzentren halten einen oder zwei Gottesdienste in der Woche, aber da ist kein Hirte, nur ein Lehrer; also ist es keine richtige Gemeinde.

Ein Pastor wird entweder ein Prediger oder ein Lehrer des Wortes sein, aber seine Hauptaufgabe ist das Amt des Pastors. Wenn aber ein Diener Gottes nur eine Lehrgabe hat, dann ist seine Dienstgabe die des *Lehrens,* nicht das Amt des Pastors. Die Fähigkeit zu lehren oder zu predigen macht noch keinen Pastor aus.

Ein Pastor kann auch ein Lehrer sein, versteht mich nicht falsch. Aber wenn ein Diener Gottes nur lehren kann und nicht zum pastoralen Dienst berufen ist, dann kann sein Lehrzentrum nicht den Platz einer Ortsgemeinde einnehmen. Wenn er „nur" ein Lehrer ist, dann sollte er die Leute auch darüber lehren, dass sie eine gute Heimatgemeinde brauchen.

Dann gibt es diese Kameraden, die sich zwar Pastoren nennen, aber sie sind nur am Sonntagmorgen am Ort, predigen und verschwinden dann wieder für den Rest der Woche. Auch das entspricht nicht dem Bild eines echten Pastors! Ein Pastor sollte nicht dauernd unterwegs sein, sondern zuhause seine Herde beaufsichtigen.

Es ist in Ordnung, wenn ein Pastor von Zeit zu Zeit abwesend ist. Aber den größten Teil der Zeit sollte ein Pastor in der Ortsgemeinde sein und seine Schafe hüten. Manche Pastoren wundern sich, dass ihre Schafe geistlich nicht wachsen. Manchmal mag das daran liegen, dass der Pastor seinen Schafen nicht die nötige Aufmerksamkeit schenkt.

Leider sind manche dieser Dinge im Leib Christi aus dem Gleichgewicht geraten. Ein Grund dafür, dass die Dinge stehen, wie sie heute stehen, ist der, dass viele Leute, die zur charismatischen Bewegung gehören – in dieser errettet und mit dem Heiligen Geist erfüllt wurden – nicht in der Gemeinde aufgewachsen sind. Einige von ihnen kamen zwar aus einem traditionellen, kirchlichen oder gemeindlichen Umfeld, aber viele verstanden nicht wirklich den Grund für die Ortsgemeinde und schätzten daher ihren Wert nicht richtig ein.

So wichtig und hilfreich Konferenzen und Seminare für unser geistliches Wachstum und unsere Auferbauung sein mögen, so dürfen sie dennoch nicht an den Platz der Ortsgemeinde treten. Man kann eine Gemeinde nicht leiten, wie man eine Konferenz oder ein Seminar leiten würde.

Wenn ich zum Beispiel eine Konferenz halte, dann verlasse ich für gewöhnlich den Saal, sobald der Gottesdienst vorbei ist. Die Salbung ist so stark, dass es für den Körper manchmal schwer ist, sie auszuhalten. Weil ich keine Aufmerksamkeit auf mich lenken will, verlasse ich den Gottesdienst. Als Reiseprediger kann ich es mir erlauben, eine Konferenz oder ein Seminar zu verlassen, sobald die Versammlung zu Ende ist.

Aber der Pastor einer Ortsgemeinde sollte dies nicht tun – auf jeden Fall nicht, wenn er ein echter Hirte ist. Damals, als ich selbst Pastor war, war ich der Erste in der Gemeinde, der die Leute begrüßte, und ich war auch der Letzte, der die Gemeinde verließ, nachdem ich, anschließend an den Gottesdienst, mit den Leuten Gemeinschaft gepflegt hatte.

Die Leute mussten wissen, dass ich, als ihr Pastor, verfügbar und zur Stelle war, um ihnen zu dienen. Man kann einen

Gemeindegottesdienst nicht durchführen, wie man ein Seminar abhält. Vielleicht findet in der Gemeinde eine Konferenz statt und der Gastsprecher verhält sich so, wie ich es oben beschrieb, aber der Pastor kann sich dies nicht erlauben. Außerdem würde ein Pastor sowieso lieber den Nöten der Leute begegnen, als irgendetwas anderes zu tun.

Aus diesem Grund ist es auch ziemlich offensichtlich, dass manche Leute nicht zum pastoralen Dienst berufen sind. Sie wollen nicht mit den Schafen zusammen sein.

Ich hörte kürzlich von einem Mann, der angeblich Pastor war. Aber nach mehreren Jahren hatte er immer noch nicht mehr als fünfundzwanzig Leute in seiner Versammlung. Kein Wunder! Denn wenn er mit seiner Predigt zu Ende war, drehte er sich um und verschwand durch die Hintertür! Dieser Mann war entweder nicht zum pastoralen Dienst berufen oder er war fehlgeleitet, was die wahre Natur der Rolle eines Pastors angeht.

Nein, der wahre Hirte liebt seine Schafe. Er würde lieber sterben, als mit anzusehen, dass sie Schaden leiden. Ihm ist besonders daran gelegen, dass die Schafe gesegnet sind und ihnen in allen Belangen geholfen wird.

Die Ortsgemeinde ist eine Familie

Als Gemeindefamilie wird die Ortsgemeinde mit einigen Problemen zu tun haben, die auch für eine natürliche Familie typisch sind, denn sie besteht aus Menschen. Der Pastor wird mit diesen Problemen zu tun haben, seien es nun Probleme im Bereich der Disziplin, finanzielle Probleme oder was auch immer. Es ist nicht die Aufgabe irgendeines sogenannten Apostels oder Propheten, die Schafe eines anderen Pastors zu maßregeln; schließlich kennt er sie gar nicht.

Im natürlichen Bereich ist es manchmal so, dass Kinder in eine Haltung von Ungehorsam geraten und die Führung des Vaters brauchen. Manchmal muss ein Familienvater auch die

Aufgabe der Züchtigung übernehmen. Wenn deine Kinder Korrektur brauchen, dann rufst du keinen Außenstehenden herbei, der diese Aufgabe für dich übernimmt, nicht wahr? Natürlich nicht!

So ist es auch in der Ortsgemeinde. Der Pastor ist wie der Papa einer Ortsgemeinde. Die Schafe einer Gemeinde brauchen es, dass der Hirte sie mit dem Wort Gottes versorgt und darauf achtet, dass sie sich im Stall wohlfühlen. Und wenn sie Erziehung und Korrektur brauchen, dann brauchen sie einen Pastor, dem ihr Wohlergehen am Herzen liegt, so dass er ihnen in einer liebevollen Weise biblische Korrektur angedeihen lässt.

Der Hirte ist dazu in der Lage, die Schafe, falls nötig, geistlich zu korrigieren, weil er schließlich die ganze Zeit bei ihnen ist. Er kennt seine Gemeinde und trägt echte Sorge für ihr Wohlergehen. Wenn seine Herde manchmal Korrektur nötig hat, dann ist es gewiss *nicht* die Verantwortung des Lehrers und auch nicht die des Apostels oder des Propheten, in der Gemeinde aufzutauchen, um die Gemeindemitglieder eines Pastors zu maßregeln.

Nein, die Leute brauchen einen Hirten! Sie können nicht ohne den Pastor der Ortsgemeinde zur Reife gelangen. Ja, es ist tatsächlich so, dass alle anderen Dienstgaben umsonst arbeiten, wenn die Gabe des Pastors fehlt, denn er ist derjenige, der die Schafe weidet, für sie sorgt und sie mit dem Wort Gottes ernährt. Die Schafe werden ohne einen Hirten und eine Ortsgemeinde niemals geistlich wachsen und niemals zur vollen Reife gelangen.

Weil die Ortsgemeinde eine Familie ist, sollte sich die Gemeinde um die einzelnen Glieder kümmern, genauso wie eine Familie sich um die einzelnen Glieder kümmert. Wenn Gemeindeglieder krank sind und im Krankenhaus liegen, dann sollten Mitarbeiter des Pastorenstabs dort sein, um ihnen zu dienen. Wenn ein Paar heiraten will, dann ist der Pastor da, um ihnen mit Rat und Tat zur Seite zu stehen und schließlich die Trauzeremonie zu halten. Wenn in einer Familie jemand stirbt, dann ist der Pastor und die Gemeindefamilie da, um die betroffene Familie mit Liebe und Unterstützung zu umgeben.

Wenn du nicht zu einer Ortsgemeinde gehörst oder nur ab und zu eine besuchst, wie sollte dann irgendjemand in der Gemeinde davon wissen, wenn du Gebet brauchst oder krank bist?

Der Nutzen der Ortsgemeinde umfasst mehr als nur die geistliche Seite des Lebens. Die Ortsgemeinde wurde von Gott auch als ein Segen für die natürliche Seite des Lebens der Menschen gegeben.

Wir müssen verstehen, dass es eine geistliche Seite des Lebens gibt, aber das Leben hat auch eine natürliche Seite. Du kannst nicht andauernd *nur* im Geist leben; so ist es nicht gedacht, du lebst ja schließlich immer noch in diesem natürlichen Bereich.

Du sollst im Geist wandeln, während du in dieser natürlichen Welt lebst. Natürlich ist die Ortsgemeinde dafür verantwortlich, ihre Leute geistlich zu ernähren, aber sie kann für ihre Mitglieder auch ein Segen in mancher Hinsicht des natürlichen Lebens sein.

Darum ist die Ortsgemeinde so wichtig. Im Leben eines jeden von uns kommt die Zeit, wo wir im natürlichen oder im geistlichen Bereich Hilfe brauchen werden.

Gott setzt jeden von uns in eine Gruppe von Gläubigen im örtlichen Teil des Leibes Christi; mit diesen Menschen können wir Gemeinschaft pflegen und in der Obhut der Gemeinde geistlich wachsen. In Zeiten der Not braucht jeder von uns Menschen, an die er sich wenden kann, um Auferbauung und Trost zu empfangen.

Wohin, zum Beispiel, wandten sich die Jünger in Zeiten der Not? Als sie ins Gefängnis gesetzt, bedroht und schließlich wieder freigelassen wurden, gingen sie *„zu den Ihren,"* wie wir in Apostelgeschichte 4:23 lesen.

Ja, heutzutage kann man auch anderen Diensten seine Gebetsanliegen mitteilen, aber manchmal braucht man mehr als Gebet. Manchmal braucht man die Gemeinschaft mit anderen

Gläubigen derselben geistlichen Ausrichtung; du brauchst die leibliche Gegenwart von Brüdern und Schwestern um dich herum, die dich mit ihrem Glauben und ihrer Liebe umgeben.

Ein Pastor ist ein *Hirte* – kein *Diktator*

Der Pastor einer örtlichen Versammlung ist für die Ortsgemeinde so etwas wie ein Papa. Er sollte kein Diktator sein. Manchmal ist es notwendig, dass der Hirte einer Ortsgemeinde ein sehr geduldiger Mensch ist.

Indem er die Herde Gottes leitet, lernt ein Pastor manche Dinge über den Umgang mit Menschen, die er nirgends sonst lernen kann. Unter anderem lernt er geduldig zu sein, und wenn er weise ist, wird er auch lernen, Menschen so zu lieben, wie sie sind.

Ich sprach einmal mit einem bestimmten Diener Gottes, der zehn Jahre vor mir dieselbe Gemeinde geleitet hatte, der ich nun als Pastor vorstand. Bereits zu seiner Zeit hatte er mit einem Mann zu tun gehabt, der jetzt im Gemeindevorstand war; damals aber ein eher wankelmütiges Christenleben geführt hatte.

Der Pastor erzählte mir: „Als ich dieser Gemeinde als Pastor vorstand, war der Mann bereits seit Jahren errettet und mit dem Heiligen Geist erfüllt, dennoch war er der Gemeinde gegenüber sehr untreu. Er kam höchst selten zu den Gottesdiensten und gab niemals auch nur einen Cent ins Opfer. Wie aus ihm inzwischen ein so aufrechter Christ werden konnte, ist mir unbegreiflich."

Dann fügte er hinzu: „Ich sage dir. Wenn er dann einmal zum Gottesdienst kam, lauerte ich ihm auf!" Dieser Pastor reagierte auf sehr ungebührliche Art und Weise auf das Verhalten des Mannes.

Ich antwortete: „Hier liegt das Problem. Sogar ein altes Schwein hätte genug Verstand, nicht mehr zum Futtertrog zu kommen, wenn man es beim Fressen jedes Mal mit einem Baseballschläger auf den Kopf hauen würde! Nachdem du gegangen bist, haben wir Pastoren, die nach dir kamen, angefangen, ihn mit dem Wort zu ernähren, so dass er aus den geistlichen Kinderschuhen herauswachsen konnte und zu einem standhaften Christen wurde."

Ein Pastor wird immer auch Babychristen in seiner Gemeinde haben. Aber er darf nicht den Fehler machen und die Schafe verprügeln, um sie so zum Wachsen zu bringen! In den Jahren, als ich Pastor war, bemühte ich mich darum, den Schafen keine „geistlichen Prügel" zu verpassen. Ich versuchte mit den Augen des Glaubens ihr wahres Wesen zu sehen, denn ich übte mich darin, im Glauben zu wandeln, nicht im Schauen.

Pastoren müssen lernen, ihre Herde mit den Augen des Glaubens zu sehen. Wenn Pastoren im Schauen wandeln würden, dann hätten sie vermutlich manchmal das Verlangen, den Leuten von der Kanzel aus das Fell über die Ohren zu ziehen, sie gut durchzusalzen und sie anschließend zum Trocknen aufzuhängen! Aber auch im Bereich des geistlichen Wachstums seiner Gemeinde sollte ein Pastor im Glauben wandeln, nicht im Schauen. Ein guter Hirte sieht die Leute in seiner Versammlung so, wie sie sein könnten, wenn sie gesunde geistliche Nahrung empfangen.

Wie können die Schafe heranreifen und aus den Kinderschuhen des Glaubens herauswachsen? Indem der Pastor ihnen die richtige Ernährung gibt und sie mit Liebe behandelt. Das meine ich, wenn ich davon rede, dass man die Menschen mit den Augen des Glaubens sehen soll. Wenn sie dann die entsprechende Zeit zu wachsen haben, können sie stabile Christen werden. Ich weiß, wovon ich rede, denn ich bin als Pastor genau so vorgegangen.

Der Hirte muss auch in diesem Bereich des Wandels im Glauben sein Leben für die Schafe geben, denn es ist nicht immer einfach, dies zu tun.

Ein Pastor trägt eine ernsthafte Verantwortung, die Schafe in einer liebevollen Haltung zu weiden und zu ernähren. Die

Aufsicht über die Schafe zu haben bedeutet nämlich nicht, über sie zu herrschen oder sie zu misshandeln.

Ich erinnere mich an eine Reihe von Erweckungsgottesdiensten, die ich für einen Pastor in Texas hielt. Er gehörte zu der Art von Leuten, die meinen, dass sie das Maß aller Dinge sind. Er war gesetzlich und erlaubte keiner Frau, die Make-up trug oder kurze Haare hatte, im Chor mitzusingen.

Aber als ich nach einigen Jahren dorthin zurückkam, um eine weitere Reihe von Gottesdiensten in seiner Gemeinde zu halten, hatte sich seine Einstellung völlig verändert. Ich fragte ihn, was mit ihm geschehen sei.

Er sagte: „Ich fing an, den Herrn zu suchen, weil während der gesamten siebzehn Jahre, in denen ich bis zu diesem Zeitpunkt als Pastor gearbeitet hatte, keine meiner Gemeinden jemals gewachsen war. Die Leute unterstützten mich und ich hatte immer genügend Geld, sogar zur Zeit der großen Wirtschaftskrise; mir fehlte nichts, aber keine meiner Gemeinden ist jemals gewachsen – weder zahlenmäßig noch geistlich."

Er sagte: „Ich fing an, dafür zu fasten und zu beten. Ich zog mich in den Gästezimmerbereich der Gemeinde zurück und sagte meiner Frau: ‚Bitte störe mich nicht, denn ich möchte fasten und beten und Gott suchen.' Ich blieb fünf Tage dort, nahm nichts außer Wasser zu mir und suchte Gott in Seinem Wort und im Gebet."

„Ich fragte den Herrn: ‚Herr, was stimmt nicht? Ich arbeite nun seit all diesen Jahren als Pastor, und keine meiner Gemeinden ist jemals gewachsen. Wir bekommen keine neuen Mitglieder, und die Leute scheinen auch geistlich nicht zu wachsen.'

Der Herr antwortete mir. Er sagte: ‚Eines deiner Probleme ist, dass du alle Lämmer schlachtest, darum hast du keine ausgewachsenen Schafe. Deine Gemeinde kann nicht wachsen, wenn du fortwährend alle Lämmer umbringst.'

Jesus sagte: ‚Lass die Lämmer in Ruhe! Ernähre sie und gib ihnen die richtige Speise, aber überlass sie einfach mir. Sie werden herumtollen und ein- und ausgehen, und manchmal laufen sie auch davon und kullern einen Hügel hinab, weil sie eben kleine Lämmer sind. Und vielleicht denkst du sogar, dass sie für immer verschwunden sind. Aber ehe du dich versiehst, werden sie zurückkehren. Lass sie einfach in Ruhe!'

,Und nicht allein das', sagte Jesus, ,sondern du bringst auch alle kranken Schafe in deiner Herde um, statt sie zu ernähren und dich um sie zu kümmern. Wenn jemand aus deiner Versammlung, über Gebet und gute Ernährung hinaus, eine geistliche Operation benötigt, dann schlachtest du gleich die ganze Person.'

,Wenn eines deiner Gemeindemitglieder ein körperliches Problem hätte, dann könntest du zwar vielleicht das Problem lösen, indem du ein Schlachtmesser nimmst und den betroffenen Bereich großräumig aufschneidest und entfernst; aber in was für einem Zustand würde sich die Person nach dieser *Operation* befinden? Und geistlich gesehen entspricht das genau dem, was du mit deinen kranken Schafen tust!'

Der Herr sagte: ,Du solltest die kranken Schafe ernähren, nicht schlachten! Du könntest die meisten von ihnen zur Genesung bringen, wenn du ihnen das Wort verabreichst. Und wenn einige tatsächlich eine *Operation* nötig haben, dann überlass diesen Teil einfach mir, ich werde sie operieren.'

Der Herr fuhr fort: ,Und kein Wunder, dass es dir finanziell immer gut ging, du hast ja alle Leute, die keinen Zehnten geben wollten, aus der Gemeinde geworfen. Also ist es ja klar, dass jeder, der noch in der Gemeinde ist, den Zehnten gibt.'"

Dieser Pastor sagte zum Herrn: „Herr, ich habe falsch gehandelt. Ich kehre um. Gott, bitte vergib mir!"

Dann sagte mir dieser Pastor: „Ich kehrte zum Herrn um und änderte mich. Seitdem ich mich verändert habe, ist die Gemeinde gewachsen."

Dank sei Gott für Leute mit einem echten Hirtenherzen. Ein guter Hirte gibt sein Leben für die Schafe (Johannes 10:11). Für ihn stehen die Schafe an erster Stelle. Er ist derjenige, der die Aufsicht über die Schafe hat. Er ist über die Schafe gesetzt und sein Herz ist auf das gerichtet, was für sie am besten ist.

In all den Jahren, während ich als Pastor diente, habe ich den Leuten immer gesagt: „Wenn ihr eine andere Gemeinde findet, wo ihr besser ernährt werdet als hier und geistlich besser wachsen könnt als hier, dann ermutige ich euch, dorthin zu gehen. Nein, ich bestehe sogar darauf, dass ihr dorthin geht, denn ich suche euer Bestes."

Wenn Pastoren versuchen, das Leben der Leute zu kontrollieren und sie dazu bringen wollen, zu tun, was sie gerne möchten, dann werden sie vermutlich am Ende die halbe Gemeinde verlieren!

Kurz nach der großen Wirtschaftskrise besuchte ich eine bestimmte Gemeinde. Es handelte sich dabei um die einzige aus Steinen erbaute Pfingstgemeinde jener Zeit, von der ich wusste. Die meisten Pfingstgemeinden hatten damals ein Gebäude aus Holz. Ich ging also dorthin, um den Pastor zu besuchen.

Ich war ungefähr dreiundzwanzig Jahre alt und der Pastor war fünfundfünfzig Jahre alt. Während wir Gemeinschaft pflegten, berichtete er mir von einem anderen Diener Gottes, der in der Gegend war und Zeltversammlungen abhielt. Der Pastor war nicht mit allem einverstanden, was der andere Diener Gottes lehrte.

Er sagte zu mir: „Ich werde meinen Leuten am Sonntag im Gottesdienst verbieten, diese Zeltversammlungen zu besuchen." Der Diener Gottes, der diese Versammlungen hielt, lehrte im Großen und Ganzen gesunde Lehre, aber es gab einige Dinge, die nicht mit dem Wort Gottes übereinstimmten.

Obwohl ich viel jünger war als dieser Pastor, wusste ich, dass er einen Fehler machte, wenn er seiner Gemeinde verbot, diese anderen Versammlungen zu besuchen. Aber man kann nicht immer alles sagen, was man weiß, vor allem dann nicht, wenn man weiß, dass jemand sowieso nicht zuhören wird.

Im nächsten Sonntagsgottesdienst verbot dieser Pastor also

seinen Leuten, zu den Zeltversammlungen zu gehen. Diese Situation war nur ein kleiner Hinweis auf die schroffe, diktatorische Umgangsweise, die er seinen Schafen gegenüber pflegte. In weniger als einem Jahr verlor dieser Pastor nicht nur seine Gemeinde, sondern er war nicht einmal mehr im Dienst; und er kehrte nie wieder in den Dienst für den Herrn zurück.

Ungefähr ein Jahr, nachdem dies geschehen war, war ich Pastor einer Gemeinde, die sich in derselben Gegend befand. Wieder kam derselbe Diener Gottes, der damals die Zeltversammlungen gehalten hatte, und fing an, solche Treffen in der Nähe meiner Gemeinde zu halten. Einer der anderen Pastoren in der Stadt kam zu mir und fragte mich: „Was sagst du dazu, dass dieser Prediger in der Gegend ist?"

Ich sagte: „Gar nichts. Ich werde es in meiner Versammlung nicht einmal erwähnen."

Der Pastor sagte zu mir: „Ich werde meinen Leuten verbieten, zu diesen Versammlungen zu gehen."

Ich sagte ihm: „Du machst einen Fehler, wenn du das tust", und ich deutete ihm an, was mit diesem anderen Pastor geschehen war, der dasselbe getan hatte.

„Aber", wendete der Pastor ein, „wenn du deinen Leuten nicht verbietest zu gehen, dann werden einige von ihnen zu seinen Versammlungen gehen."

„Sicher werden sie dies tun. Aber ich bin kein Diktator. Die Gläubigen befinden sich in der Familie Gottes, nicht unter einer diktatorischen Herrschaft. Außerdem sehe ich keine Konkurrenz zwischen diesem Prediger und mir. Ich ernähre meine Leute mit dem Wort Gottes."

Der Pastor sagte: „Nun gut, ich werde meinen Leuten verbieten, dorthin zu gehen."

Ich sagte: „Wenn du das tust, werden sie alle dorthin gehen, nur um zu sehen, ob es wirklich so schlimm ist, wie du ihnen gesagt hast. Darum werde ich vor meiner Versammlung nicht einmal erwähnen, dass er in der Gegend ist."

Ich wusste, dass dieser Pastor falsch handelte, aber ich konnte ihn nicht überzeugen. Ich erwähnte in meiner Gemeinde nichts davon, dass dieser Prediger in der Stadt war. Allerdings entstand schließlich eine derartige Kontroverse bezüglich seiner Gottesdienste, dass die Leute anfingen, mir diesbezüglich Fragen zu stellen. An diesem Punkt musste ich ein öffentliches Statement abgeben, denn er wollte diese Treffen den ganzen Sommer lang weiterführen.

Ich sagte zu meiner Gemeinde: „Einige von euch haben mich bezüglich der Zeltversammlungen hier in der Stadt angefragt. Ich bin nicht mit allem einverstanden, was dieser Mann predigt. Aber ich würde sagen, dass ungefähr neunzig Prozent von dem, was er predigt, völlig korrekt ist. Man kann in seinem Herzen aufrichtig sein, aber in seinem Denken daneben liegen. Ich meine, dass er in einigen Dingen falsch liegt, aber Gott segnet ihn dennoch. In seinen Versammlungen werden Leute errettet und geheilt, also kann man ihm nur noch mehr Kraft wünschen."

„Einige Leute haben mich gefragt", fuhr ich weiter, „ob sie an seinen Versammlungen teilnehmen dürfen. Ich bin kein Diktator. Wir haben Gottesdienste am Sonntagmorgen, am Sonntagabend und am Mittwochabend. Wenn unsere Türen offen sind, dann solltet ihr eurer Heimatgemeinde treu sein und hier erscheinen. Im Übrigen könnt ihr hingehen, wo ihr wollt. Prüft alles, das Gute behaltet!"

Weißt du was? Ich habe nie auch nur ein Gemeindemitglied verloren! Aber nachdem jener andere Pastor seiner Gemeinde geboten hatte, nicht an diesen Versammlungen teilzunehmen, verlor er sieben der besten Familien seiner Gemeinde. Ja, er verlor sogar beinahe seine Gemeinde, denn diese Familien waren seine zuverlässigsten finanziellen Stützen, und nachdem sie gegangen waren, konnte er nicht einmal mehr die Rechnungen der Gemeinde bezahlen.

Pastoren sollten keine Diktatoren sein! Gewiss, wenn jemand eine Lehre verbreitet, die den Leuten Schaden zufügt, dann ist ein Pastor dazu verpflichtet, seine Herde zu warnen.

Aber auch Folgendes ist wahr: Wenn ein Pastor seine Leute kontinuierlich ernährt, dann werden sie immer wieder zurückkommen und sich nicht in andere Gemeinden verlaufen.

Die Leitung der Ortsgemeinde: Eine geistliche und eine natürliche Angelegenheit

Es gibt sowohl eine geistliche, als auch eine natürliche Seite, die mit dem Wort „Leitungen" in 1. Korinther 12:28 beschrieben wird. Mit anderen Worten: Der Pastor hat die geistliche Aufsicht über die Gemeinde, aber er muss sich auch mit der natürlichen Seite der Leitung einer Gemeinde beschäftigen. Pastoren müssen zum Beispiel über den Kauf von Grundbesitz entscheiden, über den Bau von neuen Gebäuden, den Kauf von Geräten und so weiter. Alle diese Dinge finden im natürlichen Bereich statt.

Nun, muss der Pastor alle diese Dinge beaufsichtigen? Bis zu einem gewissen Grad, ja. Wenn er allerdings seine ganze Zeit mit diesen natürlichen Dingen verbringt, dann wird er nicht bereit sein zu predigen, und er wird auch keine *Salbung* zum Predigen haben! Es gilt also eine gewisse Ausgewogenheit in diesem Bereich zu wahren. Ich habe Pastoren gesehen, die soviel Zeit mit den täglichen Geschäften ihrer Gemeinde verbrachten, dass die Salbung, das Wort zu lehren und zu predigen, immer mehr abnahm.

Wenn eine Gemeinde wächst und sich vergrößert, dann muss der Pastor die Weisheit haben, viele dieser natürlichen Aufgaben und Verantwortungen zu delegieren. Das kann zum Beispiel bedeuten, dass der Pastor die Finanzen der Gemeinde nicht unbedingt selbst verwaltet. Aber er muss sich dennoch jederzeit einen Überblick über den finanziellen Bereich verschaffen können.

Mit anderen Worten: Er kann diesen Bereich an jemanden delegieren, aber er muss immer noch wissen, was in Sachen

Finanzen in seiner Gemeinde läuft. Manche Pastoren delegieren alle natürlichen Verantwortungen an andere und verlieren schließlich die Gemeinde, weil sie keine Ahnung mehr haben, was in den natürlichen Belangen der Gemeinde abläuft. Ausgewogenheit ist in diesem Bereich wichtig.

Nur weil jemand ein Prediger ist, heißt das nicht unbedingt, dass er auch ein Geschäftsmann ist, oder dass er die Fähigkeit oder das Fachwissen für bestimmte natürliche Bereiche wie Bauvorhaben und Ähnliches hat. Bei einigen Pastoren sind diese Fähigkeiten vorhanden, bei anderen nicht. Aber egal, ob ein Pastor solche natürlichen Fähigkeiten hat oder nicht, es ist auf jeden Fall weise, eine Gruppe von Ratgebern zu haben, die ihm in geschäftlichen Belangen der Gemeinde beistehen können.

Mit dem Wort „Leitungen“ sagt die Bibel jedoch, dass der Pastor das geistliche Haupt der Ortsgemeinde ist. In der Ortsgemeinde gibt es keine höhere *geistliche* Autorität als den Pastor, denn er hat die *geistliche* Aufsicht über die Ortsgemeinde.

In der Urgemeinde sehen wir ein Beispiel dafür, wie ein bestimmter Bereich der natürlichen Aufgaben einer Gemeinde an andere delegiert wurde. Diese Männer, die dazu ausgewählt wurden, in den natürlichen Belangen der Gemeinde mitzuhelfen, waren die ersten Diakone.

In diesen Tagen aber, als die Jünger sich mehrten, entstand ein Murren der Hellenisten gegen die Hebräer, weil ihre Witwen bei der täglichen Bedienung übersehen wurden. Die Zwölf aber riefen die Menge der Jünger herbei und sprachen: Es ist nicht gut, dass wir das Wort Gottes vernachlässigen und die Tische bedienen. So seht euch nun um, Brüder, nach sieben Männern unter euch, VON GUTEM ZEUGNIS, VOLL GEIST und WEISHEIT, die wir ÜBER DIESE AUFGABE SETZEN WOLLEN! Wir aber werden im Gebet und im Dienst des Wortes verharren. Und die Rede gefiel der ganzen Menge; und sie erwählten Stephanus, einen Mann voll Glaubens und Heiligen Geistes, und Philippus und Prochorus und Nikanor und Timon

und Parmenas und Nikolaus, einen Proselyten aus Antiochia. Diese stellten sie vor die Apostel; und als sie gebetet hatten, legten sie ihnen die Hände auf.

Apostelgeschichte 6:1-6

Du erinnerst dich: Die Apostel waren die einzigen Prediger, die es am Anfang in der Urgemeinde gab. Und am Anfang war die Gemeinde in Jerusalem die einzig existierende Ortsgemeinde. Aber zu der Zeit, auf die dieser Bericht in Apostelgeschichte, Kapitel 6, Bezug nimmt, war der Leib Christi in Jerusalem so groß geworden, dass es notwendig wurde, Männer auszuwählen, die die geschäftlichen und natürlichen Belange der Gemeinde verwalten konnten.

Wir wissen aus der Schrift, dass die Gemeinde in Jerusalem mindesten auf 8'120 Personen angewachsen war (Apg 1:15; 2:41; 4:4). Bis zu diesem Zeitpunkt hatten die Apostel den gesamten Dienst selbst bewerkstelligt; sie hatten sich sowohl um die *geistlichen,* als auch um die *natürlichen* Aufgaben gekümmert.

Das griechische Wort für „Diakon" beschreibt einen *Diener* oder allgemeiner gesprochen einen *Helfer.* Weil diese Diakone in den natürlichen Bereichen der Gemeinde halfen, hatten die Apostel nun mehr Zeit, das Wort Gottes zu predigen und zu lehren.

In Apostelgeschichte 6:3 sehen wir die Grenze des Dienstes eines Diakons: *„... Männern ... die wir über diese Aufgabe setzen wollen.* " Nirgends im Neuen Testament wirst du eine Stelle finden, wo der Gemeindevorstand (der ja meistens aus Diakonen besteht) darüber entscheidet, was in der Gemeinde *gelehrt* wird, oder dass dieser Vorstand die *geistliche Aufsicht* über die Gemeinde innehat. Die Apostel delegierten die *natürlichen* Aufgaben und die *geschäftlichen* Angelegenheiten der Gemeinde an diese Gruppe von Männern und diese Diakone mussten bestimmte Bedingungen erfüllen.

Erstens: Diese Leute wurden gewählt, weil sie ein *gutes*

Zeugnis hatten. Sie mussten *voll Heiligen Geistes* sein. Wenn Diakone, die nur Helfer in der Gemeinde sind, ein gutes Zeugnis und Weisheit haben müssen – wie viel mehr gilt dies für Prediger des Evangeliums!

Der Grund dafür, dass viele Prediger auf der Strecke bleiben, ist der, dass sie kein gutes Zeugnis haben und es ihnen an Weisheit im Umgang mit Geld mangelt. Andere Diener Gottes fallen aus dem Rennen, weil sie Leute in Positionen mit finanzieller Verantwortung einsetzen, die kein gutes Zeugnis haben oder keine praktische Erfahrung in Geschäftsangelegenheiten besitzen. Das entspricht nicht dem Rat der Bibel. Niemand, der kein gutes Zeugnis hat oder dem es an Weisheit im Umgang mit Geld mangelt, sollte über finanzielle Angelegenheiten eingesetzt werden.

Hier ein weiterer Punkt, an dem viele Pastoren falsch gehandelt haben. Viele Pastoren von kleineren Gemeinden setzen einen Verwalter über die praktischen Angelegenheiten ein, damit sie selbst mehr Zeit zum Gebet und zum Studium des Wortes haben. Dabei geraten sie ins andere Extrem und verlieren gänzlich den Überblick über die Geschäfte der Gemeinde.

Aber wenn ein Pastor den finanziellen Bereich der Gemeinde nicht mehr im Blick hat, kann es geschehen, dass er nicht einmal merkt, wie seine Gemeinde in ein finanzielles Desaster gerät, bevor es zu spät ist. Darum muss ein Pastor wissen, wie die Finanzen seiner Gemeinde stehen; und zwar auch, wenn er die Verwaltung der Finanzen anderen übergeben hat.

Ich habe kleinere Gemeinden von zwei- bis dreihundert Leuten geleitet und wusste über alles Bescheid, was in der Gemeinde vorging, sowohl in geistlicher als auch in finanzieller Hinsicht. Dennoch betete ich viel und befasste mich dauernd mit dem Wort. Ich verwaltete das Geld nicht selbst; ich delegierte diese Aufgabe, aber die zuständige Person musste mir regelmäßig Bericht erstatten, damit ich über die Finanzen der Gemeinde Bescheid wusste.

Pastoren und ihr Gemeindevorstand

Als ich die Taufe im Heiligen Geist empfangen hatte und ins pfingstliche Lager wechselte, wusste ich über viele dieser Dinge nicht Bescheid. In jeder einzelnen Gemeinde, der ich als Pastor vorstand, fand ich irgendwann heraus, dass mein Vorgänger Probleme mit dem Gemeindevorstand gehabt hatte.

Ich denke nicht, dass die Form der Gemeindeleitung in jeder dieser Gemeinden dem Bestmöglichen entsprach. Ich wusste aus dem Wort, dass der Pastor sowohl in geistlicher als auch in natürlicher Hinsicht die Aufsicht über die Gemeinde haben sollte. Doch so mancher Gemeindevorstand in jenen Gemeinden wollte die Gemeinde sowohl in geistlicher als auch in natürlicher Hinsicht leiten.

Nun, ich war nicht in diese Gemeinden gekommen, um alles an mich zu reissen und die Form der Leitung zu verändern. Ich war gekommen, um das Wort zu predigen und den Leuten ein Segen zu sein und mich um die Herde Gottes in der jeweiligen Ortsgemeinde zu kümmern.

Wenn ich mit einer Haltung in diese Gemeinden gekommen wäre, die alles an sich reißt, und versucht hätte, über Nacht die ganze Gemeinde umzukrempeln, dann wäre das Chaos vorprogrammiert gewesen, und der Vorstand hätte mich auf die Straße gesetzt. Und sie hätten Recht gehabt, wenn sie dies getan hätten. Aber ich verhielt mich nicht wie ein Diktator. Ich war in diese Gemeinden gekommen, um den Leuten zu helfen und sie zu segnen und in ihrer bestehenden Gemeindestruktur mein Möglichstes zu tun.

In der letzten Gemeinde, der ich als Pastor diente, kam es zu einem Projekt für eine Gebäudeerweiterung und Neugestaltung des Gottesdienstraums. Das gehört zu den natürlichen Aufgabenbereichen der Leitung einer Gemeinde, nicht wahr? Und man muss sich dafür mit der geschäftlichen Seite des Dienstes befassen.

Ich war klug genug, mich nicht an den Gemeindevorstand zu wenden, der schon lange vor mir existiert hatte, und zu fordern: „Wir werden diese Gemeinde so umgestalten, wie *ich* es für richtig halte."

Stattdessen fragte ich sie: „Wie wollt ihr den Raum umgestalten? Schließlich ist es eure Gemeinde. Wenn ich nicht mehr hier bin, werdet ihr immer noch hier sein. Also lasst uns die Bedürfnisse der ganzen Gemeinde bedenken, wenn wir diesen Gottesdienstraum neu gestalten."

Jeder andere Pastor hatte Probleme mit dem jeweiligen Gemeindevorstand gehabt. Aber ich erfuhr schließlich, dass die anderen Pastoren mit einer diktatorischen Haltung kamen, sie sagten in etwa: *Ich möchte, dass jeder weiß, dass ich hier der Pastor bin. Ich leite diese Gemeinde, und was ich sage, gilt! Ihr tut genau, was ich euch sage!*

Oh Herr, ein Pastor mit einer solchen Einstellung wird mit jedem Gemeindevorstand Probleme bekommen! Ein Pastor sollte nicht in eine neue Gemeinde kommen und sofort alles verändern wollen. Er sollte mit dem bestehenden Vorstand und der vorhandenen Leiterschaft zusammenarbeiten. Wenn das nicht möglich ist, sollte er dieser Gemeinde nicht als Pastor vorstehen.

Ich hatte nicht die gleichen Probleme, wie sie andere Pastoren mit ihrem Gemeindevorstand hatten, denn ich hatte keine diktatorische Haltung. Ich versuchte nicht, in eine Gemeinde zu kommen, alles an mich zu reißen und alles sofort zu verändern. Ein Pastor sollte so weit wie möglich versuchen, mit dem bestehenden Vorstand zusammen zu arbeiten.

Ich erinnere mich an einen Pastor, der dies nicht tat. Als dieser Pastor eine bestimmte Gemeinde übernahm, entschied er, die ganze Leitungsstruktur zu verändern. Er teilte mir persönlich mit: „Gott kann uns nicht segnen, weil wir nicht die richtige Leitungsstruktur haben. Also muss ich erst einmal eine neutestamentliche Leitungsstruktur aufbauen."

Ich versuchte ihn davon abzubringen. Ich sagte ihm: „Erstens bist du noch nicht lange genug dort, um solche Dinge verändern zu können. Zweitens gab es diese Gemeinde schon lange, bevor du dorthin gekommen bist, also wird es dir sowieso nicht gelingen, die Dinge über Nacht zu verändern. Sei erst einmal ein Jahr oder besser zwei Jahre dort, ohne irgendetwas in der Struktur der Gemeinde zu verändern."

Ich sagte: „Beweise den Leuten einfach, dass du sie liebst. Ein guter Hirte gibt sein Leben für die Schafe. Und wenn du ihnen einmal bewiesen hast, dass du sie liebst und ihr Wohlergehen im Sinn hast, dann werden sie dir folgen, wohin immer der Herr dich leitet."

Er sagte: „Aber wir können den Segen und die Auswirkung der Kraft Gottes nicht erfahren, solange wir nicht die richtige Leitungsstruktur haben."

Ich sagte zu ihm: „Das ist nicht wahr! Ich weiß es besser. Ich diente fast zwölf Jahre als Pastor und ich bin sehr ehrlich mit dir. Keine der Gemeinden, denen ich als Pastor diente, hatte das, was ich als korrekte neutestamentliche Gemeindeleitung bezeichnen würde. Aber ich versuchte nicht, etwas daran zu ändern. Und dennoch sagte mir jeder Gemeindevorstand: Seit du hier bist, erleben wir das größte Gemeindewachstum und die mächtigste Bewegung des Heiligen Geistes in der Geschichte unserer Gemeinde."

Was Gott tut und wie Er sich selbst in einer Gemeinde erweist, hängt nicht von der Leitungsstruktur einer Gemeinde ab – es sei denn, sie befindet sich überhaupt nicht mehr im Rahmen neutestamentlicher Richtlinien. Gott liegt mehr daran, dass wir in Liebe und Einheit miteinander wandeln, als daran, dass wir das haben, was wir selbst technisch gesehen für die richtige Struktur halten.

Ich fragte diesen Pastor: „Segnet Gott deine Gemeinde? Werden Menschen errettet, geheilt oder im Heiligen Geist getauft?"

Er sagte: „Ja, fast in jedem Gottesdienst.“

Ich antwortete: „Dann scheint es mir, dass Gott euch segnet.“

Dann erzählte er mir *seine* Vorstellung von korrekter Gemeindeleitungsstruktur. Weißt du, worin sie bestand? Sie lautete: *Ich bin das Haupt, also bin ich für das Geld verantwortlich.*

Ich sagte: „Pass auf damit. Tu’s nicht.“

Ich sprach viele Male mit ihm, aber er wollte nicht hören. Ich wusste, was geschehen würde, und so kam es auch. Nachdem er die Leitungsstruktur verändert und das eingesetzt hatte, was er für korrekte Gemeindeleitung hielt, da kam ein erstaunlicher „Segen“ auf die Gemeinde! Als er anfing, dieser Gemeinde als Pastor zu dienen, hatte er ungefähr 1’500 Mitglieder in der Gemeinde. Nachdem er seine Vorstellung von „korrekter“ Gemeindeleitung umgesetzt hatte, waren es noch 200.

Er war zu stur, um auf mich zu hören. Er war ungefähr im gleichen Alter wie ich zu der Zeit, als ich als Pastor arbeitete. Ich kann Folgendes mit gutem Gewissen sagen: Als junger Diener Gottes hörte ich immer auf andere Prediger, die mehr Erfahrung im Glauben hatten. Ob ich mit ihnen einverstanden war oder nicht, ich nahm mir immer zu Herzen, was sie sagten, denn ich wusste, dass sie im Dienst erfahrener waren als ich.

Manche von ihnen wussten nichts von der sogenannten Glaubensbotschaft. Aber sie wussten einiges über andere Dinge, die mir zum Segen wurden und mir über die Maßen geholfen haben. Ein Mensch sollte genug Verstand haben, belehrbar zu bleiben und auf ältere Diener Gottes zu hören, die viel Erfahrung im Dienst gesammelt haben.

Schon als junger Diener Gottes verstand ich, dass es richtig ist, mit dem bestehenden Gemeindevorstand einer Gemeinde zu arbeiten. Alle diese Gemeinden gab es schon, bevor ich kam, also waren es nicht meine Gemeinden. Der Fall liegt natürlich anders, wenn ein Pastor eine Gemeinde von Anfang an selbst aufbaut und somit ein neues Werk beginnt.

Wenn jemand eine eigene Gemeindearbeit anfängt, dann kann er die Dinge so gestalten, wie er sich vom Herrn geleitet weiß. Aber auch dann muss er darauf achten, in Liebe zu wandeln und nicht zu einem Diktator zu werden. Selbst wenn er die Gemeinde gegründet hat, ist es nicht *seine* Gemeinde; es ist die Gemeinde des Herrn. Und er muss auch dann in Liebe wandeln und die Leute an erste Stelle setzen.

Liebe denkt immer zuerst an den anderen. Wenn es um die geistliche Aufsicht ging, dann verstanden diese Leute im Gemeindevorstand sehr wohl, dass ich das Haupt der Gemeinde war und versuchten mir nie zu sagen, was ich zu tun hatte. Sie ehrten mich und ich ehrte sie.

Manche Pastoren vermasseln es mit ihrem Gemeindevorstand, weil sie sagen: „Der Herr hat mir dies und jenes gesagt, also werden wir es so machen!“ Ich habe nie in dieser Weise mit einem Gemeindevorstand geredet, auch wenn der Herr mir etwas gesagt hatte, denn dann geraten die Leute unter Druck, das zu tun, was ich gesagt habe.

In einer Gemeinde, der ich als Pastor diente, hatten wir einmal im Monat ein Treffen für geschäftliche Belange. Wir sprachen über finanzielle Dinge – Grundbesitz, Gebäudeversicherungen und allgemeine Geschäftsangelegenheiten der Gemeinde.

Bruder Haynes war ein Mitglied dieses Vorstands und egal, wofür er seine Stimme gab, die anderen beiden Mitglieder des Vorstands stimmten für dasselbe. Ich ließ Bruder Haynes sagen, was er wollte; und wenn ich wusste, dass der Herr in eine andere Richtung gehen wollte, sagte ich: „Lasst es uns auf diese Weise versuchen, und wenn es sich als falsch herausstellt, dann können wir umlenken und euren Weg gehen.“

Das klang vernünftig, darum waren alle damit einverstanden. Nach neun Monaten sagte Bruder Haynes: „Leute, Bruder Hagin ist jetzt neun Monate hier und er hat nie irgendetwas vorgeschlagen, das nicht funktioniert hätte. Lasst uns doch heute festlegen, dass wir von nun an tun werden, was immer er sagt.“

Meine Vorschläge funktionierten, weil ich Gott in der jeweiligen Situation gesucht hatte; und darum hatte ich in der jeweiligen Situation den „Sinn des Herrn“. Das sagte ich in dieser Form nicht dem Gemeindevorstand, aber ich stellte es unter Beweis, darum vertrauten sie mir schließlich. Sie sahen, dass ich sie liebte und ihr Wohlergehen im Sinn hatte. Wenn ein Gemeindevorstand anfängt, einem Pastor zu vertrauen, dann sind die Leute für gewöhnlich bereit, mit ihm zusammen zu arbeiten und seine Ideen zu akzeptieren.

Ich hatte ihr Vertrauen gewonnen und darum unterstützten sie mich in allem, was ich tun wollte. Sie wussten, dass ich sie nicht über den Tisch ziehen würde. Ich lebte und handelte aufrichtig vor ihren Augen, und sie wussten, dass sie mir vertrauen konnten.

Aber einige Zeit nachdem ich die Gemeinde verlassen hatte, bekamen sie einen neuen Pastor. Die Gemeinde hatte sieben verschiedene Wohltätigkeitsfonds, um Leuten zu helfen, darunter auch einen Missionsfonds, einen Krankenhausfonds und einen Gebäudefonds. Der Vorstand übergab sämtliche Finanzen der Gemeinde dem neuen Pastor und dieser stahl jeden Cent, den sie hatten.

Einer der Diakone der Gemeinde berichtete mir: „Wir hätten ihn ins Gefängnis bringen können, aber wir wollten nicht an die große Glocke hängen, dass ein Pastor des vollen Evangeliums wegen Veruntreuung verurteilt wurde.“

Dieser Pastor wusste, dass der Gemeindevorstand ihn nicht belangen würde, weil es für die Gemeinde zu einem Skandal führen würde; er machte sich diesen Umstand zu Nutze. Ein solcher Kerl ist ein Gauner. Gibt es falsche Pastoren? Dieser Mann war ein falscher Pastor! Ein solcher Mensch ist ebenso wenig Pastor wie diese Kerle, die von sich behaupten, Propheten oder Apostel zu sein und Gemeinden in ihre Abhängigkeit bringen wollen, nur um ihnen den Zehnten abzunehmen.

Ein Gemeindevorstand kann manchmal in ein solches Dilemma geraten, was die praktische Seite der Führung einer Gemeinde angeht. Um zu verhindern, dass sie betrogen wird, muss eine Gemeinde unter Umständen strenge Richtlinien und Regeln festlegen, die es einem Pastor schwer machen können, überhaupt etwas zu erreichen. Wenn eine Gemeinde allerdings sämtliche finanziellen Angelegenheiten ohne Vorbehalte und Prüfmöglichkeiten einfach einem neuen Pastor übergibt, dann kann es geschehen, dass ein skrupelloser Kerl, wie der oben beschriebene, auftaucht und jeden Cent stiehlt, den die Gemeinde besitzt.

Obwohl es also gewisse Richtlinien bezüglich der Leitungsstruktur einer Gemeinde gibt, so sind es doch keine eisernen Regeln. Ich habe immer nach dem gehandelt, was die Bibel sagt: *„... seid bedacht auf das, was ehrbar ist vor allen Menschen“* (Römer 12:17). Wenn ein Pastor sich bemüht, mit dem Herrn zu wandeln und sein Herz vor Gott aufrichtig ist, dann wird er niemanden übervorteilen wollen. Er will die Leute segnen und sein Leben für die Schafe lassen.

Kapitel 13

Unterschiedliche Gemeindestrukturen

In verschiedenen Denominationen sind mit der Zeit unterschiedliche Gemeindestrukturen entstanden. Manchmal fragen die Leute: „Welche Art von Gemeindeleitung ist die richtige?“ Es gibt bei fast jeder der verschiedenen Möglichkeiten bestimmte Wahrheiten und Vorteile. Manchmal denke ich, dass Gott uns nicht *wegen* unserer jeweiligen Gemeindestruktur, sondern *trotz* dieser Struktur segnet.

In einer bestimmten Organisation von Gemeinden, zum Beispiel, wählen die Aufseher über ein bestimmtes Gebiet die jeweiligen Pastoren für ihre Gemeinden aus. Sie tun das aufgrund der Annahme, dass die Schafe einer Herde nicht darüber entscheiden sollten, wer ihr Hirte sein soll. Daraus schließen sie, dass nur der Gebietssupervisor dazu qualifiziert ist, einen Hirten für die Schafe einer Ortsgemeinde auszuwählen.

Dieses System scheint für sie gut zu funktionieren. Ihre Grundlehren sind schriftgemäß, darum kann Gott sie segnen. Und sie haben ein Gemeindewachstum erlebt, das sich sehen lassen kann.

In einer anderen führenden Vereinigung wählt die jeweilige Versammlung den Pastor. Auch sie erleben den Segen Gottes in ihrer Denomination. Fortwährend werden Menschen errettet, geheilt und mit dem Heiligen Geist erfüllt.

Wieder eine andere Organisation hat eine Kombination der beiden Typen gewählt. Ihr Gebietssupervisor trifft sich mit dem Vorstand und gibt seine Empfehlung ab, wen er vom Herrn als den nächsten Pastor sehen könnte. Dann beten sie alle zusammen und legen es der Mitgliederversammlung zur Abstimmung vor.

Ein Gebietssupervisor dieser bestimmten Denomination sagte mir einmal: „Ich sage der jeweiligen Gemeinde immer: ‚Ihr wisst ja, dass ihr diesen Pastor nicht akzeptieren müsst, wenn ihr denkt, dass er nicht dem Willen Gottes für eure Gemeinde entspricht. Aber ich habe darüber gebetet, der Vorstand hat darüber gebetet, und jetzt solltet auch ihr darüber beten.'"

Welches Vorgehen ist das Richtige? Sie alle haben ihre Vorteile. Allerdings ist es so, dass ein Pastor, da wo er als Pastor arbeitet, im Rahmen der bestehenden Leitungsstruktur arbeiten wird. Er muss bereit sein, bei dieser Struktur zu bleiben, ohne zu versuchen, sie zu ändern.

Ich nahm im Jahr 1951 an der Generalversammlung einer bestimmten Denomination teil. Der Generalsekretär dieser Denomination sagte einige Dinge über Gemeindeleitung, die mir sehr geholfen haben.

Er sagte: „Als ich anfing, als Pastor zu arbeiten, war meine Gemeinde die einzige Gemeinde des vollen Evangeliums in der Stadt, und ich predigte damals meinen Leuten, dass Organisation falsch und nahezu eine Sünde sei. Aber im Laufe der Zeit sah ich den Bedarf für irgendeine Art der Organisation oder Leitungsstruktur."

Also sandte dieser Pastor Briefe an verschiedene andere Pastoren und Prediger und gründete in der Folge eine Denomination, die heute zu den großen gehört.

„Aber", sagte er, „ich hatte meine Leute ja gelehrt, dass Organisation falsch sei, als wir uns nun anfingen zu organisieren, verlor ich die halbe Gemeinde! Sie sagten mir: ‚Du machst Kompromisse! Der Teufel hat dich herumgekriegt. Gott kann dich nicht mehr segnen, wenn du in dieser Kompromisshaltung bleibst.' Und so zogen sie ans andere Ende der Stadt und gründeten ein neues, unabhängiges Werk."

Dieser Pastor sagte: „Als die Hälfte meiner Gemeindemitglieder ans andere Ende der Stadt zog und ein unabhängiges Werk begann, nannten sie uns Verräter und sagten, Gott würde uns nicht mehr segnen, weil wir im Rahmen einer organisierten Leitungsstruktur arbeiteten. Dann sagten sie: ‚Gott *kann uns* segnen, weil wir unabhängig sind. Wir sind an nichts gebunden.'"

„Aber", fuhr der Pastor fort, „zwei oder drei Jahre vergingen, und zu meiner größten Verwunderung wuchs diese andere Gemeinde genauso stark wie wir. Unsere Gemeinden verdoppelten sich in der Größe. Wir erreichten die Unerretteten und sie auch. Und Gott segnete uns beide."

„Nach ungefähr fünf Jahren, schließlich, kam der andere Pastor zu mir und sagte: ‚Der Herr möge uns beiden vergeben! Ich habe deine Gemeinde beobachtet. Ich war mir sicher, dass Gott euch nicht segnen könnte, weil ihr euch in dieser Weise organisiert hattet, aber Er hat euch gesegnet und ihr seid gewachsen. Lass uns unsere Meinungsverschiedenheit beilegen. Wir werden unsere Leitungsstruktur behalten und ihr die eure, aber lass uns wieder Gemeinschaft miteinander pflegen.'"

Der Pastor sagte: „Also begann ich in seiner Gemeinde zu predigen und er kam in meine und predigte. Mir wurde schließlich klar, dass es Gott nicht so sehr um unsere verschiedenen Leitungsstrukturen ging, wie wir gedacht hatten. Er segnete uns beide trotz unserer Unterschiede."

‚Wer ist ein Ältester?'

In meiner Heimatstadt gab es in meiner Jugendzeit eine Gemeinde, die sich wegen der Frage spaltete: „Wer ist ein Ältester und was beinhaltet das Amt eines Ältesten?" Ein Teil der Leute verließ die Gemeinde und gründete eine neue Gemeinde und sie wählten Geschäftsleute zu Ältesten, damit sie die Gemeinde leiteten. Sie dachten, das wäre die ideale Gemeindeleitung.

Sie fingen mit einer Versammlung von über hundert Leuten an, von denen nach einigen Jahren gerade noch fünf Personen übrig geblieben waren!

Du musst verstehen, dass Geschäftsmänner nicht die Salbung haben, ein pastorales Amt zu bekleiden, nur weil sie vielleicht über Geschäftssinn verfügen. Ein ordinierter Diener Gottes – ein Mann, der zum Amt des Pastors berufen war – diente der anderen Gemeinde in der Stadt als Pastor. Diese Gemeinde wuchs, bis ihr Gebäude zu klein wurde und sie ein neues Gemeindegebäude bauen mussten. Diese Art von Wachstum sagt etwas über korrekte Gemeindeleitung aus!

Wenn Paulus in Apostelgeschichte 20:28 *Älteste* oder *Pastoren* anspricht, dann meint er damit Leute, die zum pastoralen Amt berufen sind. Prediger und Lehrer haben die geistliche Ausrüstung, der Herde Gottes das Wort weiterzugeben. Diese Ältesten waren keine Geschäftsleute, die man über die Gemeinde eingesetzt hatte.

Es ist nicht schriftgemäß, Geschäftsmänner, die weder berufen noch gesalbt sind, als Aufseher in einer Ortsgemeinde einzusetzen oder einen Ältestenrat zu haben, der nur aus Geschäftsleuten besteht. In Begriffen der Ortsgemeinde gesprochen, ist ein *Ältester* ein *Pastor* – ein Prediger oder Lehrer des Wortes – nicht ein Geschäftsmann, der als Ältester in der Gemeinde eingesetzt wurde.

Geschäftsleute können Helfer oder Diakone sein und oftmals wird ihre finanzielle und geschäftliche Erfahrung eine große Hilfe für den Pastor sein. Aber Geschäftsmänner haben nicht die Salbung dafür, ein pastorales Amt zu bekleiden. Sie haben keine Salbung, die Gemeinde Gottes geistlich zu beaufsichtigen, und sie haben auch keine Salbung, die Herde Gottes mit dem Wort zu ernähren.

Nur eine Person, die vom Heiligen Geist dazu ausgerüstet ist, in einem Amt des Dienstes zu stehen – dem Amt des Pastors – kann Ältester (im geistlichen Sinn des Begriffs), also Aufseher oder Bischof sein. Ein Geschäftsmann hat weder die Salbung noch die geistliche Ausrüstung, um in einem Amt des Dienstes zu stehen.

Im Sinne der heiligen Schrift ist jeder Pastor auch ein Ältester. Eigentlich ist jeder ordinierte Diener Gottes ein Ältester, ob er nun ein Apostel, Prophet, Evangelist, Pastor oder Lehrer ist. Das Amt des Ältesten ist kein Amt außerhalb des fünffältigen Dienstes.

Aus diesem Grund lehrt die Bibel, dass man keinen Neubekehrten in ein Amt von Autorität oder ein Amt des Dienstes einsetzen sollte. Man sollte warten, bis er sich bewährt und geistliche Reife und Erfahrung erlangt hat, bevor er als vollwertiger Ältester im Leib Christi eingesetzt wird.

Es ist wichtig, dass Diener Gottes ein gewisses Alter, Reife und Erfahrung im Dienst erlangt haben, bevor sie ordiniert werden, denn Ordination bedeutet eine Handlung, die zum Ausdruck bringt, dass eine Person als vollwertiger Ältester im Leib Christi eingesetzt ist. Das Amt eines Ältesten ist darum nichts für Leute, die gerade erst im Dienst angefangen haben oder für geistliche Neulinge.

Natürlich kann man sich eine Ordination von irgendwelchen nebulösen Vereinigungen kaufen. Viele tun das und nennen sich dann „Reverend“. Aber deshalb sind sie noch lange keine ordinierten Diener des Evangeliums! Sie sind nicht mehr als geistliche Babys, die Gemeinde spielen. Nein, Diener Gottes und ihre Dienste müssen sich zuerst bewähren. Und Diener Gottes sollten studieren, um sich selbst Gott als bewährt darzustellen (1. Tim. 3:10; 2. Tim. 2:15, KJV). Und die Bibel nennt uns auch bestimmte Voraussetzungen, die ein Diener Gottes erfüllen muss (1. Tim. 3:1-13; Titus 1:6-9).

Also sind Apostel, Propheten, Lehrer und Evangelisten alle auch Älteste im Leib Christi, denn sie wurden in den vollzeitlichen Dienst eingesetzt. Und ein Pastor ist ganz gewiss ein Ältester im Leib Christi, denn er hütet die Herde vor Ort.

Leitung durch mehrere Älteste

Manche Leute haben kleine Kriege über das Thema Ältestenschaft und Gemeindeleitung geführt. Einige lehren, dass mehrere Älteste – ein Ältestenrat – die Gemeinde leiten sollte, damit die Gemeinde tatsächlich auf neutestamentlicher Grundlage steht.

Aber in der Schrift finden wir nirgends eine Struktur, wo ein Ältestenrat die Ortsgemeinde leitet und dem Pastor und der Versammlung sagt, was sie zu tun haben. Diese Art von Struktur findet sich nicht in der Schrift.

Manche Leute stellen die Frage: Ist es schriftgemäß, *mehrere* Älteste zu haben? Es hängt davon ab, was man darunter versteht. Wenn damit gemeint sein soll, dass mehrere Diener Gottes von gleicher Autorität eine Gemeinde leiten, dann lautet die Antwort: „Nein." Alles, was mehr als einen Kopf hat, ist eine groteske Missgeburt. Man kann nicht fünf Älteste oder Pastoren auf gleicher Autoritätsebene eine Gemeinde leiten lassen! Das wäre ein Unding.

Wenn man darunter aber versteht, dass der Pastor der Aufseher der Gemeinde ist und als solcher Co- oder Hilfspastoren hat, dann lautet die Antwort: „Ja, dieses Modell ist schriftgemäß." Das ist keine Leiterschaft mit zwei Köpfen, sondern es ist eine Aufteilung der Ältestenschaft. Die Co-Pastoren können mitreden, aber der Hauptpastor trifft die endgültige Entscheidung. Jemand muss der Oberhirte der Ortsgemeinde sein.

Wenn ein Pastor eine kleine Gemeinde hat, dann kann er sich normalerweise selbst um die Leute kümmern und braucht eigentlich keine weiteren Ältesten oder Mitpastoren, die ihm helfen. Aber der Pastor sollte genug Verstand haben, zu wissen, wann der Zeitpunkt gekommen ist, um Co-Pastoren einzusetzen, die ihm helfen, für die Herde zu sorgen.

In manchen Gemeinden werden die Co-Pastoren *Älteste* genannt. In anderen heißen sie Pastoren, Hirten oder Bischöfe.[1] Alle diese Bezeichnungen sind in der Schrift zu finden. Es kann auch sein, dass Gott jemanden aus der Gemeinde, der sich bereits als treuer Helfer erwiesen hat und zum fünffältigen Dienst berufen ist, aufrichtet, um dem Pastor zu helfen. Allerdings sollte er in geistlichen Dingen kein Neuling sein.

Manche Leute lehren, dass die Leitung der Urgemeinde aus einer Vielzahl von Ältesten bestand. Als Beispiel für eine solche Leiterschaft führen sie Apostelgeschichte 20:17 an, wo Paulus zu den Ältesten der Gemeinde in Ephesus spricht.

Wir sollten aber verstehen, dass diese Gemeinde die einzige war, die es damals in Ephesus gab. Die Gemeinde kann zu diesem Zeitpunkt bereits sehr viele Mitglieder gehabt haben, so dass mehr als eine Person für die Aufsicht über die Gemeinde nötig war.

Dasselbe gilt auch für die Muttergemeinde in Jerusalem. Wenn wir davon reden, dass mehrere Älteste eine Gemeinde leiten, dann müssen wir auch bedenken, dass die Gemeinde in Jerusalem anfangs die einzig existierende Ortsgemeinde war, und dass es eine sehr große Gemeinde war.

Es brauchte sicherlich mehr als einen Pastor, um all diesen Leuten vorzustehen, nicht wahr? Sie mussten eine Vielzahl von Ältesten haben, um all den Leuten in angemessener Weise dienen zu können.

Dasselbe tun wir heute in größeren Gemeinden, obwohl wir diese Personen nicht unbedingt „Älteste“ nennen. Wir nennen sie Mitarbeiter oder Co-Pastoren. Aber in einer kleinen Gemeinde von einigen hundert Leuten ist nicht unbedingt notwendig, viele Älteste einzusetzen.

Ich möchte euch ein Beispiel für die Entwicklung der Ältestenschaft in einer Ortsgemeinde geben. Die *RHEMA Bible Church* gibt es in dieser Form offiziell seit 1976. Ich lehrte dort gelegentlich neben vielen anderen. Aber im Jahr 1985 fingen wir an, in der Gemeinde ein volles Programm von Gottesdiensten abzuhalten, und mein Sohn, Kenneth Hagin Jr., wurde zum eigentlichen Pastor.

Als Pastor ist Ken das Haupt der Gemeinde, nicht ich. Er ist mein Pastor. Obwohl ich im Amt des Propheten und Lehrers stehe, habe ich nichts mit der Leitung der *RHEMA Bible Church* zu tun; ich gehöre nicht zum Pastorenteam und helfe nicht mit, die Gemeinde zu leiten. Ich sitze wie alle anderen auf meinem Stuhl und genieße die Gottesdienste.

Als die *RHEMA Bible Church* anfing, hatte Ken drei Co-Pastoren, einen Jugendleiter und einen Anbetungsleiter. Während die Gemeinde wuchs und sich entwickelte, holte Ken zusätzlich einen Kinderdienstleiter ins Pastorenteam. Dies ist ein biblisches Beispiel für eine Leiterschaft, die auf mehrere Älteste aufgeteilt ist. Wir nennen diese Leute aber nicht Älteste; wir nennen sie Co-Pastoren. Die Gemeinde wächst fortwährend, so dass Co-Pastoren notwendig wurden und sind, damit all den Leuten in angemessener Weise gedient werden kann.

Damals aber, als ich kleine Landgemeinden leitete, brauchte ich keinen Co-Pastor. Wenn ich gelegentlich Hilfe brauchte, dann fand ich immer jemanden, der mir half. Das bedeutete aber nicht, dass diese Person kam, um den ganzen Laden zu schmeißen; sondern sie war einfach da, um mir zu helfen. Dennoch führte ich mich in diesen Gemeinden nicht wie ein Diktator auf. Ein Pastor sollte in seiner Leitung der Ortsgemeinde nicht in eine diktatorische Haltung verfallen, denn dann wandelt er nicht mehr in Liebe.

Mein Punkt ist folgender: In vielen Gemeinden, die ein Pastorenteam haben, sind schon lange mehrere Älteste am Werk. Wir haben sie vielleicht nicht „Älteste“ genannt, aber dennoch ist das ihre Funktion in der Ortsgemeinde. Wir nannten sie stattdessen Co-Pastoren.

Falsche Pastoren und Diener Gottes

Ja, es gibt falsche Pastoren und falsche Diener Gottes. Ein *falscher* Diener Gottes ist jemand, der versucht, in einem Amt zu dienen, obwohl er nicht zu diesem Amt berufen ist. Jeder, der nur um persönlichen Vorteils willen im Dienst ist, dem es nicht wirklich um die Leute geht, ist in seinem Wesen falsch. Es gibt falsche Pastoren ebenso, wie es falsche Propheten und falsche Apostel gibt.

Falsche Pastoren sind solche, die zwar im pastoralen Dienst arbeiten, aber entweder gar nicht dazu berufen sind oder sich selbst und ihre eigenen Interessen über die Bedürfnisse der Schafe stellen. Ein falscher Pastor kann auch jemand sein, der Dinge lehrt, die seiner Herde Schaden zufügen und ihr Spaltung bringen.

Ein guter Hirte würde lieber sterben, als eine Gemeinde in Spaltung zu sehen oder ihr in irgendeiner Weise Schaden zuzufügen. Aber ich kannte einige sogenannten Pastoren, die in jeder Gemeinde, der sie vorstanden, für Probleme sorgten. Sie stellten sich selbst über die Interessen der Leute.

Jemand, der dies tut, hat kein Hirtenherz. Ein guter Hirte setzt seine Schafe vor seine eigenen Interessen und Wünsche und wird sein Leben opfern und für die Schafe geben, was auch heißt, dass er sie vor falschen Dienern Gottes und falscher Lehre bewahrt.

Aus diesem Grund sollte ein Pastor vorsichtig sein, wen er dazu einlädt, auf seiner Kanzel zu predigen. Ein Pastor wird zwar vielleicht nicht mit jedem kleinsten, unwichtigen Detail übereinstimmen, wenn ein Gast predigt. Aber es gibt extreme Lehren, die Gemeinden zerreißen und unschuldigen Leuten Schaden zufügen.

Darum sollte der Pastor einen Prediger prüfen und wissen, was jemand lehrt, bevor er ihn einlädt, in der Gemeinde zu predigen. Und er muss auch nicht gleich alles glauben, was ein Reiseprediger ihm über seine Verdienste mitteilt.

Ein Pastor sollte sich anschauen, welche Wirkung ein Reiseprediger auf andere Gemeinden hatte, in denen er bereits predigte, ob die Wirkung positiv oder negativ war. War ein Reiseprediger in anderen Gemeinden, in denen er diente, ein Segen? Oder hat er überall, wo er predigte, Spaltung und Streit verursacht? Wenn jemand in der Vergangenheit andere Gemeinden lehrmäßig in Verwirrung gestürzt hat, dann kann es gut sein, dass eine solche Person eine ganze Reihe von Gemeinden in dieselbe Unordnung stürzen wird.

Wir sollten uns daran erinnern, dass Paulus um des Leibes Christi willen vor falschen Dienern Gottes warnte. Er sagte: *„Ich ermahne euch aber, Brüder, dass ihr acht habt auf die, welche entgegen der Lehre, die ihr gelernt habt, Parteiungen und Ärgernisse anrichten, und wendet euch von ihnen ab"* (Römer 16:17).

Du weißt, was ich meine, wir reden nicht davon, einzelne Diener Gottes bloßzustellen, nur um ihrem guten Ruf zu schaden oder ihn zu vernichten. Aber ein Pastor muss sich um *Themen* wie gesunde biblische *Lehre* kümmern. Er muss seine Herde schützen, und manchmal muss er auch, um der Herde willen, falsche Lehrmeinungen aufdecken, wenn sie die Ortsgemeinde spalten und ihr Schaden zufügen.

Ein Irrtum, gegen den ein Pastor seine Herde schützen muss, sind diese sogenannten Propheten, die heute im Leib Christi wie Pilze aus dem Boden schießen. Was ist ein falscher Prophet? Zum Beispiel verweist der Begriff auf jeden sogenannten Propheten, der in die Gemeinde eines Pastors geht und ihm öffentlich eine Weissagung in einer Art und Weise gibt, die ihn bloßstellt und seine Gemeinde spaltet. Weissagungen, die eine Gemeinde spalten und einen Pastor bloßstellen, sind nicht von Gott!

In der heutigen Zeit hören wir manchmal von sogenannten Propheten, die in eine Gemeinde kommen und dem Pastor öffentlich eine Weissagung mit ungefähr folgendem Inhalt geben: „Gott zeigt mir, dass er mit dir hier fertig ist. Du solltest diese Gemeinde verlassen!"

Jedermann, der öffentlich den Pastor von der Kanzel weissagt und seiner Gemeinde Spaltung und Schaden bringt, ist ein falscher Prophet. Ein solches Vorgehen ist nicht nur unbiblisch und hinterhältig, es ist eine Lüge. Jeder sogenannte Prophet, der solche Dinge sagt, sollte schnellstens aufhören, Lügen über Gott zu erzählen. Gott würde nie jemanden beauftragen, den Pastor vor seiner eigenen Gemeinde bloßzustellen und die Schafe zu verletzen und zu verwirren!

Es ist ein schmaler Grat zwischen Fanatismus und echter Geistlichkeit. Darum sollten Reiseprediger viel Weisheit und Verschwiegenheit haben, wenn sie in eine Gemeinde kommen. Reiseprediger mögen manche Dinge im Geist wahrnehmen, aber das heißt nicht, dass sie auch öffentlich verbreiten sollen, was sie wissen.

Meine Frau und ich besuchten eine bestimmte Gemeinde, in der einer unserer RMAI Leute der Pastor war. (RMAI ist der Name unserer Dienst-Vereinigung, *RHEMA Ministerial Association International.*) Ein oder zwei Tage, nachdem wir die Gemeinde besucht hatten, sagte ich zu meiner Frau: „Hast du auch gespürt, dass Gott für diesen Pastor eine andere Aufgabe hat, und dass es für ihn Zeit ist, die Gemeinde zu verlassen?“ Sie stimmte zu, dass sie in ihrem Geist dasselbe wahrgenommen hatte.

Aber wir riefen nicht die Gemeinde zusammen und weissagten vor allen, was wir im Geist gespürt hatten. Auch versammelten wir nicht den Gemeindevorstand und stellten den Pastor bloß, indem wir dem Vorstand mitteilten, dass der Pastor die Gemeinde verlassen sollte. Wir sprachen mit ihm persönlich.

Und auch dann sagten wir nicht: „Wir haben ein Wort von Gott für dich.“ Wir schlugen sehr freundlich vor: „Es wäre gut zu beten und den Herrn zu suchen, denn wir haben in unserem Geist gespürt, dass Gott bestimmte Dinge für dich hat.“

Danach fing er an zu beten und Gott zu suchen und rief uns später an und sagte: „Gott hat mir gesagt, dass es Zeit ist, die Gemeinde zu verlassen. Er hat andere Dinge für mich zu tun.“

Wenn wir versucht hätten, etwas öffentlich auszutragen, was eigentlich im privaten Rahmen geschehen sollte, hätte daraus großer Schaden für die Gemeinde entstehen können, es hätte zur Spaltung führen können, und der Plan Gottes für diese Ortsgemeinde wäre durcheinander gekommen.

Diener Gottes, die Probleme verursachen und Gemeinden spalten, haben meistens die Haltung: *Niemand hat mir zu sa-*

gen, was ich tun soll! Niemand soll mir sagen, was ich zu predigen habe! Aber wenn ein Diener Gottes kein Segen für eine Gemeinde sein kann, dann hat er im Predigtdienst eigentlich nichts zu suchen.

Endnoten

[1] Die Bezeichnung „Bischof“ ist in diesem Zusammenhang nur im angelsächsischen Raum üblich.

Kapitel 14

Verantwortlichkeit im Dienst

Jeder Diener Gottes sollte jemanden haben, dem er rechenschaftspflichtig ist. Die Bibel sagt: *„Denn keiner von uns lebt sich selbst, und keiner stirbt sich selbst“* (Römer 14:7). Das, was man ein *unabhängiges* Werk oder einen *unabhängigen* Diener Gottes nennen könnte, gibt es nicht. Wir sind alle voneinander abhängig, wir sind alle Glieder desselben Leibes (Röm. 12:5, 1.Kor. 12:12). Wir brauchen einander.

Wenn jemand sich „unabhängiger Prediger“ nennt, dann sollte er vom geistlichen Standpunkt aus mindestens gegenüber der Heimatgemeinde, aus der er ursprünglich kam, rechenschaftspflichtig sein. Oder wenn er zu einer Vereinigung von Dienern Gottes gehört, dann sollte er dieser gegenüber verantwortlich sein.

Der Pastor ist das geistliche Haupt der Ortsgemeinde; darum ist der Reiseprediger diesem Pastor gegenüber verantwortlich, während er in seiner Gemeinde dient. Auch der Pastor sollte jemanden haben, demgegenüber er verantwortlich ist. In erster Linie ist ein Pastor in Fragen der Ethik des Dienstes natürlich gegenüber der Gemeinde verantwortlich, der er vorsteht.

Aber Diener Gottes, Pastoren eingeschlossen, sollten zu einer übergeordneten Gemeinschaft gehören, wo sie neue Impulse für ihr Leben und ihren Dienst empfangen können und der gegenüber sie in der einen oder anderen Form rechenschaftspflichtig sind. Solche Dienstgemeinschaften sollten den Dienern Gottes helfen, nicht um sie zu kontrollieren, sondern um ihnen ein Segen zu sein.

Wenn ein Diener Gottes Mitglied einer solchen Organisation ist, dann sollte er ihr gegenüber rechenschaftspflichtig sein. Wenn ein Diener Gottes sich „unabhängig“ nennt und nicht zu einer solchen Art von Gemeinschaft gehört, dann sollte er mindestens seiner Heimatgemeinde gegenüber verantwortlich sein. Die Bibel sagt: *„... und Rettung kommt durch viele Ratgeber“* (Spr. 24:6).

Als in der Apostelgeschichte eine Frage bezüglich einer bestimmten Grundlehre entstand, da gingen die Apostel in ihre Heimatgemeinde, nämlich die Gemeinde in Jerusalem (*siehe* Apg. 15).

Jeder Pastor braucht selbst wiederum einen Pastor und eine Heimatgemeinde, wo er von Zeit zu Zeit geistlichen Dienst in Anspruch nehmen kann. Mit anderen Worten: Wir alle brauchen einander. Auch Diener Gottes müssen, wie ihre eigenen Gemeinden, Predigt und Lehre aus dem Wort Gottes hören. Und manchmal müssen Diener Gottes auch geistliche Korrektur empfangen, wie es ihre Gemeinden manchmal nötig haben, geistliche Korrektur zu empfangen.

Manche Diener Gottes haben ihre Gemeinden verloren oder sind heute nicht mehr im Dienst, weil sie sich weigerten, den göttlichen Rat von älteren Dienern Gottes anzunehmen. In einigen Fällen könnten diese Leute, wenn sie auf jemanden gehört hätten, der mehr Erfahrung in geistlichen Dingen hatte, immer noch im Dienst sein.

Viele Male haben Diener Gottes mich angerufen und mich bezüglich bestimmter Vorhaben im Dienst um meinen Rat gebeten. Ab und zu gab ich ihnen den Rat: „Tu das nicht, denn es wird deinem Dienst schaden.“ Aber viele von ihnen wollten nicht hören. Ich wusste, dass das, was sie vorhatten, weder schriftgemäß noch weise war, aber sie taten es trotzdem. In einigen Fällen erlitten sie Schiffbruch in ihrem Dienst und stehen heute nicht mehr im geistlichen Dienst.

Manchmal haben Leute Dinge gelehrt, die wir nicht gutheißen, aber sie beanspruchen, ein Teil von RHEMA zu sein. Sie mögen vielleicht von uns ausgegangen sein und anfänglich schriftgemäße Lehre verkündigt haben. Aber wir können die falschen Lehren nicht gutheißen, die einige Leute heute verbreiten.

Ja, wir sollten nach Einheit im Leib Christi trachten, ob wir nun Mitglieder derselben Ortsgemeinde sind oder nicht, denn der Leib Christi ist eins. Wir können in arge Probleme geraten, wenn wir gegenüber anderen Gliedern des Leibes Christi nicht in Liebe wandeln.

Aber auf der anderen Seite sagte auch Paulus: „*Ich ermahne euch aber, Brüder, dass ihr Acht habt auf die, welche entgegen der Lehre, die ihr gelernt habt, Parteiungen und Ärgernisse anrichten, und wendet euch von ihnen ab*“ (Röm. 16:17). Paulus sagte, dass wir auf Leute Acht haben sollen, die Ärgernisse, Parteiungen und Streit im Leib Christi anrichten, und dass wir nichts mit ihnen zu tun haben sollten.

Ja, in einigen Fällen bedeutet das, in der Liebe zu wandeln. Wenn man nicht auf solche Leute Acht gibt und sie für ihre Sünde oder ihre falschen Lehrmeinungen verantwortlich macht, dann werden sie womöglich niemals zur Umkehr gelangen und möglicherweise großen Schaden im Leib Christi anrichten. Du musst dich immer fragen: *Was würde Liebe tun?* In manchen Fällen ist es die stärkste Erweisung von Liebe, lehrmäßige Irrtümer aufzudecken und damit andere Glieder des Leibes Christi vor extremer Lehre zu schützen.

Wenn deine Kinder mit Zündhölzern spielen, dann weist du sie beim ersten Mal zurecht und warnst sie vor den Gefahren des Feuers. Wenn du sie das nächste Mal beim Spiel mit Zündhölzern erwischst, würdest du ihnen vermutlich einen Klaps geben und sie auffordern, damit aufzuhören. Aber wenn du sie das dritte Mal erwischst, würdest du ihnen wahrscheinlich zünftig den Hintern versohlen, damit sie sich an das erinnern, was du ihnen gesagt hast.

Hast du damit in Liebe gehandelt? Aber sicher. Vielleicht hast du ihnen damit das Leben gerettet, weil sie das ganze Haus hätten anzünden können. So ist es auch im Leib Christi. Natürlich will man in Liebe wandeln, aber es gibt auch eine strenge Seite der Liebe. Jesus war ein Mann der Liebe und der Kraft, als Er auf dieser Erde lebte, dennoch trieb Er in gerechtem Zorn die Geldwechsler aus dem Tempel (Joh. 2:13-17).

Die Rehabilitation von Dienern Gottes

Weil die Ortsgemeinde einer Familie gleicht, wird man in einer Gemeinde viele ähnliche Probleme erleben, die auch in einer Familie vorkommen können. Kinder müssen manchmal bestraft werden, und ab und zu kommt es vor, dass Gemeindemitglieder bestraft oder zurechtgebracht werden müssen.

Aber dasselbe gilt auch für Pastoren und andere Diener Gottes. Manchmal können auch Diener Gottes, wie alle anderen, in Probleme geraten; seien sie moralischer, finanzieller oder auch lehrmäßiger Natur. Manchmal brauchen sie Bestrafung und Korrektur. Und wir sollten ihnen helfen, wenn wir können.

Vor Jahren fragte ich den Leiter einer bestimmten Denomination: „Wenn Diener Gottes in die Irre gehen und fallen, warum gehen wir dann nicht biblisch damit um? Die Bibel sagt in Galater 6:1: *‚... wenn auch ein Mensch von einem Fehltritt übereilt wird, so bringt ihr, die Geistlichen, einen solchen im Geist der Sanftmut wieder zurecht. Und dabei gib auf dich selbst acht, dass nicht auch du versucht wirst!'* Warum sorgen wir nicht dafür, dass Diener Gottes zurecht gebracht werden, wie die Bibel uns lehrt?"

Er sagte: „Bruder Hagin, ich glaube, dass viele Männer, die straucheln und fallen, zurechtgebracht und rehabilitiert werden könnten. Wenn jemand umkehren und richtig handeln will, dann sollte man ihm helfen. Sicher, wenn jemand nicht hören will und keinen biblischen Rat annimmt, dann hat eine Dienstgemeinschaft keine andere Wahl, als eine solche Person auszuschließen."

Das machte mir zu schaffen, denn ich wusste, dass manche Diener Gottes, die gefallen waren und einen Fehler gemacht hatten, hätten rehabilitiert werden können. Viele von ihnen schafften es nicht, wieder in den Dienst zu kommen, denn nachdem sie einmal gefallen waren, wurde es von ihrer Denomination an die große Glocke gehängt und ihr Ruf war dahin.

Als dann jeder von diesem Problem wusste, wurde diesen Dienern Gottes gesagt: „*Jetzt* hast du eine Gelegenheit zu beweisen, dass du etwas gelernt hast!“ Aber nachdem ihr Vergehen einmal publik geworden war, wollte niemand mehr etwas mit ihnen zu tun haben! Und kein Pastor lud sie mehr zum Predigen in seine Gemeinde ein, darum schafften es viele nicht, wieder in den geistlichen Dienst zu kommen.

Warum sorgen wir nicht dafür, dass Diener Gottes, die einen Fehler gemacht haben, zurechtgebracht und wiederhergestellt werden? Sicher, wenn sie nicht zurechtgebracht werden wollen, wenn sie kein aufrichtiges Leben vor Gott führen wollen, dann ist das natürlich etwas anderes. Aber ich rede von Dienern Gottes, die umkehren und das Richtige tun wollen.

In Galater 6:1 haben wir gelesen: „*Und dabei gib auf dich selbst acht, dass nicht auch du versucht wirst!*“ Es ist durchaus möglich, dass wir uns unter denselben Umständen nicht halb so gut geschlagen hätten, wie manche von denen, die gefallen sind. Aber wir sind manchmal sehr schnell dabei, andere zu kritisieren und zu richten.

Ich machte mir Gedanken über diese Dinge, darum wandte ich mich im Gebet an den Herrn. Ich sagte: „Herr, dein Wort sagt: ‚... *wenn auch ein Mensch von einem Fehltritt übereilt wird, so bringt ihr, die Geistlichen, einen solchen im Geist der Sanftmut wieder zurecht.*‘ Ich sagte: „Herr, es heißt hier nicht, dass wir Diener Gottes, die einen Fehler gemacht haben, *vernichten* sollen, indem wir ihr Problem an die große Glocke hängen; es heißt hier, dass wir sie *zurechtbringen,* das heißt, *wiederherstellen* sollen. Warum tun wir das nicht?“

Der Herr antwortete und sprach: „Die Antwort auf die Frage befindet sich in diesem Vers.“

Ich verstand nicht, was Er meinte. Ich sagte wiederum zu Ihm: „Herr, warum sorgen wir nicht dafür, dass Diener Gottes, die gestrauchelt und gefallen sind, *wiederhergestellt* werden?“

Er sagte: „Die Antwort auf deine Frage befindet sich in diesem Vers. Lies ihn nochmals!"

Ich sagte: „Nun, wenn dem so ist, dann sehe ich sie nicht."

Dann las ich nochmals: *„... ihr, die GEISTLICHEN ... "* Jetzt sah ich die Antwort! Die Bibel sagt: „Wenn es geistliche Menschen unter euch gäbe, dann würden sie die, welche gefallen sind, *zurechtbringen* und *wiederherstellen,* statt sie zu richten, zu kritisieren oder gar zu vernichten."

Ich sagte zum Herrn: „Oh, ich habe die Antwort gefunden!"

Es gibt eine Denomination, die mit solchen Dingen in einer Weise umgeht, die ich für sehr biblisch halte. Vor Jahren beispielsweise gab es einen Prediger aus ihren Reihen, der in moralische Schwierigkeiten mit einer Frau aus seiner Gemeinde geriet. Er war verheiratet und diese Frau ebenfalls. Sie taten beide Buße und wollten von nun an aufrichtig mit dem Herrn wandeln.

Der Gebietssupervisor kam, um sich mit dem Prediger zu besprechen, er riet ihm: „Es ist das Beste für dich, die Gemeinde zu wechseln. Wir werden dieses Vorkommnis niemandem mitteilen, denn ihr habt Buße getan und die Sache untereinander geregelt. Wir wollen dich rehabilitieren, aber es wäre gut für dich, in einen anderen Staat zu ziehen, dort werden wir dir eine Gelegenheit geben, dich zu bewähren."

Nach einer gewissen Rehabilitationszeit gaben sie diesem Prediger schließlich eine andere Gemeinde in einem anderen Staat, und es erfuhr niemand, dass er gefallen war. Allerdings teilten sie dem Gebietssupervisor des anderen Staates mit, was geschehen war, damit er ihm Hilfestellung geben konnte. Sie handelten nach der erwähnten Schriftstelle und brachten den Diener Gottes zurecht, und sie gaben ihm eine Gelegenheit, sich zu bewähren.

Dieser Prediger allerdings fiel erneut in dieselbe Sünde; auch in dieser Gemeinde hatte er eine Affäre mit einer Frau. Der Oberaufseher ging wieder zu ihm und gab ihm nochmals eine bestimmte Zeit, wieder auf die Beine zu kommen und die Dinge in Ordnung zu bringen.

Aber diesmal sagte er zu dem Prediger: „Wir geben dir noch eine Chance. Wenn du allerdings ein drittes Mal in moralische Schwierigkeiten gerätst, dann werden wir dich nicht wieder als Pastor einsetzen. Du wirst sofort entlassen und wirst bei uns keine Zulassung als Prediger mehr bekommen."

Der Leib Christi sollte nicht alles publik machen, was in seinen Reihen geschieht. Dinge wie diese sollten nicht an die große Glocke gehängt werden. Wir in der Gemeinde sollten so geistlich sein, mit solchen Situationen hinter verschlossenen Türen und innerhalb der Grenzen der Gemeinde umzugehen.

Wenn in deiner Familie etwas geschieht, posaunst du es dann überall herum? Nein! Auch die Gemeinde ist in diesem Sinn eine Familie. Wir sollten genug Verstand haben zu wissen, wie man mit solchen und ähnlichen Problemen in der Gemeinde umgeht; und den Leuten helfen, ihr Leben in Ordnung zu bringen, damit sie nicht völlig aus dem Rennen fallen; schließlich können sie lernen, ein Segen für den Leib Christi zu werden.

Ich kenne einen Prediger, der vor Jahren mächtig von Gott gebraucht worden war. Er geriet in moralische Sünde und der Gebietssupervisor seiner Denomination sagte mir: „Die Frau dieses Mannes gab mir gegenüber zu, dass sie die Schuld daran hätte. Sie vertraute mir an, dass sie ihm nie eine Ehefrau gewesen war; und dass ihr Mann darum zu Fall gekommen war. Aber sie kehrte um und ihre Ehe konnte wiederhergestellt werden."

Auch der Dienst des Mannes wurde wiederhergestellt, so dass er einen fruchtbaren Dienst ausüben konnte. Wir sollten Menschen retten, wenn wir können. Die Aufgabe des Leibes Christi ist es, Menschen zu retten – Menschen wiederherzustellen – nicht, sie zugrunde zu richten. Natürlich liegt die Sache völlig anders, wenn jemand nicht umkehren will. Wenn jemand in Sünde verharrt, dann sollte man mit ihm so verfahren, wie es die Schrift lehrt.

Wir sehen diese Art der Verantwortung im Neuen Testament (1. Korinther 5:5). Und wenn wir dem Vorbild des Neuen Testaments folgen, dann sehen wir, dass die Jünger, die von der Gemeinde in Jerusalem ausgingen, dieser Gemeinde gegenüber verantwortlich waren (Apg. 15:1-23).

Mit anderen Worten: Reiseprediger waren einer Ortsgemeinde verpflichtet. Und wenn es ein Problem gab, dann wandten sie sich an ihre Heimatgemeinde, um dort Rat zu suchen oder Lehrfragen zu besprechen (*siehe* Apg. 15). Die Jünger waren der Gemeinde gegenüber verantwortlich, von der sie ausgegangen waren, nicht einem außenstehenden Vorstand oder einer fremden Versammlung.

Finanzielle Verantwortung

Jeder Diener Gottes sollte jemanden haben, demgegenüber er auch im finanziellen Bereich verantwortlich ist. Bei uns in RHEMA, zum Beispiel, haben wir eine Gruppe von Ratgebern, die aus erfolgreichen Geschäftsleuten besteht. Sie sind unsere Ratgeber in geschäftlichen Belangen; wir suchen ihren Rat in Geschäftsangelegenheiten. Prediger sollten nicht meinen, dass sie keinerlei Rat mehr nötig hätten, vor allem, wenn jemand zur Verfügung steht, der in einem bestimmten Bereich fachlichen Rat geben kann.

Was die geschäftlichen Bereiche von RHEMA angeht, sind wir gegenüber dieser Gruppe von Ratgebern rechenschaftspflichtig. Ja, sie sind sogar diejenigen, die unser Gehalt festsetzen. Dann geben sie uns wiederum die Vollmacht, die Gehälter unserer Angestellten festzusetzen.

Einmal im Jahr haben wir eine Geschäftssitzung, die den ganzen Tag dauert, und diese Leute prüfen unsere Finanzberichte. Alle unsere Bücher werden natürlich auch von einem professionellen Steuerbüro überprüft. Aber in geschäftlichen Belangen sind wir auch dieser Gruppe von Ratgebern rechenschaftspflichtig. Das ist schriftgemäß, denn die Bibel sagt: „... *seid bedacht auf das, was ehrbar ist vor allen Menschen*" (Römer 12:17).

Eine kleinere Gemeinde oder ein kleinerer Dienst mag diese Dinge anders handhaben, aber jeder Diener Gottes sollte in irgendeiner Weise rechenschaftspflichtig sein, was den Umgang mit Gemeindegeldern angeht, wenn er sich in diesem Bereich schriftgemäß verhalten will.

Nun, das ist die natürliche Seite des Dienstes. Aber diese Gruppe von Ratgebern hat nichts mit der geistlichen Aufsicht über die Gemeinde oder den Dienst zu tun. Sie sind unsere Ratgeber in Geschäftsfragen. Der Pastor hat die geistliche Aufsicht über die Gemeinde. Und in der Ortsgemeinde gibt es keine höhere Autorität als das Amt des Pastors.

Allerdings sollte ein Pastor auch in geistlichen Dingen weise genug sein, Leute aufzusuchen, die, geistlich gesehen, einen guten Ruf haben, um, wenn nötig, ihren Rat einzuholen. Auch Paulus tat dies, damit er seinen geistlichen Lauf nicht etwa vergeblich gelaufen wäre (Galater 2:2).

Ethik des Dienstes und geistliche Anstandsregeln

Auf den einfachsten Nenner gebracht, bedeutet Ethik des Dienstes, der „goldenen Regel" gemäß zu handeln. Sie lautet: *Alles nun, was ihr wollt, dass euch die Menschen tun sollen, das tut ihr ihnen auch* (Mt. 7:12).

Diener des Evangeliums sollten sich immer bewusst sein, dass sie Kinder ihres himmlischen Vaters sind und dass Er ein Gott der Liebe ist. Die Liebe Gottes ist durch den Heiligen Geist in unsere Herzen ausgegossen worden (Röm. 5:5). Aber auch Diener Gottes müssen sich im Umgang mit Menschen und Kollegen von dieser Liebe bestimmen lassen.

Wenn Diener Gottes ihren Kollegen gegenüber in Liebe wandeln, dann wandeln sie im Licht des Wortes Gottes. Ein

Diener Gottes kann den Plan, den Willen und die Absicht Gottes für sein Leben erfüllen, solange er im Licht des Wortes und des Willens Gottes wandelt.

Anderen Dienern Gottes gegenüber in Liebe zu wandeln bedeutet auch geistliche Umgangsformen zu wahren. Pastoren und Reiseprediger sollten erkennen, dass sie *zusammen* in der Ernte des Herrn arbeiten, nicht jeder für sich *alleine.*

Ich diente fast zwölf Jahre lang als Pastor. Ich denke manchmal, dass jeder Lehrer, Prophet und Evangelist im Reisedienst mindestens zwei oder drei Jahre lang als Pastor arbeiten sollte. Man kann als Pastor unbezahlbare Dinge lernen, was den Umgang mit Menschen angeht. Diese Prediger würden dann vermutlich auch nicht so leicht dazu neigen, unbiblische Lehren und Handlungen in die Gemeinde zu bringen, wie es im Moment leider der Fall ist.

Auf der anderen Seite denke ich auch, dass es jedem Pastor gut tun würde, zwei oder drei Jahre im Reisedienst zu wirken. So würde er lernen, wie man mit Reisepredigern umgeht, wenn sie dann später in seine Gemeinde kommen.

Aber wenn ein Reiseprediger in die Gemeinde eines Pastors kommt, dann muss ihm klar sein, dass er ein Gast in dieser Gemeinde ist; er kann nicht einfach kommen, alles an sich reißen und tun, was *ihm* gerade einfällt.

In eine Gemeinde zu gehen, um das Steuer an sich zu reißen und zu tun, was einem gerade passt, ist dasselbe, wie wenn jemand in eine fremde Wohnung eindringt und dort alles an sich reißt. Man würde im natürlichen Bereich nicht auf diese Idee kommen, warum sollte man also im geistlichen Bereich, in der Gemeinde, solche Gedanken ausleben?

Ich habe nicht die Autorität, in dein Haus zu kommen und zu sagen: „Mir gefällt diese Schlafzimmereinrichtung nicht. Ich werde sie rauswerfen! Und auch dieser Esszimmertisch passt mir nicht. Ich werde ihn zu Brennholz verarbeiten."

Dasselbe gilt auch für das Haus Gottes. Ich habe kein Recht, ins Haus Gottes zu gehen – ich meine die Gemeinde eines anderen Pastors – und alles an mich zu reißen und zu tun, was mir passt. Es ist der Pastor, der die Autorität in der Ortsgemeinde hat.

Ein Pastor schrieb mir einmal Folgendes über seine Gemeinde: Er hatte ungefähr zweihundert Mitglieder in seiner Gemeinde. Ein anderer Diener Gottes, der sich für einen Apostel hielt, kam zu ihm und sagte: „Ich bin jetzt ein Apostel. Gott hat mir gezeigt, dass deine Gemeinde unter *meine* Obhut gehört und dass ich sie beaufsichtigen soll. Weil ich ein Apostel bin, kann ich jederzeit kommen, die Kanzel übernehmen und predigen, was ich für richtig halte."

Ein solches Vorgehen ist nicht nur unethisch; es ist in hohem Maß unbiblisch! Ich würde einen solchen Halunken in einer Haltung der Liebe vor die Tür setzen! Könnte ich dies in Liebe tun? Lasst mich folgende Frage stellen: Handelte Jesus in Liebe, als Er eine Peitsche nahm und die Geldwechsler aus dem Tempel trieb (Joh. 2:14-17)? Er sagte zu ihnen: *„... Es steht geschrieben: Mein Haus ist ein Bethaus; ihr aber habt es zu einer Räuberhöhle gemacht"* (Lukas 19:46). Natürlich handelte Er in Liebe. Jesus war ein Mann der Liebe.

Manche dieser sogenannten Apostel versuchen sich eine Gemeinde unter den Nagel zu reißen, damit sie für sich ein Opfer erheben können. Jeder, der dies versucht, ist nichts weiter als ein Dieb und ein Räuber. Schließlich haben diese Leute die Gemeinde nicht gegründet; der Pastor ist es, der sich im Dienst um die Ortsgemeinde abgemüht hat. Vielleicht hat er die Gemeinde sogar selbst gegründet. Er sollte es niemandem erlauben, daherzukommen, um die Gemeinde zu übernehmen.

Ich bin für Pastoren! Ich glaube an die Ortsgemeinde. Pastoren sollten sich nicht um Leute kümmern, die nicht an die Ortsgemeinde glauben und die selbst nicht Teil einer solchen Gemeinde sind oder die versuchen, sich andere Gemeinden unter den Nagel zu reißen.

Der oben erwähnte Pastor sagte diesem Kerl: „Nein, du kannst meine Kanzel nicht übernehmen. Du kannst gerne zum

Gottesdienst kommen, aber du wirst brav auf der Bank sitzen wie jeder andere. Ich bin hier der Pastor."

Zu viele Leute achten den Dienst des Pastors gering und trampeln auf den Pastoren herum. Ich las die Abschrift eines Textes über die Lehre eines sogenannten Apostels. Als dieser Kerl mit seinen Ausführungen über Pastoren zu Ende war, hatte er den Dienst des Pastors in einem Maße kleingemacht, dass man meinen konnte, ein Pastor wäre verachtenswerter als eine alte Bisamratte!

Aber das entspricht nicht dem, was die Bibel sagt. Die Bibel sagt: *„Das Wort ist gewiss: Wenn jemand nach einem Aufseherdienst trachtet, so begehrt er ein SCHÖNES Werk"* (1.Tim. 3:1). Die Bibel sagt, dass das Amt eines Aufsehers oder Pastors ein *schönes Werk* ist.

Weil der Begriff „Pastor" im Neuen Testament nur einmal erscheint (was für die King James Übersetzung tatsächlich zutrifft), lehrte dieser sogenannte Apostel, dass das Amt des Pastors nicht sehr wichtig sein könne.

Aber dieser sogenannte Apostel hatte seine Hausaufgaben nicht gemacht, denn wir finden in der Schrift diverse Hinweise auf das Amt des Pastors. Wie ich bereits sagte, diese Hinweise finden sich in Begriffen wie: *Aufseher, Pastor, Hirte* und *Ältester.* Alle diese Bezeichnungen weisen auf dasselbe Amt hin, nämlich auf das des Pastors. Eigentlich verweist das Wort „Ältester" auch auf Personen, die zum fünffältigen Dienst berufen sind. Jeder ordinierte Diener Gottes ist ein Ältester.

Aber nimm dich in Acht vor diesen Leuten, die eine Spur des Unheils hinter sich zurücklassen: Gespaltene Gemeinden, Streit und Uneinigkeit. Solche Leute möchte ich nicht in meiner Gemeinde haben. Nun, das heißt nicht, dass man sich ihnen persönlich entgegenstellt. Man kann sie lieben, wie man jeden anderen Gläubigen liebt. Aber man muss sich ihrem Irrtum entgegenstellen, weil die Frucht dieser Leute nicht schriftgemäß und gesund ist.

Ein weiterer Bereich, in dem Reiseprediger Weisheit und angemessenes Verhalten brauchen, ist das Wissen darum, welche Bereiche man in der Öffentlichkeit ansprechen sollte und welche Bereiche des Dienstes hinter verschlossene Türen gehören.

In all den Jahren meines Dienstes habe ich sehr selten die persönlichen Probleme der Leute öffentlich angesprochen. Manche dieser Kerle, die persönliche Dinge in der Versammlung offenbaren, bewegen sich außerhalb des erlaubten Rahmens; und sie sollten vom Pastor der Ortsgemeinde in ihre Schranken gewiesen werden.

Ich hielt es immer so, dass ich zuerst den Pastor informierte und ihn um Erlaubnis bat, wenn ich empfand, dass der Herr mich dazu führte, jemandem auf einer sehr persönlichen Ebene zu dienen. Und außerdem habe ich mich immer darum bemüht, sehr diskret zu dienen, so dass die entsprechende Person nicht bloßgestellt wurde.

Wenn ich in einer fremden Gemeinde predige, dann frage ich den Pastor um Erlaubnis, bevor ich empfindliche Themen anspreche, die Mitglieder seiner Gemeinde betreffen könnten. Es würde sich nicht gehören, den Schafen eines fremden Pastors ohne dessen Einverständnis auf privater Ebene oder in einem persönlichen Rahmen zu dienen. Jemand, der dies tut, ist ein Halunke.

Jeder Prediger, der in die Gemeinde eines anderen Pastors kommt und fremden Schafen im privaten Rahmen dienen will, ohne dafür das Einverständnis des Pastors zu haben, bewegt sich außerhalb des erlaubten Rahmens und damit auf gefährlichem Boden. Er ist ein Schurke. Er braucht Gebet. Zwölf erwachsene Männer sollten mit ihm zwölf Kilometer weit in den Wald gehen und dort zwölf Stunden für ihn beten!

Wenn ich als Reiseprediger einmal meine Verantwortlichkeit im Dienst in der Ortsgemeinde unter Beweis gestellt hatte, waren die jeweiligen Pastoren gerne bereit, mir ihr volles Vertrauen zu schenken, wenn ich ihrer Herde diente. Ich stellte meinen Dienst unter Beweis, indem ich in Verschwiegenheit und Weisheit handelte.

Verschwiegenheit im Dienst

Gott setzt keine Neulinge in Autoritätspositionen ein. Ein Grund dafür ist der, dass es einige Zeit dauert, im Dienst erfahren zu werden und mit bestimmten Situationen weise umgehen zu können. Ein Neuling kann Dinge noch mehr durcheinanderbringen, wenn er nicht weiß, wie man in manchen speziellen Situationen mit Verschwiegenheit und Weisheit dient.

Ein Reiseprediger muss es verstehen, in einer fremden Gemeinde mit Diskretion zu dienen. Propheten sollten insbesondere dann verschwiegen sein, wenn der Herr ihnen Dinge über andere Leute offenbart.

Ich diente in der Gemeinde eines bestimmten Pastors und nach dem Gottesdienst lud ich die Leute ein, nach vorne zu kommen, wenn sie Gebet für Heilung in Anspruch nehmen wollten. Eine junge Frau kam zum Gebet, kaum hatte ich für sie zu beten begonnen, wusste ich genau, was mit ihr los war. Ich wusste, dass ihre Ehe am Zerbrechen war und warum es soweit gekommen war.

Aber dies war eine intime Angelegenheit, darum sprach ich die Situation nicht in der Öffentlichkeit an. Ein Prophet, bzw. auch jeder andere Reiseprediger, sollte in diesem Bereich sehr vorsichtig sein und nicht immer gleich alles aussprechen, was er im Geist hört und sieht. Wenn er es trotzdem tut, kann er damit die Person, der er dient, den Pastor oder sogar die ganze Versammlung bloßstellen.

Außerdem ist der Prophet ein Gast in der Gemeinde des Pastors, und als Gast muss er sich dem Pastor unterordnen, denn es gibt in der Ortsgemeinde keine höhere Autorität als das Amt des Pastors. In diesem Fall ging ich zuerst zum Pastor und teilte ihm mit, was ich gesehen hatte, obwohl ich durch eine Offenbarung des Heiligen Geistes wusste, was mit der Frau los war.

Ich sagte ihm: „Ich weiß, dass die Ehe dieser jungen Frau am Zerbrechen ist, und ich weiß genau, warum es soweit gekommen ist. Aber ich werde diese Situation nicht ohne dein Einverständnis ansprechen."

Obwohl der Herr mir durch die Offenbarungsgaben des Geistes etwas auf übernatürliche Weise mitgeteilt hatte und ich im Amt des Propheten stand, wollte ich auf keinen Fall dem Schaf eines anderen Pastors ohne seine Einwilligung dienen. Propheten sollten sich in Verschwiegenheit üben, gesunden Menschenverstand walten lassen und in solchen Angelegenheiten eine hohe Ethik des Dienstes praktizieren.

Der Pastor sagte mir: „Meine Frau und ich haben versucht, ihr durch Seelsorge zu helfen. Wenn du dieser Frau und ihrem Mann helfen kannst, dann möchte ich, dass du es tust." Der Pastor, seine Frau und ich dienten dieser Frau im privaten Rahmen und sie wurde völlig freigesetzt.

Reiseprediger, die ihren Dienst nicht dem Pastor der Ortsgemeinde unterordnen, in der sie predigen, befinden sich auf dem falschen Dampfer. Ich hörte zum Beispiel von sogenannten Propheten, die in eine Gemeinde eingeladen werden, und wenn ihnen der Gottesdienst übergeben wird, vor der ganzen Versammlung sagen: „Ich werde aus so und so einen Dämon austreiben!"

Der Prophet hat kein Recht, dies ohne die Erlaubnis des Pastors zu tun. Und meistens kommen die Probleme einer Person sowieso nicht von einer dämonischen Belastung. Selbst wenn es einmal so sein mag, ist es nicht unbedingt sehr weise, so etwas in der Öffentlichkeit, in Anwesenheit von Babychristen, anzusprechen, die diese Dinge nicht verstehen würden.

Um es auf den Punkt zu bringen: Reiseprediger sollten auf keinen Fall den Schafen eines fremden Pastors auf einer persönlichen Ebene dienen, ohne das Einverständnis des Pastors dafür zu haben. Schließlich ist der Pastor der Hirte der Ortsgemeinde, und er ist für diese Gruppe von Leuten verantwortlich. Und überhaupt, Prediger, die nur zu Besuch sind, sollten es nicht darauf absehen, delikatere Themen öffentlich anzusprechen. Diener Gottes brauchen Verschwiegenheit und Weisheit, wenn sie den Mitgliedern einer Ortsgemeinde dienen.

Ich könnte euch eine Geschichte nach der anderen erzählen, die mit solchen Dingen zu tun hat. Obwohl ich im Amt des Propheten stehe und die Dinge durch die übernatürliche Offenbarung des Heiligen Geistes wusste, habe ich mir in keiner dieser Situationen eine Autorität über den Pastor angemaßt.

Kein Reiseprediger, auch kein Prophet, steht über dem Pastor der Ortsgemeinde. Der Pastor ist und bleibt der Aufseher über seine Ortsgemeinde; er ist für die Schafe verantwortlich. Als Gast der Gemeinde hat der Prophet keine Autorität; der Pastor hat sie. Jeder Reiseprediger muss seinen Dienst dem Pastor der Ortsgemeinde, in der er dient, unterordnen. Das ist nicht nur ethisch und angebracht, es entspricht auch den Anstandsregeln des Dienstes.

Manche Leute sagen: „Nun, jemand muss doch mal die Wahrheit predigen und lehren!“

Ein Reiseprediger mag zwar die Wahrheit des Wortes Gottes predigen. Aber der Pastor wiederum weiß vielleicht, dass seine Leute noch nicht in der Lage sind, eine bestimmte Lehre zu hören, obwohl sie vollkommen schriftgemäß sein mag. Manche Lehren werden mehr schaden als nützen, wenn eine Gemeinde geistlich nicht reif ist. Eine solche Auseinandersetzung kann sogar zur Spaltung einer Gemeinde führen.

Der Pastor ist es, der die ganze Zeit bei den Schafen ist. Wenn er ein echter Hirte ist, dann kennt er seine Leute. Oder er weiß vielleicht, dass seine Leute viel Lehre über einen bestimmten Bereich hatten, so dass sie jetzt Lehre über einen anderen Bereich nötig haben, damit ihre geistliche Ernährung ausgewogen bleibt. Der Reiseprediger weiß diese Feinheiten nicht unbedingt.

Es gibt eine Wechselwirkung zwischen dem natürlichen Bereich und dem geistlichen Bereich. Man kann zum Beispiel einem Baby kein Rindssteak zu essen geben, es könnte daran sterben. Dasselbe gilt auch für den geistlichen Bereich. Und es ist die Verantwortung des Pastors, sicherzustellen, dass seine Leute die angemessene geistliche Ernährung bekommen.

Kein Reiseprediger sollte den Ruf haben, dass er Gemeinden zur Spaltung führt. Er sollte die Ortsgemeinde aufbauen und segnen. Und obwohl Propheten mit geistlichen Gaben ausgerüstet sind, müssen sie lernen, wozu diese gedacht sind und wie man sie konstruktiv und angemessen einsetzt. Wenn Propheten Weisheit besitzen, dann werden sie nicht herumlaufen und alles offenbaren, was sie im Geist sehen und hören.

Jeder Reiseprediger, Propheten eingeschlossen, sollte Gentleman und Christ genug sein, dem Pastor frühzeitig zu sagen: „Korrigiere mich, wenn ich falsch liege." Es ist nicht richtig, dass unschuldigen Schafen Schaden zugefügt wird, weil irgendein Reiseprediger seinen Dienst ohne Weisheit und Anstand ausübt.

Über die Jahre habe ich jedem Pastor, für den ich gepredigt habe, gesagt: „Du bist das Haupt dieser Ortsgemeinde, nicht ich. Jesus ist das Haupt der Gemeinde, aber du bist ein Unterhirte. Wenn ich über irgendein Thema lehre, das du nicht gelehrt haben möchtest, dann sag es mir und ich werde das Thema vermeiden. Oder wenn du mich irgendetwas machen siehst, was dir nicht gefällt, dann sag es mir einfach und ich werde es nicht mehr tun." Das ist der Punkt, liebe Freunde, wo sich wahre Unterordnung zeigt.

Manche dieser Pastoren gaben mir wunderbaren Rat und in einigen Fällen gesunde, konstruktive Kritik. Es war keine destruktive Kritik; sie hat mich nicht vernichtet. Sie war mir sehr zum Nutzen und hat mir in einigen Bereichen geholfen, mich zu verändern. Diese Pastoren hatten denselben Heiligen Geist wie ich. Und das Wort lehrt, dass wir zusammen arbeiten, nicht getrennt voneinander: „*Gottes Mitarbeiter sind wir ...*“ (1. Kor 3:9). Das heißt, dass wir voneinander lernen können.

Wenn der Dienst eines Propheten dem Pastor der Ortsgemeinde in angemessener Weise untergeordnet ist, dann mag es Situationen geben, in denen der Herr dem Propheten Dinge offenbaren *wird,* die der Ortsgemeinde sehr helfen werden und ihr von großem Nutzen sind. Ein Pastor kann einem bewährten Dienst, der sich in geistlicher Unterordnung befindet, vertrauen.

Natürlich soll ein Prophet nicht alles aussprechen und offenbaren, was er sieht und hört. Tatsächlich ist es sogar so, dass ich solche Dinge sehr selten ausspreche. Ich wende mich in der Regel direkt an die betreffende Person; ich rufe sich nicht auf und spreche sie vor versammelter Gemeinde an. Ein Prophet muss vorsichtig sein, dass er niemanden unnötigerweise bloßstellt.

Als ich im Reisedienst war, unterstellte ich meinen Dienst immer dem Pastor der Gemeinde, in der ich diente. Und in jeder Gemeinde wurde ich herzlich eingeladen, wieder zu kommen, weil ich die Gemeinden nicht in Unordnung brachte. Ich kenne Diener Gottes, die nicht in die Gemeinden zurückkehren können, in denen sie einmal gedient haben, weil sie für lehrmäßige Probleme gesorgt und Streit und Verwirrung entfacht hatten. Aus diesem Grund sollte ein Reiseprediger seinen Dienst dem Pastor der Ortsgemeinde unterordnen.

Wegen falscher Pastoren, falscher Apostel und falscher Propheten sind im Leib Christi viele Probleme entstanden. Gemeinden sind zerrissen worden und haben ihre Leute verloren, weil über diese Bereiche unbiblisch gelehrt wurde.

Jeder echte Diener des Evangeliums, egal in welchem Amt er stehen mag, kommt, um die Leute, die Gemeinde und die Stadt zu segnen. Wenn ein Diener Gottes nur zu seinem eigenen Nutzen und Vorteil in eine Gemeinde kommt oder Streit und Verwirrung bringt, dann ist er ein falscher Diener des Evangeliums.

‚Ich bin kein Schafdieb!'

Es gibt einen weiteren Bereich der Ethik des Dienstes und pastoraler Anstandsregeln, über den ich sprechen möchte. Und zwar meine ich das, was man ‚anderer Leute Schafe stehlen' nennen könnte.

Eine Gemeinde in Ost-Texas, die ich leitete, hatte einige andere Gemeinden in ihrer unmittelbaren Nachbarschaft. Drei Familien, die in der Nähe meiner Pastorenwohnung lebten, gehörten zu diesen anderen Gemeinden.

Diese Gemeinden hatten keine Gottesdienste am Donnerstagabend, darum kamen die Familien zu unseren Donnerstagabend-Versammlungen. Das war während der Zeit des 2. Weltkriegs, als das Benzin rationiert war. Ein leitender Mitarbeiter einer dieser anderen Gemeinden, wohnte auf der anderen Straßenseite mir gegenüber.

Er kam zu mir und sagte: „Bruder Hagin, wegen der Rationierung des Benzins möchten wir nicht mehr in unsere Gemeinde fahren, sondern in deine Gemeinde kommen, schließlich ist deine Gemeinde gleich hier um die Ecke und wir können zu Fuß kommen."

Ich sagte zu ihm: „Nein, ihr kommt nicht in unsere Gemeinde. Sie brauchen euch in eurer eigenen Gemeinde, du bist Vorstandsmitglied. Sie brauchen deine Unterstützung und deine Finanzen – gerade jetzt, wo ihr ein Bauprojekt angefangen habt."

Die Bibel sagt uns, dass wir unseren Bruder höher achten sollen als uns selbst. Außerdem bin ich kein Schafdieb.

Kurz danach sagten einige Leute aus meinem Gemeindevorstand zu mir: „Bruder Hagin, diese Leute wohnen ganz in unserer Nähe. Du solltest versuchen, sie dazu zu bewegen, unserer Gemeinde beizutreten. Das würde uns in finanzieller Hinsicht sehr helfen."

Ich sagte: „Ich bin kein Schafdieb. Ich werde keine fremden Schafe stehlen."

Nun, versteht mich nicht falsch. Diese Leute gehörten zu Gemeinden des vollen Evangeliums. Wenn sie zu irgendeiner toten Gemeinde gehört hätten, die lehrt, dass Zungenreden und göttliche Heilung vom Teufel seien, dann hätte der Fall anders ausgesehen.

In einem solchen Fall hätte ich niemanden davon abgehalten, in unsere Gemeinde zu kommen um das *volle* Evangelium des Herrn Jesus Christus zu hören. Es entspricht durchaus einem Wandel in Liebe, dies zu tun. Vielleicht hätten diese Leute sonst nie etwas von ihren Bundesrechten in Christus erfahren.

Schließlich kam ein weiterer Mann, der in meiner Nähe wohnte, zu mir und sagte: „Bruder Hagin, meine Frau und ich wollen deiner Gemeinde beitreten."

Ich wusste, dass dieser Mann nur gelegentlich in eine der benachbarten Gemeinden ging. Ich sagte ihm: „Sprich mit deinem Pastor darüber, auch ich werde mit ihm reden. Wenn er damit einverstanden ist und er euch empfiehlt, dann nehme ich euch auf. Aber wenn er nicht einverstanden ist, dann kann ich euch nicht aufnehmen, ich bin nämlich kein Schafdieb."

Ich sprach mit ihrem Pastor, und er sagte: „Bruder Hagin, ich bestehe darauf, dass du diese Familie aufnimmst."

Ich sagte: „Du weißt, dass ich es nicht auf deine Schafe abgesehen habe."

Er sagte: „Ja, ich weiß das. Aber ich möchte um seinetwillen, dass du diese Familie aufnimmst. Er kommt nur sehr selten hier zum Gottesdienst. Seine Frau ist eine der besten Mitarbeiterinnen in meiner Gemeinde und es fällt mir schwer, sie zu verlieren. Aber vielleicht kannst du ihren Mann dazu bringen, mit Gott zu leben. Ich glaube, dass du ihm helfen kannst. Um seinetwillen möchte ich, dass du sie übernimmst."

Dieser Pastor hatte das Wohl des Mannes im Sinn. Und, Gott sei Dank, zeigte Gott mir, wie ich diesem Mann helfen konnte, so dass er und seine Frau schließlich ein echter Segen für die Gemeinde wurden. Mein Punkt ist folgender: Diener Gottes sollten nicht nur lernen, was *christliche* Ethik im Allgemeinen bedeutet, sondern auch, was Ethik des *Dienstes* im Speziellen beinhaltet.

Lasst mich ein weiteres Beispiel für ethisches Verhalten im Dienst anführen. Als ich mit dem Reisedienst anfing, hielt ich in einem Zeitraum von sieben Jahren in einer großen Stadt fünf Versammlungen für einen bestimmten Pastor. Im Laufe der Zeit fragte mich ein anderer Pastor in derselben Stadt an und bat mich, auch in seiner Gemeinde zu dienen. Ich war seit zwei Jahren nicht mehr in der anderen Gemeinde gewesen, und es war eine sehr große Stadt.

Aber ich will mich ethisch korrekt verhalten und unter allen Umständen in Liebe wandeln. Also nahm ich Kontakt mit Bruder Braun auf, dem Pastor der ersten Gemeinde. Ich wollte ihm den Vorzug geben und nicht etwa Querelen zwischen Pastoren von benachbarten Gemeinden verursachen.

Ich rief Bruder Braun an und sagte: „Bruder Braun, ich habe in den letzten Jahren mehrmals für dich gepredigt. Kürzlich fragte mich ein anderer Pastor aus deiner Stadt an, ob ich in seiner Gemeinde dienen würde. Ich sehe mich vom Herrn geführt, die Einladung anzunehmen, wenn du damit einverstanden bist."

Obwohl ich mich geführt wusste, die Einladung anzunehmen, hätte ich sie dennoch abgelehnt, wenn der Pastor gesagt hätte: „Geh nicht!" Ich will nicht dafür verantwortlich sein, dass unter den Pastoren einer Stadt Spaltung und Streit entstehen. Aber ich wusste, dass dieser Pastor ein Mann Gottes war, und er ermutigte mich, die Einladung anzunehmen.

Er sagte: „Bruder Hagin, der Pastor ist ein vorzüglicher Mann Gottes. Wenn der Herr dich so führt, dann geh ohne zu zögern dorthin. Wir werden uns anschließen und dir helfen."

Wer forderte mich auf, diese Art von Höflichkeit im Dienst zu praktizieren? Das Wort Gottes und der Heilige Geist, der in mir wohnt. Die Bibel sagt, dass wir Täter des Wortes sein sollen und den Bruder höher achten sollen als uns selbst.

Ich war in einen Zeitraum von sieben Jahren mehrmals in

dieser Gemeinde gewesen. Vermutlich nahezu die Hälfte seiner Mitglieder war in den Erweckungsversammlungen errettet worden, die ich dort gehalten hatte. Wenn ich in diese Stadt gekommen wäre, um in einer anderen Gemeinde zu predigen, dann wäre wahrscheinlich seine halbe Gemeinde gekommen, um mich zu hören. Das hätte zu Problemen führen können, vielleicht hätte er sogar Leute deswegen verloren.

Es handelte sich um eine große Stadt, und die Gemeinden waren weit genug voneinander entfernt, so dass diese Probleme eigentlich auszuschließen waren; aber andererseits sollten wir Respekt für unsere Kollegen im Dienst und für andere Glieder des Leibes Christi haben und uns nicht einfach gegenseitig überrollen.

Diese Art von Höflichkeit im Dienst habe ich nicht nur einmal praktiziert. Ich habe mir diese Handlungsweise in den Jahren meines Reisedienstes angewöhnt, denn ich möchte in allem, was ich in meinem Dienst tue, eine hohe Ethik praktizieren.

Ich habe Prediger gesehen, die eine Woche lang in einer Gemeinde dienten, um gleich danach in einer anderen Gemeinde in unmittelbarer Nähe zu predigen! Und das führte zu Verwirrung und Uneinheit zwischen Pastoren in der jeweiligen Stadt.

Ich habe auch gesehen, wie Co-Pastoren aus irgendeinem Grund eine Gemeindespaltung herbeiführten und dann mit der Hälfte der Mitglieder zwei, drei Häuserblocks weiter eine neue Gemeinde anfingen! Das ist unethisch. Diener des Evangeliums sollten keine Schafställe entzweien.

Solche Dinge führen sogar dazu, dass viele Leute in der Welt kein Vertrauen in Diener Gottes haben; auch den Glauben an die Gemeinde haben viele aus diesem Grund verloren. Manche Diener Gottes haben Schiffbruch und Verwirrung verursacht, Gemeinden gespalten und kleine Lämmer geistlich gesehen umgebracht. Wenn Co-Pastoren oder Gemeindemitglieder nicht damit klarkommen, wie eine Gemeinde geführt wird, dann sollten sie die Gemeinde verlassen. Aber sie sollten keine Spaltung herbeiführen, wenn sie dies tun.

Einige Diener Gottes, die Gemeinden spalten, sagen: „Der Herr hat mir gesagt ..." Bitte lass den Herrn hier aus dem Spiel! Das ist nicht seine Art. Manche Leute entschuldigen sich für die falschen Dinge, die sie tun, indem sie behaupten: „Der Herr hat mir gesagt ..." Der Herr hat noch nie jemanden aufgefordert, Schafe zu stehlen oder eine Gemeinde zu spalten.

Ich sage euch, was ich darüber denke. Wenn Diener Gottes aufrichtig leben und handeln, dann werden die Leute ihnen vertrauen. Das größte Problem in der charismatischen Bewegung ist ein Mangel an Verbindlichkeit, Hingabe und Respekt vor den Dingen Gottes. Diener des Evangeliums sollten eine Integrität haben, die es ihnen verbietet, irgendetwas zu tun, was das Evangelium, das sie predigen, in Verruf bringen könnte.

Pastoren sollten ihren Gemeindemitgliedern nicht beibringen, Leute aus anderen Gemeinden abzuwerben, indem sie ihnen sagen: „Du solltest mal in unsere Gemeinde kommen. Wir erleben soviel mehr mit dem Heiligen Geist als alle anderen." Pastoren sollten, wie auch jeder andere Diener Gottes, über jeden Zweifel erhaben sein, was ihre Werbemethoden angeht.

Manche Pastoren verbringen einen Großteil ihrer Zeit damit, Gemeindemitglieder aus anderen Gemeinden abzuwerben. Jeder Pastor, der dies tut, ist ein Schafräuber. Er sollte lieber Ideen entwickeln, die darauf ausgerichtet sind, die Ungläubigen und Kirchenfernen zu erreichen!

Ich kannte einen Evangelisten, der in der Gemeinde eines bestimmten Pastors diente. Jedes Jahr kam er in seine Gemeinde und hielt eine Versammlung. Die Gemeindegröße verdoppelte sich aufgrund des Dienstes dieses Evangelisten.

Eines Tages kam der Mann zu diesem Pastor und sagte: „Ich werde in der Nähe eine Gemeinde gründen, zu diesem Zweck werde ich deine Leute, die Leute von Bruder so und so und die Leute von Bruder so und so rekrutieren."

Dieser Evangelist wollte auf anderer Leute Arbeit aufbauen. Er war ein Schafräuber. Ich beobachtete den Dienst dieses Mannes. Obwohl er erst in seinen Dreißigern war, war er innerhalb von vier Jahren tot. Er versäumte es, sich selbst zu beurteilen, also musste Gott ihn richten. Die Bibel sagt: *„Wenn wir uns aber selbst beurteilten, so würden wir nicht gerichtet"* (1. Korinther 11:31). Es ist eine ernste Angelegenheit, dem Leib Christi durch unethisches Handeln Schaden zuzufügen.

Ich bin seit über fünfzig Jahren im Dienst. Ich habe Prediger beobachtet – Pastoren, Evangelisten, Lehrer – Diener des Evangeliums, die versucht haben, den Dienst anderer zu übertreffen und ihrem Ruf zu schaden, nur um selbst an die Spitze zu kommen.

Es gab auch Leute, die versucht haben die geistliche Karriereleiter zu erklimmen, indem sie mich und meinen Namen für ihre Zwecke missbrauchten. So zu handeln ist nichts anderes als lügen. Leute, die so handeln, werden letztendlich versagen, denn sie bauen nicht auf das Wort; sie bauen ihren Dienst und ihren Ruf auf einer Lüge auf; sie haben keine sehr hohe Ethik.

Lasst uns darum bemüht sein, uns selbst vorzubereiten, damit wir die Absicht Gottes für unser Leben erfüllen können. Lasst uns zuerst unser Herz im Wort gründen, indem wir im Gebet vor dem Herrn ausharren. Die Bibel verspricht, dass die, welche den Herrn von ganzem Herzen suchen, Ihn finden werden. Wenn wir uns selbst dem Meister weihen und hingeben, dann kann Er uns gebrauchen und zu einem Segen für den Leib Christi und für die Welt machen.

Ein prophetisches Wort

Es gibt bestimmte Leute, auch solche, die im Dienst stehen, teilweise auch Frauen von Dienern Gottes, die bis zu einem gewissen Grad in den Gaben des Geistes gebraucht worden sind. Aber dann sind ihnen ein paar Mal Fehler passiert, sie sind verletzt worden und haben gesagt: „Ich werde nie wieder in den Gaben wirken."

Aber der Geist Gottes fordert euch auf, die Gabe anzufachen, die in euch ist, und diesen Schmerz beiseite zu legen und euch vorzunehmen: „Das nächste Mal werde ich's nicht verpfuschen." Und wenn ihr im Geist wandelt und im Geist wirkt, werden andere anfangen, euch zu vertrauen, und ihr werdet gesegnet sein in eurem Tun. Und auch die Leute in eurer Umgebung werden kommen und sagen: „Wahrlich, der Heilige Geist wirkt durch diese Leute!"

Dann gibt es auch Menschen, bei denen frühere Fehler, Versagen, ja, sogar Sünden, sozusagen zu einer Abstumpfung des Geistes geführt haben. Und auch einige, die im Dienst stehen, haben gedacht: *Ich möchte in diesem Bereich des Dienstes nicht mehr wirken. Die Leute werden mir nicht vertrauen.*

Aber, so spricht der Herr: Die Vergangenheit ist vorüber und sollte vergessen werden. Das Blut Jesu reinigt von aller Sünde, und in meinen Augen seid ihr wie ein unbeschriebenes Blatt, eure Fehler sind ausgelöscht.

Darum entfacht die Gabe – in einigen Fällen sind es Gaben, die infolge einer besonderen Salbung des Heiligen Geistes in euch sind – und fangt an, euch erneut dem Heiligen Geist hinzugeben. Und ihr werdet sehen: Wenn ihr euch dem Heiligen Geist hingebt und unter dieser Salbung dient, werdet ihr auf dieselbe Ebene des Geistes gelangen, auf der ihr einmal wart, und ihr werdet von dort weitergehen.

Und es wird sein, wie wenn eine zweifache Portion des Geistes auf euch gekommen ist. Und die Menschen werden euch anschauen, sich wundern und sagen: „Oh, die wunderbare Gnade Gottes!“ Und ich werde alle Ehre bekommen, sagt der Herr, ich, und nicht Menschen. So wird das Werk Gottes auf der Erde vollbracht werden.

Wenn euch manche der Dinge gesagt würden, die in eurem Dienst geschehen werden, würdet ihr euch beinahe ungläubig abwenden und sagen: „Das kann ja nicht sein.“ Aber wenn ihr treu seid und mit mir wandelt und lernt, euch mit dem Fluss des Heiligen Geistes zu bewegen, wird es gewiss zustande kommen. Jeder um euch herum soll wissen, dass ihr meine Geliebten seid, ausgerüstet vom Geist, berufen von Gott und befähigt, der Welt die Gute Nachricht zu bringen.

Darum jubelt und freut euch, denn eine herrliche Erntezeit ist dabei, anzubrechen; durch meinen Leib, der die Gemeinde ist, soll sie eingebracht werden, und eine herrliche Bewegung des Geistes wird kommen. So wird das Werk Gottes vollbracht werden, und viel Grund zur Freude wird da sein.

Gebet der Hingabe

Sprich die folgenden Sätze als ein Gebet der Hingabe und Weihe laut aus:

Vater, ich nehme mir in meinem Herzen vor, mich dem Heiligen Geist hinzugeben, vom Geist Gottes motiviert und vom Wort Gottes bestimmt zu werden. Denn das Wort und der Geist müssen übereinstimmen.

Ich nehme mir in meinem Herzen vor, zu lernen, wie man mit dem Heiligen Geist fließt. Wenn keine Salbung zum Dienst in den Geistesgaben da ist, dann werde ich einfach das Wort mitteilen und das Ergebnis Gott überlassen.

Wenn die Salbung kommt, werde ich mich treu erweisen, unter der Salbung des Heiligen Geistes zu reden und zu tun, was Er mir zeigt. Und weil ich mich selbst Gott und Seinem Wort hingebe und weihe, lasse ich es zu, dass der Herr Jesus Christus, das Haupt der Gemeinde, mich im Leib Christi an meinen Platz bringt, um so zu dienen, wie es Ihm gefällt und wie Er es für mich erwählt hat.

Vater, ich nehme mir in meinem Herzen vor, in einer Art und Weise zu leben und zu dienen, die den Namen Jesus niemals in Verruf bringen wird. Ich werde den Namen Jesus erheben und mich bemühen, ein Segen für andere zu sein, ich suche nicht meine eigene Ehre oder die Würdigung meines Dienstes. Ich bitte dich, dass in allem, was ich tue, Jesus Christus die Ehre und den Ruhm empfängt. Amen.

Der Autor

Kenneth E. Hagin

Markus 11,23 und 24 sind die Schlüsselverse im Leben und im Dienst von Kenneth E. Hagin.

Er glaube zum ersten Mal an diese erstaunlichen Aussagen aus dem Munde Jesu, als er fast völlig gelähmt ans Bett gefesselt war. Er hatte ein verformtes Herz, und die Ärzte gaben ihm keine Chance, sein siebzehntes Lebensjahr zu erreichen. Nachdem er sechzehn Monate bettlägerig gewesen war, erfasste er in seinem Herzen, dass diese Schriftstellen wirklich das bedeuten, was sie aussagen. Er handelte im einfachen Glauben an diese Worte und stand geheilt von seinem Bett auf.

Später rief ihn der Herr: „Geh und lehre mein Volk Glauben." Er gehorchte diesem Ruf und steht nun seit über fünfzig Jahren in einem vollmächtigen Dienst, der das Leben vieler Christen auf der ganzen Welt verändert und bereichert hat. Sein Hauptanliegen ist es, die Unfehlbarkeit des Wortes Gottes zu verkündigen.

WEITERE BÜCHER

VON KENNETH E. HAGIN

AN DEN PFORTEN DER HÖLLE

Der ergreifende Erlebnisbericht des Autors, der vor seiner Errettung dreimal bis an die Pforten der Hölle kam. Jesus Christus bewahrte ihn durch die Kraft Seines Blutes vor der ewigen Verdammnis.

Minibuch, 32 Seiten Euro 1,80/ sFr 2,90

BIBLISCHER GLAUBE

Ein Studienkurs über die biblische Definition von Glauben der den Leser aufzeigt, wie dadurch jede Verheissung Gottes in seinem Leben verwirklicht werden kann.

A4 geb., 172 Seiten Euro 14,50/ sFr 27,80

DAS EVANGELIUM DER VERSÖHNUNG

In diesem Minibuch wird die Offenbarung, die Paulus von Gott empfangen hat, untersucht. Sie lässt sich in drei Punkte unterteilen: -Was Gott für uns getan hat - Was der Heilige Geist durch das Wort in uns wirkt - Was Jesus für uns tut.

Minibuch, 32 Seiten Euro 1,80/ sFr 2,90

DAS SPRACHENGEBET

In zehn Punkten zeigt Kenneth Hagin die Notwendigkeit und Auswirkungen des persönlichen Sprachengebets auf. Beten im Geist erschliesst eine neue Dimension in unserer Beziehung mit Gott.

Minibuch, 32 Seiten Euro 1,80/ sFr 2,90

Der biblische Weg zur Erfüllung mit dem Heiligen Geist

Kenneth Hagin lehrt aus seinem reichen Schatz an Erfahrung, wie man Menschen helfen kann, die Erfüllung mit dem Heiligen Geist zu empfangen. Eine ausgezeichnete Anleitung auch für Seelsorgehelfer.

Minibuch, 32 Seiten Euro 1,80/ sFr 2,90

Der gute Kampf des Glaubens

Dieses neue Studienbuch von Kenneth Hagin entlarvt einige der beliebtesten Kunstgriffe des Widersachers und vermittelt das nötige Gerechtigkeitsbewusstsein, um dem Feind in der ihm übertragenen Autorität gegenüberzutreten.

Paperback, 128 Seiten Euro 9,00/ sFr 17,80

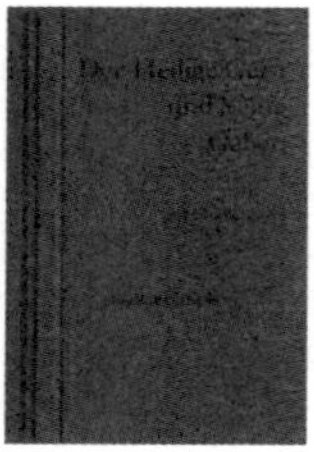

Der Heilige Geist und seine Gaben

In diesem Studienkurs werden die Manifestationen und Kraftwirkungen des Heiligen Geistes detailliert untersucht und mit Offenbarungserkenntnis gelehrt.

A4 geb., 140 Seiten Euro 11,00/ sFr 21,80

Die Autorität des Gläubigen

"Haben wir Autorität, von der wir nichts wissen - die wir nicht benutzen?" Als junger Prediger stellte K. Hagin sich diese Frage. "Wie viele andere war ich zufällig darauf gestossen und hatte Autorität ausgeübt, ohne wirklich zu wissen, was ich tat."

Paperback, 40 Seiten Euro 3,60/ sFr 6,90

Die Dienstgaben

Gibt es heute noch Apostel? Sind wir alle Propheten? Wer ist zum vollzeitlichen Dienst berufen? Ist der Dienst der Hilfeleistung wichtig? Dieser Studienkurs ist eine wertvolle Hilfe zum Studium der verschiedenen Ämter, die Gott in den Leib Christi gesetzt hat.

A4 Ringbuch, 60 Seiten Euro 11,00/ sFr 21,80

Die hohe Kunst der Fürbitte

Das Buch beginnt mit einer Aussage von John Wesley: "Es sieht so aus, als ob unser Glaubensleben Gott Grenzen setzt. Er kann scheinbar nichts für die Menschheit tun, es sei denn, dass Ihn jemand darum bittet."

Paperback, 144 Seiten Euro 9,00/ sFr 17,80

Die neue Geburt

Jesus sagte: "Du musst von neuem geboren werden!" Was ist die neue Geburt? Die Aussagen der Bibel vermitteln, dass wir zu ganz neuen Menschen werden, wenn wir Gott persönlich kennenlernen.

Minibuch, 32 Seiten Euro 1,80/ sFr 2,90

Die Salbung

Im ersten Teil wird die persönliche Salbung erläutert, die jeder Gläubige durch die Neue Geburt hat. Im zweiten Teil wird aufgezeigt, dass auch auf den Dienstgaben eine Salbung ruht. Der dritteTeil behandelt die gemeinsame Salbung auf dem Leib Christi.

Paperback, 148 Seiten Euro 9,00/ sFr 17,80

Die siegreiche Gemeinde

Mit Christus sind wir an himmlische Orte versetzt, weit über alle Mächte und Gewalten der Finsternis. Unsere Position, die wir durch Jesus haben, ist eine Stellung der Autorität, der Ehre und des Sieges - nicht des Versagens, der Depression und der Niederlage.
Paperback, 296 Seiten Euro 13,00/ sFr 24,80

Erlöst von Armut, Krankheit und Tod

Jesus hat durch Sein kostbares Blut nicht nur die Vergebung unserer Sünden, sondern auch unsere Heilung erkauft und ist für uns arm geworden, damit wir in Seiner Versorgung leben können. Auch hat Er hat uns vom Fluch des Gesetzes erlöst.
Paperback, 36 Seiten Euro 4,40/ sFr 8,50

Faith Food

K. Hagin sagt: Ich habe diese mundgerechten Stücke von Faith Food, Glaubensnahrung, geschrieben, um dir dabei zu helfen, deinen Glauben täglich zu ernähren. Sprich die Bekenntnisse, die du am Ende jeder Seite findest, laut aus und lass' sie in dir wirken.
Tb 4-er Set, 96 Seiten Euro 12,80/ sFr 25,00

Geführt von Gottes Geist

Dieses Buch hilft dem Leser helfen, Gottes Führung in jedem Bereich seines Lebens zu erkennen und Irrwege zu vermeiden. Kenneth Hagin beantwortet Fragen, wie: Soll man Vliese auslegen? Kann Gott mich durch Visionen und Weissagungen leiten?
Paperback, 144 Seiten Euro 9,00/ sFr 17,80

Gottes Gaben und Berufung

Wenn Gott uns berufen hat, so hat Er uns auch mit Gaben ausgerüstet, diese Berufung zu erfüllen.

Minibuch, 32 Seiten Euro 1,80/ sFr 2,90

Gottes Medizin

...zeigt den Weg Gottes zur Gesundheit und Heilung durch die Kraft Seines Wortes. "...Sein Wort ist heilsam unserem ganzen Leib."

Minibuch, 32 Seiten Euro 1,80/ sFr 2,90

Heilung gehört uns

Du hast gebetet und gebetet, du warst in Heilungsgottesdiensten im ganzen Land, aber du bist immer noch nicht geheilt!" . Der Autor zeigt aus Jesaja 53, dass Heilung eine vollendete Tatsache ist.

Paperback, 32 Seiten Euro 4,40/ sFr 8,50

Herr lehre uns beten!

Das beliebte, neu bearbeitete Bibelstudienbuch von Kenneth Hagin vermittelt dem Leser anhand vieler Schriftstellen, Zeugnisse und anschaulicher Beispiele ein tiefes und fundiertes Wissen aller Arten des Gebets.

Paperback, 160 Seiten Euro 10,50/ sFr 19,80

Ich glaube an Visionen

Die faszinierende Lebensgeschichte von Kenneth E. Hagin, wie er als Junge wunderbare Heilung erfuhr. Er beschreibt im Detail die acht Visionen, die er von Jesus hatte. Diese Visionen haben den Dienst von Kenneth Hagin dramatisch beeinflusst.

Paperback, 107 Seiten Euro 6,00/ sFr 11,00

In Ihm

Jetzt sind wir in Christus! Aber wer sind wir in Ihm?

Was gehört uns in Christus? Die machtvolle Realität unserer Erlösung durch die Erkenntnis und das Bekenntnis “Ich bin in Ihm!“

Minibuch, 32 Seiten Euro 1,80/ sFr 2,90

Liebe - der vortrefflichste Weg

Wie äussert sich die Liebe Gottes, die in unseren Herzen ausgegossen ist? Wenn wir Böses mit Gutem überwinden, erleben wir, wie machtvoll sich die “Agape”-Liebe auf unsere Mitmenschen auswirkt.

Minibuch, 32 Seiten Euro 1,80/ sFr 2,90

Müssen Christen leiden?

Sagt uns die Bibel, dass Christen Krankheit erleiden müssen? Bedeutet das “Leben des Glaubens” Freiheit von Anfechtungen? Führt der Heilige Geist Christen in Prüfungen hinein? Der Autor beantwortet diese Fragen.

Paperback, 40 Seiten Euro 4,40/ sFr 8,50

Nicht länger Unmündige

Für jeden Christen ist es wichtig, fleischliches Verhalten abzulegen und nicht mehr hin- und hergeworfen zu werden, sondern zum "reifen Mannesalter" in Christus heranzuwachsen.

Paperback, 140 Seiten Euro 9,00/ sFr 17,80

Wachsender Glaube

Bilde eine feste Grundlage für deinen Glauben durch die Sammlung einiger der beliebtesten Predigten von Rev. Kenneth E. Hagin! Dieser Klassiker enthält Grundlagen, die zum Verständnis des Glaubenslebens eines jeden Gläubiger von grosser Wichtigkeit sind.

Paperback, 116 Seiten Euro 7,80/ sFr 14,80

Wie erkenne ich den Willen Gottes?

Oft erleiden Christen "Schiffbruch", weil sie unsicher sind, was der Wille Gottes für ihr persönliches Leben ist. Aber wir können von Gottes Geist auf Wegen des Friedens geleitet werden.

Paperback, 32 Seiten Euro 3,60/ sFr 6,90

Höre der Herr ruft Dich! - Lynne Hammond

Die Autorin zeichnet eine mächtige biblische Perspektive zum Gebet auf, die den Kern bedeutungsvoller und freudiger Gemeinschaft mit Gott zeigt. Sie bietet einen siegreichen Ansatz zu Anbetung, Fürbitte, Bitte und geistlichem Kampf, der jedes Glaubensleben erfrischt.

Paperback, 190 Seiten Euro 11,80/ sFr 22,80

Zu beziehen durch:

Zoe Evangelistische Vereinigung
Badenerstrasse 808
8048 Zürich
Schweiz

Tel.: +41 1 432 9272
Fax.: +41 1 432 9354

www.zoe-online.ch; zoe@zoe-online.ch